오늘날 신학과 교회의 문제를 지적하고 나름의 해결책을 제시하는 국내외 출판물이 적지 않다. 하지만 유사한 문제의식과 실천적 제안이 쏟아지고 개혁을 외치는 구호가 요란하게 울리는 사이에 정작 문제의 근원에 대한 분석은 종종 빛을 잃는다. 이러한 상황을 접하며 실망하거나 피로를 느낀 독자라면 한스 부어스마의 『천상에 참여하다』에서 하나님을 향한 열정, 신학에 대한 지적 호기심, 실천을 위한 역동적 활력을 되찾게 해 줄 '새로운 뭔가'를 발견할 수 있을 것이다. 부어스마는 신학적 진보와 보수, 가톨릭과 복음주의, 세속주의와 전통주의로 갈라진 오늘의 갈등 상황은 고대부터 중세까지 이어져 온 '성례전적 존재론'이 상실되었기 때문임을 날카로우면서도 설득력 있게 보여 준다. 이 책은 먼 옛날 신학적 유산으로 되돌아가면 모든 것이 좋아지리라는 순진한 복고주의로 빠지지 않으면서도, 근대 이후 크게 벌어진 이론과 실천, 교리와 영성, 교회적 삶과 사회적 실천 사이의 골을 메우고자 현대적 감각을 가지고 위대한 전통의 재발견을 시도한다.

『천상에 참여하다』는 출간 이후 10년간, 오늘날 뭔가를 하려 해도 무엇부터 할지조차 몰라 방황하던 젊은 복음주의자들에게는 공교회성이라는 올바른 지향점을 제시하고, 제2차 바티칸 공의회 이후 반세기가 흐른 시점에 개혁의 지속적 방향을 질문하던 가톨릭 신학에는 하나님 말씀에 성례전적으로 참여하기를 제안해 왔다. 과연 이 책이 오늘날 한국 기독교에는 어떤 도전과 자극을 던져 줄지 몹시 기대된다.

김진혁 횃불트리니티신학대학원대학교 조직신학 부교수, 『순전한 그리스도인』 저자

카프카의 표현을 빌리면, 『천상에 참여하다』는 정말 "우리 안에 얼어붙은 바다를 쪼개는 도끼" 같은 책이다. 로마 가톨릭과 개신교 양쪽을 모두 겨냥하면서 '성례전적 존재론'을 열렬하게 부르짖으며 정신이 번쩍 들게 만든다. 한스 부어스마는 그리스도 안에서 성육신하신 말씀을 모든 실재를 해석하는 열쇠로 삼을 때 로마 가톨릭은 '복음주의'로 돌아서고 복음주의자들은 '가톨릭'이 될 것이라 대담하게 주장한다. 그는 20세기 중반에 있었던 '새로운 신학'(누벨 테올로지)의 대표 인물들인 앙리 드 뤼박, 이브 콩가르, 장 다니엘루, 앙리 부이야르의 작업에 기대면서도 그들을 비판적으로 승화시키고 있다. 이레나이우스, 아타나시오스, 니사의 그레고리오스, 아우구스티누스 등 위대한 전통에서 한결같이 주장했던 핵심을 21세기 신학과 교회를 위해 되살리고자 한다. 그 핵심은 우리의 공간, 시간, 사물, 사유, 경험, 공동체를 그리스도와 맺는 참여적 관계 속에서 누리도록 이끄는 일이다. 이 책에서 제시하는 플라톤주의-기독교적 종합은 플라톤주의의 전면적 채택이 아니라, 우리가 아는 기독교를 더욱 성경적으로 회복하려는 시도의 일환이다. 저자는 역사적·성만

찬적·교회적인 그리스도의 몸을 다루며, 이 셋이 구분되면서도 어떻게 서로 긴밀한 관계를 이루고 있는지 감동적인 필치로 서술한다. 역사비평적 성경 해석이 성경의 초자연적 목적을 앗아 가 버린 지난 세기를 한탄하면서 성경이 제시하는 '의미의 무한한 숲'으로 우리를 초대한다. 루터, 칼뱅을 비롯한 종교개혁자 및 종교개혁 전통에 대한 평가가 불편하게 들릴 수도 있지만, 이 전통을 존중하면서도 더 근원적인 길을 권유하는 저자의 제안은 귀담아들을 가치가 있다.

이 책은 신학도들에게는 신학의 의미를, 신자들에게는 삶의 방식을, 목회자들에게는 목양의 목표를 알려 준다. 인간의 진선미는 천상의 진선미에 성례전적으로 참여한다고 가르침으로써 인생과 신앙을 바라보는 우리의 관점을 근원적으로 변화시킨다. 우리의 한시적이고 세속적인 욕망을 넘어서 생명과 삶의 한없는 풍부함에 다다르도록 상승시킨다. 우리 일상이 영원하신 하나님 말씀에 사로잡혀 은혜로 하나님의 삼위일체적 삶에 참여하도록 이끈다. '아, 이런 책이 있다니!' 읽는 내내 감동과 감탄으로 가슴이 벅차올랐다. 적극 추천한다!

우병훈 고신대학교 신학과 교수, 『처음 만나는 루터』 저자

한스 부어스마는 최선의 신학이란 진리를 파악하기보다는 진리에 참여하는 데 더 많은 관심을 기울인다고 말한다. 부어스마는 능숙한 솜씨로 교부와 중세 신학자들의 글을 소개하고 균형 잡힌 시각으로 현대 복음주의와 가톨릭의 사상가들을 활용하여, 신학이 일차적으로 지적 활동이 아니라 진리 안으로 들어가 진리에 의해 통제를 받는 영적 훈련임을 보여 준다. 그가 명명한 이 "성례전적 태피스트리"는 교회만큼이나 오래되었지만, 이 매력적인 책에서 새로이 제시됨으로써 생기를 되찾고 있다.

로버트 루이스 윌켄 버지니아 대학교, 『초기 기독교 사상의 정신』 저자

한스 부어스마는 짜임새 있게 구성된 이 책을 통해 복음주의의 신학적 성찰에 탁월하게 기여하고 있으며, 우리에게 복음주의권에서 유행하는 환원론적 역사주의 경향에서 돌아서서 원천으로 돌아가라고 말한다. 그는 성육신 교리를 역사적인 성례전적 언어와 사고 안에 다시 자리 잡게 함으로써, 복음주의자와 가톨릭교인 모두가 이해하고 기르기를 원하는, 신앙의 진리에 대한 더 심오한 이해로 나아가는 길을 제시한다.

데이비드 라일 제프리 베일러 대학교, *In the Beauty of Holiness* 저자

복음주의 기독교 내 개혁에 대한 시기적절한 대화를 시작한다.
「미국 신학 탐구」 American Theological Inquiry

영적 형성을 다루는 신학교 교실에, 또한 영적 형성에 관한 질문을 두고 씨름하는 모든 생각하는 사람에게 진심으로 이 책을 권한다.
「영적 형성과 영혼 돌봄 저널」 Journal of Spiritual Formation and Soul Care

현대의 신학적 성찰에서 잃어버린 요소에 관한 중요한 배경과 교정을 제공하기에 읽을 가치가 있는 책이다.
「비블리오테카 사크라」 Bibliotheca Sacra

교부와 중세 신학자들에 관한 복음주의적 성찰을 급성장시키는 데 귀중하게 기여한다.
「종교와 신학 리뷰」 Reviews in Religion and Theology

성만찬 신학의 발전과 '새로운 신학' 운동에 관해 많은 것을 배울 것이다.
「신학 연구」 Theological Studies

일상의 세계에 영적 실재가 살아 있음을 밝혀내는 훌륭하고도 참신한 재고찰.
「가톨릭 라이브러리 월드」 Catholic Library World

교회의 전통에 더욱 깊이 뿌리내리려는 복음주의 신학의 약속된 표지.
「퍼스트 씽즈」 First Things

천상에 참여하다

IVP(InterVarsity Press)는
캠퍼스와 세상 속의 하나님 나라 운동을 지향하는
IVF(InterVarsity Christian Fellowship)의 출판부로
생각하는 그리스도인을 위한 문서 운동을 실천합니다.

ⓒ 2011 by Hans Boersma
Originally published in English as *Heavenly Participation*
by Wm. B. Eerdmans Publishing Co.
4035 Park East Court SE, Grand Rapids, Michigan 49546, USA.
All rights reserved.

This Korean translation edition ⓒ 2021 by Korea InterVarsity Press
156-10 Donggyo-ro, Mapo-gu, Seoul 04031, Republic of Korea.
This Korean edition is published
by arrangement of Wm. B. Eerdmans Publishing Co.
through rMaeng2, Seoul, Republic of Korea.

이 한국어판의 저작권은 알맹2를 통하여
Wm. B. Eerdmans Publishing Co.와 독점 계약한 IVP에 있습니다.
신 저작권법에 의하여 한국 내에서 보호받는 저작물이므로
무단 전재와 무단 복제를 금합니다.

천상에 참여하다
성례전적 존재론 되찾기

한스 부어스마 | 박세혁 옮김

Ivp

리젠트 칼리지의
교수진과 학생들에게

◆◆◆◆◆

여호와여, 주의 말씀은
영원히 하늘에 굳게 섰사오며,
주의 성실하심은 대대에 이르나이다.
주께서 땅을 세우셨으므로 땅이 항상 있사오니.
_시편 119:89-90

우리가 사실을 들었으니, 신비를 추구하자.
_성 아우구스티누스, 『요한복음 강해』, 50.6

차례

서문 13

서론 17
　하늘의 '원천으로 돌아가기' 19
　복음주의자와 가톨릭교인의 연합을 위한 '원천으로 돌아가기' 29
　'새로운 신학'의 '원천으로 돌아가기' 31

1부　나오다: 해어진 태피스트리 39

1장｜**태피스트리의 모습**: 성례전적 존재론 41
　실재적 임재로서의 성례전적 존재론 44
　피조물을 기림: 사용인가 향유인가? 51
　기독교와 플라톤주의의 유산 61

2장｜**태피스트리를 짜다**: 교부들의 기독론적 닻 71
　이레나이우스: 총괄갱신을 통한 구원 72
　아타나시오스: 성육신하신 로고스 안에서의 일치 77
　니사의 그레고리오스: 보편자와 개별자 81

3장｜**태피스트리를 풀다**: 중세에서의 자연의 반란 89
　교회의 사법화 91
　자연의 발견 96
　성경, 교회, 전통 102
　자연과 초자연 105

4장 | 태피스트리를 자르다: 근대성이라는 가위 111
    스코투스와 존재의 일의성 112
    하나님의 절대적 능력 123
    오컴과 유명론의 출현 128
    천상적 참여와 인간의 문화 131

5장 | 다시 짜려는 시도: 젊은 복음주의자들을 위한 종교개혁 135
    찢어진 태피스트리와 옷 137
    루터, 칼뱅, 중세 후기 유명론 142
    라쉬키와 제2의 종교개혁 149

2부 돌아가다: 실 다시 연결하기 157

6장 | 성례전적 식사로서의 성만찬 159
    드 뤼박의 두 반대자 164
    아우구스티누스의 '우의화된' 본문 167
    삼중적 몸 172
    전환되는 몸 178

7장 | 성례전적 시간으로서의 전통 183
    성례전적 시간에 관한 콩가르와 아우구스티누스의 견해 186
    교리의 발전에 관한 드 뤼박의 견해 193
    성경과 전통에 관한 콩가르와 밴후저의 견해 197

8장 | 성례전적 실천으로서의 성경 해석 207

　사례 연구: 이사야 53장과 잠언 8장　210

　드 뤼박과 중세의 석의　216

　기독교의 신비와 의미의 복수성　220

　오늘날 영적 해석 되찾기　226

9장 | 성례전적 실재로서의 진리　231

　근대의 지식: 이성 드높이기　232

　신비적 지식: 드 뤼박, 다니엘루, 니사의 그레고리오스　236

　앙리 부이야르의 진리의 유비　245

10장 | 성례전적 훈련으로서의 신학　255

　이중적 분과로서의 신학　258

　입문으로서의 신학　266

　분과의 통일성　271

후기　그리스도 중심적 참여　275

　참고도서　283

　일반 찾아보기　299

　성경 찾아보기　305

서문

이탈리아 화가 프라 안젤리코(Fra Angelico, 1395?-1455)는 하늘(heaven)에 몰두했다. 도미니코회의 수도사였던 그는 이 땅에서 사는 삶이 영원한 함의를 지님을 깨달았다. 의심할 나위 없이 이 르네상스 화가는 마지막 날에 치품천사(seraphic angle)들이 자신을 하늘로 데리고 가기를 간절히 바랐다. 그래서 그가 그린 가장 유명한 그림 중 하나인 "최후의 심판"(The Last Judgment)에서 낙원에 들어갈 준비가 된 천사들과 성도들은 손을 잡고 천상의 행진을 하고 있다. 이제 성도들은 하나님을 높이는 예전에 참여하여 천상의 상투스(Sanctus, 사 6:3; 계 4:8)를 부를 것이다. 천상적 참여는 프라 안젤리코의 작품에 생기를 불어넣은 전망이었으며, 이 책에 영감을 준 동일한 전망이기도 하다(따라서 그의 그림을 책 표지로 삼았다).

천상적 참여는 우리가 지상의 관심사를 무시해야 한다는 뜻이 아니다. 결코 그렇지 않다! 이 책에서 분명히 제시하고 있듯이, 내생의 삶만이 적합한 이생의 삶을 보증한다. 하지만 천상적 삶은 영원하신 하나님의 말씀인 그리스도께서 창조 질서에 안정성을 제공하시며 그것을 신뢰할 만한 것으로 만드심을 뜻한다. 권두언에서 인용한 시편 기자의 말처럼 "여호와여, 주의 말씀은 영원히 하늘에 굳게 섰사오며, 주의 성실하심은 대대에 이르나이다. 주께서 땅을 세우셨으므로 땅이 항상 있사오니." 근대성(modernity)이 도래하기 전에, 시편의 이 말씀을 읽으면서 하나님의 신실하심 자체이며 친히 땅을 세우신 영원하신 말씀인 그리스도를 생각하지 않는 사람은 거의 없었다. 그들은 창조된 대상들(created objects)은 영원하신 하나님의 말씀 안에서 그것들의 실재(reality)와 정체성을 발견한다고 확신했다. 근대 이전의 그리스도인들이 그들 주변의 세상 안에서 하나님의 진리와 선하심과 아름다움을 볼 수 있었던 것은 바로 하늘과 땅의 이 연결고리(link) 덕분이었다.

교부들과 중세 신학자들의 폭넓은 합의—나는 이 책에서 그것을 위대한 전통(Great Tradition)이라고 부른다—에서는 단순히 '사실'을 관찰하는 데 만족하지 않았다. 사람들은 이런 사실 안에서 하나님의 말씀의 영원한 신비를 지각할 수 있다고 확신했다. 권두언에 인용한 아우구스티누스(Augustine)의 말 배후에는 이러한 성례전적(sacramental) 전망이 자리 잡고 있다. "우리가 사실을 들었으니, 신비를 추구하자." 지난 몇 년 동안 아우구스티누스의 이 전망이 나의 상상력을 사로잡았으며, 결국 나는 교회의 안녕이 이 성례전적 태피스트리의 회복에 달려 있다고 확신하게 되었다.

지난 몇 년 동안 '새로운 신학'(nouvelle théologie)이라고 불리는 20세기 프랑스의 가톨릭 갱신 운동이 나의 사고에 엄청난 영향을 미쳤다. 이 운동에서 말하는 성례전적 사고방식의 회복은 나에게 영감을 주었으며, 1년 동안 가르치는 의무를 덜게 된 덕분에 나는 '새로운 신학자들'(nouvelle theologians)의 사상에 몰입할 수 있었다. 2007-2008학년도에 나를 헨리 루스 3세 신학 연구원(Henry Luce III Fellow in Theology)으로 임명한 신학교협의회(Association of Theological Schools)와 헨리 루스 재단(Henry Luce Foundation)에 진심으로 감사드린다. 또한 '새로운 신학자들'을 공부할 수 있도록 1년 동안 안식년을 허락해 준 리젠트 칼리지(Regent College)에도 감사드린다. 특히 이 책의 2부에서는 '새로운 신학'에서 주창하는 위대한 전통의 회복이 나의 사고에 깊은 영향을 미쳤음을 분명히 보여 줄 것이다. 나의 책 『새로운 신학과 성례전적 존재론: 신비로의 회귀』(Nouvelle Théologie and Sacramental Ontology: A Return to Mystery)를 읽고 친애하는 동료 리처드 마우(Richard Mouw)와 존 스택하우스(John Stackhouse)는 내가 '새로운 신학'이 여전히 가지고 있다고 믿는 신학적 함의를 조금 더 대중적으로 해설하는—특히 복음주의권 독자를 염두에 둔—글을 써 보라고 권했다. 이 책은, 특히 2부는 그러한 시도의 결과물이다.

  매우 중요한 의미에서, 리젠트 칼리지에 있는 나의 친구들인 교수진과 학생들 덕분에 이 책을 쓸 수 있었다. 리젠트에서 했던 놀라운 경험 중 하나는 이 책에서 논한 여러 주제를 다루는 학제 간 공동 강좌였다. 동료 교수들 및 학생들과 이 주제들을 놓고 활기찬 토론을 할 수 있었던 것에 깊이 감사드린다. 우리의 의견이 일치하지 않을 때마다—심지어 때로는 격렬하게—그 결과로 통찰, 지혜, 사랑이 자라났다. 우리가 리젠트 칼리지에서 즐기는 종류의, 원칙에 입각한 토론이 가능한 곳은 거의 없으리라 생각한다. 그러므로 진심으로 감사하며 이 책을 동료들과 학생들에게 바친다.

  몇몇 친구, 동료, 학생들이 원고 전체를 읽고 나에게 소중한 제안을 해 주었다. 시간을 내어 원고를 읽어 준 제럴드 부어스마(Gerald Boersma), 프리츠 드윗(Fritz Dewit), 브루스 하인드마쉬(Bruce Hindmarsh),

매슈 레버링(Matthew Levering), 맷 매툰(Matt Mattoon), 딕 모스(Dick Moes), 옌스 치머만(Jens Zimmermann)에게 감사드린다. 그들이 전해 준 수많은 의견 덕분에 이 책의 가독성이 크게 향상되었으며 수많은 어색한 줄임말과 실수를 바로잡을 수 있었다. 나는 몇몇 나의 학생—알렉스 아베시나(Alex Abecina), 케이씨 플린(KC Flynn), 매슈 마틴(Matthew Martin), 벤 폴러스(Ben Paulus), 노미 프리츠(Nomi Pritz)—과 우리끼리만 신나는 '괴짜 같은' 대화를 즐기곤 했다. 버거와 맥주를 놓고 원고에 관해 토론을 나눴던 이들은 나에게 엄청난 도움을 주었다. 전통이 항상 그들에게 진선미의 영원한 전망을 제시하길 빈다.

다양한 작업 단계에서 저마다 도움을 준 데니스 대니얼슨(Dennis Danielson), 마크 매코널(Mark McConnell), 버트 모스(Bert Moes)에게도 고마움을 전한다. 나의 연구 조교 알렉스 아베시나는 기꺼이 도표와 참고문헌을 만들어 주었고, 나의 아들 제럴드는 능숙하게 색인을 정리해 주었다. 내가 전에 발표한 논문을 책에 포함시킬 수 있도록 허락해 준 저널—「북스앤컬처」(*Books and Culture*), 「크럭스」(*CRUX*), 「이반젤리컬 쿼털리」(*Evangelical Quarterly*)—에 감사드린다. 이 논문들은 참고문헌에 포함되어 있다.

마지막으로 나는 아내와 가족의 사랑으로 둘러싸여 있다. 그들은 기쁨의 큰 원천이며, 내가 하나님에 관한 지식에 몰두할 수 있도록 계속해서 영감을 준다.

서론

지난 몇십 년 동안 복음주의 신학에서는 두 가지 주목할 만한 발전이 이뤄졌다. 첫째, 신학이라는 학문 분과(discipline)의 본질이 변화를 겪은 것처럼 보인다. 한때 복음주의의 특징이라고 여겨졌던 명제적 진리 대신 내러티브, 이미지, 상징처럼 더 파악하기 어려운 표현 수단들이 부각되고 있다. 절대적 진리 주장에 대한 의심과 더불어 본질주의(essentialism)에 대한 탈근대적(postmodern) 우려 때문에 더 젊은 복음주의자들은 이전 세대가 세워 놓은 합리적 변증학과 신학 체계를 선뜻 지지하지 않는 것처럼 보인다.[1] 둘째, 절대적 진리의 본질을 포착할 수 있는 우리 능력에 대한 의심이 점점 더 심해짐에 따라 과학적 방법의 정당성에 의문이 제기되었으며, 그 결과 점점 더 많은 복음주의자가 성경에 대한 고등비평의 다양한 방법에서 등을 돌리고 있다.

이처럼 비판적 성경 해석에 대한 반대가 점점 더 심해지고 있는 상

---

[1] '젊은 복음주의자들'에 대한 논의는 Robert E. Webber, *The Younger Evangelicals: Facing the Challenges of the New World* (Grand Rapids: Baker, 2002)를 보라. 『젊은 복음주의자를 말하다』(죠이선교회).

황이 더 놀라운 것은, 복음주의자들이 이를 받아들인 것이 불과 반세기 정도밖에 되지 않았기 때문이다(하지만 이 기간에도 자유주의 신학을 극렬히 반대했던 근본주의를 계승한 이들은 고등비평에 대한 반대를 포기한 적이 없었다). 물론 젊은 복음주의자들은 1920년대와 1930년대의 근본주의자들과 결코 동일하지 않았다. 하지만 성경에 대한 고상한 학문적 관심과 고등비평의 과도한 부분을 몹시 싫어했다는 점에서는 둘 사이에 공통점이 있다. 젊은 복음주의자들은 신학적 혹은 영적 해석을 회복하는 데 초점을 맞추고 있는 듯하다. 즉, 그들은 본문의 역사적 혹은 문자적 의미를 넘어서서 성경 본문 자체의 안쪽 깊은 곳에 숨은 더 심오한, 영적인 차원을 찾고자 한다.[2] 신학의 본질과 성경 해석 모두가 우리의 탈근대적인 문화적 사고방식에 영향받고 있다.

나 자신이 탈근대적인 젊은 복음주의자라고 생각하지 않는다는 점을 처음부터 분명히 해 두고자 한다. 그와 동시에, 나는 젊은 복음주의자들이 신학과 성경 해석에 대한 '근대적' 접근 방식에 제기하는 비판 중 일부는 대체로 정확하다고 생각한다. 신학은—복음주의자들 사이에서뿐만 아니라 다른 데서도—명료성과 통제에 대한 과도한 욕망으로 인해 어려움을 당해 왔으며, 이는 스콜라 신학의 추상적이며 고상한 구별에 기인했다. 그리고 같은 사고방식 때문에 본문의 역사적 의미를 되찾는 데 열중하는 성경신학적 방법이 확산되었다. 또한 성서학과 교의학의, 석의와 적용의, 신학과 영성의 분리가 더 공고해졌다.

근대적인 신학적·해석적 패러다임에 비판의 목소리를 점점 더 높이고 있는 복음주의자들에게 동의함에도, 이 책의 근거를 이루는 관점은

---

[2] 더 자세한 논의는 뒤의 8장을 보라.

실재에 대한 탈근대적 태도에서 나온 것이 아니다. 오히려 나는 탈근대성(postmodernity)이 근대성의 필연적 귀결이라는 일반적 인식에 동의한다. 나는 이 둘 모두가 이생의 실존에 속하는 실재들이 그들이 성례전적으로 공유하는 더 크고 영원한 실재들을 가리킨다는 근대 이전의 성례전적 사고방식을 포기하는 태도에 기초해 있다고 믿는다. 근대성이 실재에 대한 참여적 혹은 성례전적 관점을 포기했을 때, 창조 질서는 하나님 안에 있는 그 기원에서 분리되었으며 물질적 우주는 허무주의라는 파도 위에서 불안하게 표류하기 시작했다.[3]

하늘의 '원천으로 돌아가기'

성 바울의 신학은 내세적 신학이다. 그는 지상적 기쁨보다는 천상적 참여에 훨씬 더 관심이 많다. 사도 바울에게 하늘은 우리가 기원한 공간이며 우리가 현재 살고 있는 공간이자 우리가 지향하는 공간이다. 간단히 말해서, 바울에 따르면 우리의 과거, 현재, 미래가 하늘에 닻을 내리고 있다(히 6:19). 하지만 현대의 서양 신학에서 '하늘'에 관한 담론은 그 핵심적 위치를 상실하고 말았다. 복음주의자와 가톨릭교인 모두 그때 거기보다는 지금 여기에 지금에 더 초점을 맞추고 있다. 신체적 선, 문화

---

3 크레이그 게이(Craig M. Gay)도 비슷한 주장을 한다. 탈근대주의가 만들어 낸 의심의 태도에 관해 이야기하면서 그는 이렇게 논평한다. "의심의 해석학이 근대적 실존의 여러 억압적 성격에 관해 옳은 주장을 하고 있을지도 모르지만, 그것은 삶이 결국에는 무의미하며 불합리할지도 모른다는 우리의 두려움을 누그러뜨리는 데 거의 아무런 기여도 하지 못한다. 오히려 이런 두려움을 악화시킬 뿐이다. 왜냐하면 급진적인 탈근대 이론은, 의미란 우리가 우리 자신을 위해 의도적으로 그것의 논리적—우울한 것이더라도—결론까지 밀어붙여서 만들어 낸 무언가라는 전형적으로 근대적인 전제를 확장한 것일 뿐이기 때문이다"[*Dialogue, Catalogue and Monologue: Personal, Impersonal and Depersonalizing Ways to Use Words* (Vancouver: Regent College Publishing, 2008), p. 122].

적 노력, 정치적 성취가 궁극적 관심의 문제가 되었을 정도로 그 지평이 협소해진 시대에, 피조물이 천상적 실재들에 참여하는 것('천상적 참여')에 관해 말하는 것이 기이하게 느껴질 수밖에 없다. 그럼에도, 사도 바울의 내세적 신학에 동조하며 이 책에서는 천상적 참여의 신학을 되찾기[ressourcement(원천으로 돌아가기)]를 촉구할 것이다.

N. T. 라이트(Wright)는 최근작 『마침내 드러난 하나님 나라』(Surprised by Hope)에서 복음주의자들 사이에서 점점 더 확산되고 있는 경향성을 대변하면서 자신이 내세에 대한 널리 퍼져 있는 관념이라고 믿는 바를 조롱한다. "새로운 세상에서 구속받은 하나님의 백성은 사람들이 흔히 상상하듯이 구름 위에 앉아 하프를 연주하는 것이 아니라 새로운 창조의 책무를 완수하고, 그분의 사랑의 영광을 기리고 확산시킴으로써 새로운 방식으로 그분의 사랑을 실천하는 사람들이 될 것이다."[4] 분명 하프와 구름의 조합은 이곳 이후의 삶에 대한 대단히 내세적인 전망에 기여한다. 하지만 나로서는, 이곳 이후의 삶을 생각하면서 구체적이고 **현세적인** 이미지가 쓰이고 있으며 복음주의자들이 이에 점점 더 개의치 않고 있다는 점이 흥미롭다. 놀라움에 대한 기대는 거의 없다. 우리는 미래의 삶에 관해, 그것이 어떤 모습이 **아닐지**, 또한 어떤 모습**일지**에 관해 많은 것을 알고 있는 것처럼 보인다.

우리는 "천국은 그것이 그저 자연의 아름다움이나 훌륭한 음악이 아닌 것처럼 보석으로 가득 차 있지도 않을 것"이라는 C. S. 루이스(Lewis)의 현명한 경고를 잊어버린 것 같다.[5] 기독교 전통 안에서 누가 내세에

---

[4] N. T. Wright, *Surprised by Hope: Rethinking Heaven, the Resurrection, and the Mission of the Church* (New York: HarperOne, 2008), pp. 105-106. 『마침내 드러난 하나님 나라』(IVP).

[5] C. S. Lewis, "The Weight of Glory", *The Weight of Glory, and Other Addresses* (1949; reprint, San Francisco: HarperSanFrancisco, 2001), p. 33. 『영광의 무게』(홍성사). 3세기 알렉

우리가 구름 위에 앉아 하프를 연주하리라고(이는 아주 불쾌한 일은 아닐 테지만) 주장했는지는 잘 모르겠다. 그러나 마지막 때에 우리는 우리가 생각하는 것보다 훨씬 더 철저하게 변화될 것이며, 우리의 성경적 언어조차도 변화되리라고, 혹은 우리의 천상적 본향 속으로 신화될(divinized) 지상적 실재를 묘사하는 데 무한히 부적합하다는 것이 말 그대로 증명되리라고 확신한다.[6]

성 바울에게 하늘은 우리의 집이다. 결국 그는 우리의 시민권 서류에 하늘의 도장이 찍혀 있다고 주장한다. 그는 분명히 "우리의 시민권은 하늘에 있는지라"라고 말한다(빌 3:20; 참고. 엡 2:12). 그리스도인의 이 시민권은 지상적 목적을 궁극적 관심으로 전환하려는 시도와 양립할 수 없다. 사도 바울은 십자가의 원수에 관해 이야기하면서 이렇게 말한다. "그들의 마침은 멸망이요, 그들의 신은 배요, 그 영광은 그들의 부끄러움에 있고 땅의 일을 생각하는 자라"(빌 3:19). 바울에 따르면, 신자의 천상적 정체성은 이미 존재하는 실재다. 에베소서와 골로새서의 실현된

산드리아의 위대한 신학자 오리게네스(Origen)는 아가서 주석에 붙이는 서문에서 비슷한 주장을 하면서 "부활 이후에도 육신의 음식이 필요할 것이며, 영원히 사시는 '참 포도나무'(요 15:1)뿐 아니라 포도나무와 나무에서 자라는 열매로부터도 음료를 취해야 할 것"이라고 믿는 사람들을 혹독히 비판했다[Richard A. Norris, ed., *The Song of Songs: Interpreted by Early Christian and Medieval Commentators*, The Church's Bible (Grand Rapids: Eerdmans, 2003), p. 5에서 재인용].

6 나는 라이트의 종말론 중 많은 부분을 열렬히 지지한다. 예를 들어, 나는 부활을 "죽음 이후의 삶 **이후의 삶**"으로 이해하는 그의 관점(*Surprised by Hope*, pp. 148-152)과 천상과 지상이 대립하는 실재가 아니라는 그의 주장(pp. 104-106), 부활이 지상적 실재의 변화를 수반한다는 그의 믿음(pp. 100, 162)을 높이 평가한다. 또한 라이트는 마지막 왕국에서 우리의 긍정적 기여가 어떻게 정확히 다시 나타날 것인지 알지 못한다고 분명히 말한다(하지만 그는 거기에 바흐의 음악이 있으리라고 확신한다. p. 209). 하지만 초점은 일관되게 이생의 실재에 맞춰져 있다. 여담으로 칭의 문제에 관해서 라이트는 엄격한 "법적"(juristic) 관점이 간과하고 있는 구원론의 "참여적" 요소를 옹호한다[*Justification: God's Plan and Paul's Vision* (Downers Grove, IL: InterVarsity Academic, 2009), pp. 32, 72]. 『톰 라이트, 칭의를 말하다』(에클레시아북스). 나는 참여와 그리스도와의 연합을 강조하는 라이트의 유익한 관점이 일관성을 유지하기 위해서는 **천상적** 실재에 대한 참여가 훨씬 더 많이 강조되어야 한다고 생각한다.

종말론에서는 이 존재하는 실재를 강조한다. 바울이 생각하기에, 여기 지상의 신자들은 '하늘'이라고 불리는 저 멀리 있는 공간과 자신들을 동일시하지 않는다. 오히려 그들은 하늘과 실재적 혹은 참여적으로 연결(connection)되어 있다. 유월절 사건—그리스도의 죽음, 부활, 승천—은 그리스도인들이 참여하는 무언가다. 바울은 하나님이 "우리를 그리스도와 함께 살리셨다"고 주장한다(엡 2:5). 하나님은 "그리스도와 함께 우리를 일으키셨다"(엡 2:6; 골 3:1). 이처럼 그리스도 안에 참여한 결과로서 신자들은 천상적 실재들에 참여한다. 하나님이 우리를 "그리스도 예수 안에서 함께 하늘에 앉히셨다"(엡 2:6; 엡 1:3).

성 바울의 내세성이 모든 현세적 지향성과 절대적 대립을 이루는 것이 아님은 분명하다. 오히려 천상적 참여는 지상의 삶이 천상적 차원을 지님을 의미한다. 교회는 하늘에 참여함으로써 "하늘에 있는 통치자들과 권세들에게" 하나님의 지혜를 알리도록 부르심받았다(엡 3:10). 천상적 참여에는 "하늘에 있는 악의 영들에 맞서는" 전투가 포함된다(엡 6:12). 하늘이 이미 지상에 존재하기 때문에 지상에서 그리스도인의 도덕적 삶은 그들의 천상적 참여를 반영해야 한다. "그러므로 너희가 그리스도와 함께 다시 살리심을 받았으면 위의 것을 찾으라. 거기는 그리스도께서 하나님 우편에 앉아 계시느니라. 위의 것을 생각하고 땅의 것을 생각하지 말라"(골 3:1-2). 그런 다음 사도 바울은 "땅에 있는 지체"와 연결된 악덕을 언급하며(골 3:5), 신자들에게 그리스도의 덕을 따르라고 권면한다(골 3:5-17). 하늘에 참여하는 것이 지상에서의 삶을 바꾼다. 역설적으로 내세성만이 이 세상에 올바르게 참여하는 것을 보증한다.

하늘은 그리스도인들이 오늘 이미 집으로 삼고 있는 '공간'일 뿐만 아니라 그들의 기원이자 목적이기도 하다. 하늘은 "그리스도 안에서"

신자들에게 영원히 예정된 공간이기 때문에, 신자들은 '천상의 영역에서' 복되다(엡 1:4, 11). 그리스도인의 소망의 기원은 그리스도 안에ㅡ따라서 하늘에ㅡ있다. 마찬가지로 바울이 추구하는 상, 그것을 향해서 "달려가고" 있는 상은 그리스도 안에 있는 '하늘을 향한' 부르심이다(빌 3:13-14; 참고. 딤후 4:18).[7] 수 세기 동안 신플라톤주의가 신학자들에게 그토록 매력적으로 보였던 이유는, 우주가 하나님으로부터 '나와' 그분께로 '돌아간다'는 신플라톤주의의 관점ㅡ이른바 나옴-돌아감(exitus-reditus) 구조ㅡ이 바울의 기독교와 폭넓게 양립할 수 있었기 때문이다.[8] 빌립보서 2장에 있는 바울의 유명한 송가에 따르면, 그리스도께서 보이신 본보기ㅡ자신을 낮추어 이 땅에 오시고 높이 들려 하늘로 돌아가심(빌 2:6-11)ㅡ가 교회가 따르는 본보기가 되어야 한다. 나는 현대의 신학이 우리가 '하늘을 향한' 부르심을 받았다고 강조하는 바울의 가르침을 회복ㅡ'원천으로 돌아가기'ㅡ해야 한다고 생각한다.

이러한 바울의 강조점과 일치하는 방식으로 성 아우구스티누스는 플라톤주의 전통의 개념을 빌려와 하늘이라는 실재를 중심으로 하나님의 도성의 역사를 설명했다. 아우구스티누스는 하늘이 하나님의 도성의 원천이자 종착지라고 설명한다. 이 주교는 "두 종류의 천사", 즉 빛의 천사들과 어둠의 천사들에 대해 이야기함으로써 "두 도성의 발흥, 발전,

---

[7] 다시 한번 C. S. 루이스는 바울이 강조하는 이 주제를 되풀이하는 것처럼 보인다. "마침내 고향에 도착했어! 여기가 진짜 내 조국이야!" *The Last Battle*의 마지막 부분에서 유니콘은 땅바닥에 오른쪽 앞발을 디디면서 이렇게 외친다. "여기가 내 고향이야. 지금까지 몰랐지만 여기가 내 평생 찾던 땅이야. 우리가 옛 나니아를 사랑했던 건 여기와 비슷하게 보였기 때문이야"[*The Chronicles of Narnia* (New York: HarperCollins, 2001), p. 760]. 『나니아 연대기』(시공주니어).
[8] 물론 신플라톤주의의 나옴-돌아감 구조는 필연적 유출(emanation) 교리를 포함하며, 기독교 신학에서는 일반적으로 이를 거부했다. 뒤의 1장에서 소제목 "기독교와 플라톤주의의 유산" 이하를 보라.

예정된 종말"을 다루는 글을 시작한다.[9] 낙원에서의 타락 이후 두 도성은 인간 역사 안에서 각각 대응물을 갖게 되었다. 가인은 인간의 도성에 속하는 반면 아벨은 하나님의 도성에 속했다. 가인과 달리 아벨은 도시를 건설하지 않았다. "성도의 도성은 이곳 아래에서 살아가는 시민들을 만들어 내기는 하지만 저 위에 존재한다…"(XV.1). 그리스도인들은 그들의 시민권이 천상에 있는 하나님의 도성에 있기 때문에 지상에서 순례자들이다. 아우구스티누스는 이 도성이 "하나님이 이 도성을 창조하신 은총이 천상적이기 때문에 하늘로부터 내려올 것이라고 전해진다.…이 도성은 그 시작부터, 그 시민들의 수가 늘기 시작한 때부터 하늘로부터 내려오고 있다…"(XX.17). 아우구스티누스에게 천상적 참여는 하나님의 도성의 시민들에게 이미 오늘 하나의 실재다.

아우구스티누스는 신자들이 얼굴을 마주하며 하나님을 뵙게 될 종말론적 실재(고전 13:12; 요일 3:2)에 대한 논의로 천상 도성 시민들의 순례 여정에 대한 논의를 마무리한다. 이러한 지복의 전망이 인간의 이해를 훨씬 초월하는 평화를 만들어 낼 것이다(빌 4:7).

이것은 우리의 이해를 넘어선다. 이는 의심할 나위가 없다. 이것이 천사들의 이해조차 초월한다면, 따라서 성 바울이 "모든 지각"이라고 말할 때 천사들도 예외가 아니라면, 우리는 그의 말을 이렇게 이해해야 한다. 즉, 하나님의 평화, 하나님 당신이 누리시는 평화를, 우리 인간은 말할 것도 없고 천사들조차도 하나님이 그것을 경험하는 방식으로 알 수는 없다는 것이다. (XXII.29)

---

9 Augustine, *Concerning the City of God against the Pagans*, trans. Henry Bettenson (London: Penguin, 1984), XI.1. 이후에 이 책을 인용할 때는 본문에 괄호로 표기했다. 『신국론』(분도출판사).

여기서 신비를 바라보는 아우구스티누스의 관점이 드러난다. 그는 천상적 참여의 온전한 실재는 지상 도성의 범주들을 훨씬 초월한다는 것을 인정한다. 하늘—그리스도께서 영원히 거하시는 곳—은 교회의 기원과 종착지가 되는 공간이다. 하늘은 그리스도인의 본향이다. 아우구스티누스는 이 점에서 플라톤주의 전통과 기독교 전통이 양립 가능한지 여부를 걱정하지 않으면서 천상 도성에 대한 자신의 설명을 제시한다. 근대 이전의 거의 모든 기독교 신학자와 더불어 그는 기독교 신앙의 핵심이 천상적 참여이며 이 성경적 통찰이 일종의 플라톤주의-기독교적 종합(Platonist-Christian synthesis)을 가능하게 한다고 확신했다.[10]

여기서 천상적 참여라는 말이 결코 지상 도성의 중요성을 경시하거나 약화시키지 않음을 분명히 해 두고자 한다. 우리가 자신을 천상 도성과 동일시한다고 해서 지상적 관심사를 경시하려는 유혹에 빠져서는 안 된다. 히포의 주교는 『신국론』(*The City of God*)에서 "영혼이 하나님으로부터, 그리고 오직 그분으로부터 이러한 현세적 복을 구하는 법을 배우는 것은 전적으로 옳다"고 주장한다(X.14). 정말로 아우구스티누스는 "이[지상의] 도성이 욕망하는 선이 선이 아니라고 말하는 것은 옳지 않을 것"이라고 말한다(XV.4; 참고. XXI.24). 아우구스티누스는 우리가 현세적 복을 무시해서는 안 된다고 생각한다. 그리스도인은 지상 도성의 목적이 본래적으로(inherently) 악하거나 오염되어 있다고 보아서는 안 된다. 그럼에도 아우구스티누스—와 그 이후의 기독교 신학자 대부분—는 지상 도성의 목적과 천상 도성의 목적을 주의 깊게 구별한다. 지상 도성의

---

10 나는 이 책 전체에서 '플라톤주의-기독교적 종합'이라는 어구를 사용한다. 이는 플라톤주의와 기독교가 합쳐져서 이 둘보다 더 큰 실체(entity)를 형성했다는 뜻이 아니다. 뒤에서 더 분명히 드러나겠지만, 나는 기독교 신앙이 헬레니즘 세계를 기독교화하는 과정에서 플라톤주의 사상의 특정 요소를 신중하게 전유했다고 확신한다.

목적은 그 중요성에서 천상 도성의 목적보다 훨씬 더 등급이 낮다. "물론 몸의 아름다움은 하나님이 창조하신 선이지만 그것은 현세적·육신적 선으로서 선의 단계에서 매우 낮은 등급에 속한다…"(XV.22). 따라서 일종의 "세상에 대한 경멸"(contemptus mundi)을 지니는 것은 전적으로 적합하다. 아우구스티누스는 "이 세상의 열등한 선들이…비록 이 덧없는 삶을 위해 필수적이기는 하지만 내생의 영원한 복과 비교하면 멸시함이 마땅하다[contemnenda]"고 주장한다(X.14).

이 위대한 아프리카의 주교가 말하는 경멸은 절대적 경멸이 아니라 비교에 따른 혹은 상대적인 경멸이다. 천상적 참여와 비교할 때 지상의 기쁨은 대단히 보잘것없다. 아우구스티누스처럼 후대의 플라톤주의-기독교인인 C. S. 루이스도 지상적 선을 상대적으로 경멸했다. "하지만 당신은 이렇게 묻는다. 땅은 어떤가? 나는 결국 그 누구도 땅을 매우 독특한 공간으로 여기지 않으리라고 생각한다. 하늘 대신 땅을 선택한다면 땅은 결국 지옥의 한 지역이 될 뿐이며, 땅을 하늘 다음으로 여긴다면 땅은 처음부터 하늘의 한 부분이 되리라고 생각한다."[11] 역설적으로 지상의 실재들은 우리가 그것을 제일 중요한 것으로 여기기를 거부할 때만 중요성을 지닌다.[12] 천상적 참여는 지상 도성의 중요성을 무시하거나 약화시키지 않으며 오히려 그것의 유일한 보증이 될 뿐이다. 이 책 전체에서 나는 우리가 아우구스티누스를 포기하고 창조된 실재들을 준궁극

---

11 C. S. Lewis, *The Great Divorce* (1946; reprint, New York: Simon and Schuster, 1996), p. 11. 『천국과 지옥의 이혼』(홍성사).
12 장 칼뱅(John Calvin) 역시 미래의 삶에 관해 논하면서 현재의 삶에 대한 이러한 상대적 경멸을 주장한다. "어떤 종류의 환난이 우리에게 닥쳐오더라도 우리는 이 목적을 바라보아야 한다. 즉, 현재의 삶을 경멸하고 이로써 미래의 삶을 묵상하도록 자극받는 법을 배워야 한다"[*Institutes of the Christian Religion*, ed. John T. McNeill, trans. Ford Lewis Battles, Library of Christian Classics, vol. 20 (Philadelphia: Westminster, 1960), III.ix.1]. 『기독교 강요』(생명의말씀사).

적(penultimate) 관심의 대상이 아니라 궁극적(ultimate) 중요성을 지닌 대상으로 삼으려 할 때 아이러니하게도 그것들의 중요성을 상실하게 된다고 주장할 것이다.

이 책의 (원서) 부제는 "성례전적 태피스트리를 짜다"다. 러시아 정교회 신학자 알렉산더 슈메만(Alexander Schmemann)은 명료한 그림을 제시하여, 교부들과 중세의 기독교적 합의(위대한 전통)를 특징짓는 "성례전적 태피스트리"라는 표현을 통해 내가 의도한 바를 보여 준다.[13] 『세상에 생명을 주는 예배』(For the Life of the World)에서 슈메만은 자연과 초자연의 대립을 거부하며, 이 둘을 성례전적으로 재통합하려고 한다. 부제의 "성례전적 태피스트리"라는 표현은 자연과 초자연을 주의 깊게 짜 내는 통일성을 뜻하며, 이 통일성에 의해 창조된 대상들은 예수 그리스도의 천상적 실재라는 신비에 참여하는 성례전이 된다. 슈메만은 이른바 자연의 세계 속 모든 것의 목적은 우리를 다시 하나님께로 이끄는 것이라고 주장한다. 그런 의미에서 창조된 물질은 성만찬의 기능을 수행해야 한다. 세상을 그리스도 안에 있는 성만찬의(eucharistic) 제물로, 즉 하나님**으로부터** 받아서 그분**께** 바치는 제물로 대함으로써 우리는 하나님의 임재 안으로 이끌려 들어간다. 슈메만은 이렇게 설명한다. "세상은 '물질', 즉 모든 것을 아우르는 한 성만찬의 재료로 창조되었으며, 인간은 이 우주적 성례전을 위한 제사장으로 창조되었다." 따라서 슈메만은 세례와 성만찬—우리가 일반적으로 '성례전'이라는 용어를 적용하는 두 물질적 요소—을 논하면서 빵과 포도주뿐만 아니라 물도 우주의 나머지 것들과 연결해야 한다고 주장한다. 그는 "세례는 반드시 우리로 하여

---

[13] 1장의 "실재적 임재로서의 성례전적 존재론" 이하에서 '성례전적 존재론'이라는 개념을 더 자세히 논할 것이다.

금 '물질'에, 세상에, 우주에 주의를 기울이게 만든다"고 주장한다.[14] 세례와 성만찬에서 우리는 물질이 그 원래의 기능으로 회복되는 것을 목격한다. 다른 데서 슈메만은 이렇게 아름답게 설명한다.

그리스도께서는 어떤 '초자연적'이며 성스러운 물질로 '자연적' 물질을 **대체하기** 위해서가 아니라 물질을 **회복하고** 그것을 완성하여 하나님과의 사귐을 위한 수단이 되게 하려고 오셨다. 세례에서의 거룩한 물과 성만찬에서의 빵과 포도주는 피조물 전체, 곧 **마지막** 때의 피조물, 만물이 하나님에 의해 완성될 때, 하나님이 자신으로 만물을 가득 채우실 때의 피조물을 상징한다. 즉, 그때의 피조물을 **표상**한다.[15]

이 인용문에서 슈메만은 우리가 자연과 초자연을 서로 대립시키는 경우가 많다며 애석해한다. 교회의 성례전─세례와 성만찬─에서 우리는 자연이 원래의 목적으로 초자연적으로 회복되는 것을 목격한다. 이미 언급했듯이 모든 물질의 목적은 우리를 하나님의 천상적 임재 안으로 이끌고, 하나님과의 사귐, 하나님의 삶에 참여하는 일을 가능하게 하는 것이다. 따라서 교회의 성례전은 우주의 회복의 시작일 뿐이다. 우주 전체가 성례전의 기능을 해야 한다. 즉, 하나님이 주신 물질적 선물이 되어야 하며, 우리는 그것 안에서 그것을 통해서 하나님의 천상적 임재의 기쁨 안으로 들어간다.

---

14 Alexander Schmemann, *For the Life of the World: Sacraments and Orthodoxy* (1982; reprint, Crestwood, NY: St. Vladimir's Seminary Press, 2004), pp. 22, 15, 68. 『세상에 생명을 주는 예배』(복있는사람).

15 Alexander Schmemann, *Of Water and the Spirit: A Liturgical Study of Baptism* (Crestwood, NY: St. Vladimir's Seminary Press, 1974), p. 49.

복음주의자와 가톨릭교인의 연합을 위한 '원천으로 돌아가기'

이 책은 되찾기('원천으로 돌아가기') 기획이다. 교회사 안에서 21세기 사람들에게 신학적 지침을 제공할 자료들을 찾고자 한다는 뜻이다. 나는 어떤 특정한 시대를 우리가 회복해야 할 '황금 시대'로 여기지 않는다. 하지만 복음주의자들이 점점 더 교부들을 영감의 원천으로 삼고자 하는 것이 건전한 흐름이라고 믿는다.[16] 천 년 동안 신학을 특징지었던 성례전적 존재론(혹은 실재에 대한 전망)은 새롭게 탐구할 만한 가치가 있으며, 이 책을 통해 내가 왜 그렇게 생각하는지가 분명해질 것이다. 우리가 성례전적 태피스트리(그것이 암시하는 플라톤주의-기독교적 종합과 더불어)라는 '원천으로 돌아가기'를 진지하게 받아들인다면, 교회 일치(ecumenical)를 위한 위대한 기회, 특히 가톨릭교인들과 복음주의자들 사이의 교회 일치를 위한 대화의 기회를 발견하게 되리라고 믿는다. 위대한 전통의 깊이를 함께 재발견할 때 이는 복음주의자들과 가톨릭교인들의 참된 화해로 이어지리라고 확신한다.

얼마 전 풀러 신학교 총장(2013년까지 임직했다—옮긴이) 리처드 마우가 애리조나 대학교의 사회학자 앤드루 그릴리(Andrew Greely)가 쓴 『가톨릭의 상상력』(*The Catholic Imagination*)이라는 책을 추천했다. 이 책은 저자가 생각하기에 전형적으로 가톨릭적인 것을 해설하는 매력적인 책이다. 그릴리 신부가 설명하길, "가톨릭교인들은"

---

[16] 예를 들어, 나는 베이커 애커데믹(Baker Academic)에서 펴낸 복음주의적 원천으로 돌아가기 (Evangelical Ressourcement) 시리즈, 점점 더 많은 젊은 복음주의자가 교부학에 박사 과정 수준의 관심을 보이고 있는 점, 8장에서 논하는 것처럼 복음주의자들 사이에서 신학적 해석에 대한 관심이 싹트기 시작했다는 사실을 염두에 두고 있다.

주술에 걸린 세계, 즉 성상과 성수, 스테인드글라스와 기원 초, 성인과 종교적 메달, 묵주와 거룩한 그림의 세계 속에서 산다. 하지만 이러한 가톨릭의 성물들은 피조물 안에 숨어 있는 거룩한 것을 바라보는 가톨릭교인들의 더 심오하고 더 폭넓은 종교적 감수성에 대한 암시일 뿐이다. 가톨릭교인으로서 우리는 일상적 삶에서의 사물, 사건, 인물이 곧 은총의 계시라는 감각이 우리의 집과 세상 속에 수시로 출몰하는 것을 경험한다.

계속해서 그릴리가 설명하길, 이러한 가톨릭의 상상력을 "성례전적이라고 부를 수 있다. 이것은 실재를 하나의 '성례전'으로, 즉 하나님의 임재의 계시로 본다." 나는 그릴리가 중요한 무언가를 파악하고 있다고 믿는다. 가톨릭의 사고방식은 복음주의자들의 사고방식과 다르다.

가톨릭 신학자와 예술가들은 하나님이 세상 안에 계심을 강조하는 경향이 있는 반면, 개신교 신학자들의 고전적 저작에서는 하나님이 세상에 계시지 않음을 강조하는 경향이 있다. 가톨릭 작가들은 하나님이 그분의 피조물에 가까이 계심을 강조하지만, 개신교 작가들은 하나님과 그분의 피조물의 거리에 관해 이야기한다. 개신교인들은 미신과 우상 숭배의 위험을 강조하지만, 가톨릭교인들은 하나님이 주변적으로만 존재하는 창조된 세계의 위험을 강조한다. 혹은 다른 용어로 말하면, 가톨릭교인들은 하나님의 내재를 강조하는 경향이 있는 반면, 개신교인들은 하나님의 초월을 강조하는 경향이 있다.[17]

그릴리의 설명이 맞다면 우리는 개신교 종교개혁이 수 세기 동안 진행

---

17 Andrew M. Greeley, *The Catholic Imagination* (Berkeley: University of California Press, 2000), pp. 1, 5.

된 전환, 즉 우주의 탈성례화가 가장 중요한 특징이었던 전환의 일부였다고 결론 내릴 수밖에 없다.[18]

물론 그릴리의 설명에 몇 가지 제한을 가할 필요가 있다. 예를 들어, 나는 가톨릭교인들이 신적 초월을 불충분하게 이해하고 있다고 생각하지 않는다. 또한 개신교인들—특히 오순절교회와 은사주의 종파에 속한 이들—이 세상 속 하나님의 임재를 어떻게 이해해야 하는지 모른다고 하기도 어렵다고 생각한다. 더 나아가 가톨릭과 개신교를 대립시키는 그릴리의 설명에서는 성례전적 존재론이 개신교뿐 아니라 가톨릭 안에서도 어려움을 겪어 왔음을 간편하게 무시하고 있다.[19] 네덜란드 출신으로 캐나다에 정착한 이민자로서 나는 1960년대에 세속주의가 네덜란드에서 개신교를 성공적으로 대체했듯이 퀘벡에서도 가톨릭을 성공적으로 대체했다는 사실에 충격을 받았다. 많은 점에서 개신교인들 및 가톨릭교인들은 탈성례화하는 근대성의 공격에 굴복하고 말았다. 더 나아가 내가 이 책 3장과 4장에서 분명히 보여 주기를 바라듯이 우주의 탈성례화는 종교개혁 훨씬 전부터 시작되었다. 이 해석이 옳다면 우리는 성례전적 존재론의 상실이 초래한 해로운 결과를 종교개혁만이 아니라 가톨릭 안에서도 발견할 수 있으리라고 예상할 수 있다. 나는 유감스럽게도 종교개혁의 양쪽 진영 모두가 상처를 입었다고 주장할 것이다.

'새로운 신학'의 '원천으로 돌아가기'

지금까지 C. S. 루이스를 여러 번 언급했다. 위대한 소설가이자 평신도

---

18 이에 관한 더 자세한 논의는 5장을 보라.
19 Greeley, *Catholic Imagination*, pp. 173-180.

신학자였던 그는 탈성례화하는 근대성에 내재된 문제를 인식했다. 또한 그는 우리가 그저 당연히 여기는 우리의 문화적 환경에 우리 자신이 철저히 맞추어져 있는 경우가 많음을 알고 있었다. 루이스는 그런 "문화적 속물근성"의 위험을 경고했으며, 따라서 사람들에게 현대의 책뿐만 아니라 과거의 책도―특히 과거의 책을―읽으라고 촉구했다.[20] 과거의 책은 우리 자신의 맥락이 지닌 한계를 볼 수 있도록 도와주는 동시에 우리가 위대한 전통이라는 더 폭넓은 전망에 눈뜰 수 있게 해 준다. 루이스가 위대한 전통의 고전을 읽었을 때 그 결과 중 하나는 그가 플라톤주의-기독교적 종합을 탁월하게 이해하게 되었다는 것이다. 루이스에게 전통이라는 '원천으로 돌아가기'는, 기독교가 플라톤주의를 만난 결과였던 성례전적 존재론을 그가 진지하게 받아들이게 되었음을 의미한다.

1940년대와 1950년대에 '새로운 신학'(nouvelle théologie)이라고 불린 프랑스 가톨릭의 갱신 운동에서는 루이스의 기획이나 이 책에서 내가 착수하려는 기획과 매우 비슷한 '원천으로 돌아가기' 기획에 참여했다. 혹은 더 적절하고 정확히 말하자면, 나는 '새로운 신학'의 훨씬 심도 있고 광범위한 '원천으로 돌아가기' 기획에서 힌트를 얻었을 뿐이다.[21] 그리고 '새로운 신학'에서도 전통이라는 '원천으로 돌아가기'는 기독교와 플라톤주의의 만남을 진지하게 받아들이는 것을 의미했다. 프랑스의 도시 리옹에서 앙리 드 뤼박(Henri de Lubac, 1896-1991)과 그의 제자 장 다

---

20 C. S. Lewis, "On the Reading of Old Books", *God in the Dock: Essays on Theology and Ethics*, ed. Walter Hooper (Grand Rapids: Eerdmans, 1970), pp. 200-207. 『피고석의 하나님』(홍성사). 또한 D. Bruce Hindmarsh, "Retrieval and Renewal: A Model for Evangelical Spiritual Vitality", in *J. I. Packer and the Evangelical Future: The Impact of His Life and Thought*, ed. Timothy George (Grand Rapids: Baker Academic, 2009), pp. 101-102를 보라.
21 '새로운 신학'에 관한 더 자세한 논의는 Hans Boersma, *Nouvelle Théologie and Sacramental Ontology: A Return to Mystery* (Oxford: Oxford University Press, 2009)를 보라.

니엘루(Jean Daniélou, 1905-1974)는 교부들, 특히 플라톤주의적-기독교의 경향을 띠는 것으로 유명했던 동방 신학자들을 되찾기 위한 엄청난 작업에 참여했다. 두 학자는 "기독교의 원천"(Sources Chrétiennes)이라는 제목의 시리즈로 교부 문헌을 재출간하기 시작했다. 이 시리즈로 여러 해 동안 5백 권이 훨씬 넘는 책이 출간되었으며, 시리즈는 그 학문적 탁월성으로 큰 명성을 얻었다. 푸르비에르-리옹에 있는 예수회 수도사 학교의 교수진도 "신학"(Théologie)이라는 제목으로 논문 시리즈를 출판했다. 이 시리즈는 엄격하게 교부 문헌에 초점을 맞추지는 않았지만 '새로운 신학자들'의 신학적 관심을 발전시키는 데 크게 기여했다.

한편 드 뤼박은 특히 1930년대부터 방대한 양의 교부 문헌과 중세 신학자들의 글을 읽었다. 그 결과로 그는 다양한 신학 분야에서 새로운 길을 개척하기 시작했으며, 그것도 일관되게 위대한 전통 읽기에 기초해 그런 작업을 했다. 이는 광범위한 주제를 다룬 그의 책 『가톨릭』(Catholicisme, 1938), 성만찬의 역사를 다룬 연구서인 『신비로운 몸』(Corpus mysticum, 1944), 자연과 초자연의 관계를 다룬 논쟁적인 책 『초자연』(Surnaturel, 1946), 성경의 영적 해석을 네 권으로 논한 『중세의 성서 주석』(Exégèse médiévale, 1959-1964)도 마찬가지다.[22]

---

[22] Henri de Lubac, *Catholicism: Christ and the Common Destiny of Man*, trans. Lancelot C. Sheppard and Elizabeth Englund (San Francisco: Ignatius, 1988); de Lubac, *Corpus Mysticum: The Eucharist and the Church in the Middle Ages: Historical Survey*, trans. Gemma Simmonds, Richard Price and Christopher Stephens, ed. Laurence Paul Hemming and Susan Frank Parsons (London: SCM, 2006); de Lubac, *Medieval Exegesis: The Four Senses of Scripture*, 3 vols., trans. Mark Sebanc and E. M. Macierowski (Grand Rapids: Eerdmans, 1998, 2000, 2009). 드 뤼박의 *Surnaturel*은 아직 영어로 번역되지 않았지만 이 책의 핵심 주장은 더 나중에 나온 두 권의 책을 통해 확인할 수 있다. De Lubac, *Augustinianism and Modern Theology*, trans. Lancelot Sheppard, introd. Louis Dupré (New York: Crossroad/Herder and Herder, 2000); de Lubac, *The Mystery of the Supernatural*, trans. Rosemary Sheed (New York: Crossroad/Herder and Herder, 1998).

다니엘루는 멘토의 발자취를 따라 걸으며 1943년에 플라톤주의와 니사의 그레고리오스(Gregory of Nyssa)의 신비 신학에 관한 논문을 출간했다. 현대 니사 연구의 아버지로 널리 인정받는 다니엘루는 폭넓게도 교부 문헌의 예표론적 주석, 오리게네스(Origen), 우주적 계시와 기독교 계시의 관계에 관한 책도 출간했다.[23] 유명한 스위스의 신학자 한스 우르스 폰 발타사르(Hans Urs von Balthasar, 1905-1988) 역시 리옹-푸르비에르의 예수회 수도사 학교에서 4년 동안 공부했으며, 그 결과 드 뤼박을 자신의 가장 중요한 멘토로 깊이 존경하게 되었다. 이는 오리게네스, 니사의 그레고리오스, 이레나이우스(Irenaeus) 같은 교부들을 다룬 그의 연구서와 더불어 교부학과 중세 전통을 다룬 다른 수많은 출판물에도 반영되어 있다.[24] 마지막으로, 1941년에 예수회 수도사 학교의 교수로 임명된 역사신학자 앙리 부이야르(Henri Bouillard, 1908-1981)는 1941년에 토마스 아퀴나스(Thomas Aquinas)의 회심 이해를 다룬 (꽤 논쟁적인) 논문을 발표했다. 14년 후 그는 칼 바르트(Karl Barth)의 신학에 관해 쓴 논문으로 두 번째 박사 학위를 받았다.[25]

---

23 Jean Daniélou, *From Shadows to Reality: Studies in the Biblical Typology of the Fathers*, trans. Wulstan Hibberd (London: Burns and Oates, 1960); Daniélou, *The Bible and the Liturgy*, Liturgical Studies, no. 3 (Notre Dame, IN: University of Notre Dame Press, 1956); Daniélou, *Origen*, trans. Walter Mitchell (New York: Sheed and Ward, 1955); Daniélou, *Holy Pagans of the Old Testament*, trans. Felix Faber (London: Longmans, Green and Co., 1957); Daniélou, *The Advent of Salvation: A Comparative Study of Non-Christian Religions and Christianity*, trans. Rosemary Sheed (New York: Paulist, 1962); Daniélou, *The Lord of History: Reflections on the Inner Meaning of History*, trans. Nigel Abercrombie (1958; reprint, Cleveland: Meridian/World, 1968).

24 Hans Urs von Balthasar, *Origen: Spirit and Fire: A Thematic Anthology of His Writings*, trans. Robert J. Daly (Washington, DC: Catholic University of America Press, 1984); von Balthasar, *Presence and Thought: An Essay on the Religious Philosophy of Gregory of Nyssa*, trans. Mark Sebanc (San Francisco: Communio/Ignatius, 1995); von Balthasar, *The Scandal of the Incarnation: Irenaeus against the Heresies*, trans. John Saward (San Francisco: Ignatius, 1990).

파리 인근에 있는 르 솔슈아르(Le Saulchoir) 도미니코회 신학교는 '원천으로 돌아가기'의 두 번째 중심지였다. 이곳에서 사회적 행동주의에 적극 참여한 인물이었던 마리도미니크 셰뉘(Marie-Dominique Chenu, 1895-1990)는 중세 신학, 특히 12, 13세기 신학을 꼼꼼히 연구했다.[26] 셰뉘는 경력 초기부터 묵상과 행동의 관계에 관심을 기울였으며, 이는 『묵상에 관하여』(De contemplatione, 1920)라는 제목으로 출간된, 토마스 아퀴나스를 다룬 그의 박사논문에도 분명히 드러난다. 솔슈아르 신학교 교장이었던 셰뉘는 신학의 본질에 관한 글을 썼으며, 특히 신학과 경험을 재통합하는 데 큰 관심을 기울였다.[27] 셰뉘는 줄곧 토마스가 쓴 역사상의 저작이 현대에 어떤 함의를 갖는지를 밝히는 데 관심을 기울였다. 특히 '천사 박사'(angelic doctor, 라틴어로는 doctor angelicus로, 아퀴나스에게 붙은 별칭이다―옮긴이)에 관한 그의 책 『성 토마스 아퀴나스와 신학』(St. Thomas d'Aquin et la théologie, 1959)은 마치 토마스가 1940년대나 1950년대의 사회 활동가-사제로서 파리의 거리를 걷고 있는 듯한 느낌을 받게 한다.[28] 한편 셰뉘의 제자였으며 이후에는 동료가 된 이브 콩가르

---

[25] 두 책 모두 아직 전체가 영어로 번역되지는 않았다. 바르트를 다룬 부이야르의 작업 일부는 Henri Bouillard, *The Knowledge of God*, trans. Samuel D. Femiano (New York: Herder and Herder, 1968)에서 볼 수 있다.

[26] 예를 들어 Marie-Dominique Chenu, *Nature, Man, and Society in the Twelfth Century: Essays on New Theological Perspectives in the Latin West*, preface Étienne Gilson, trans. and ed. Jerome Taylor and Lester Little, Medieval Academy Reprints for Teaching, no. 37 (1968; reprint, Toronto: University of Toronto Press, 1997)을 보라.

[27] 10장에서 자세히 논할 Marie-Dominique Chenu, *Is Theology a Science?* trans. A. H. N. Green-Armytage (New York: Hawthorn, 1959)를 보라.

[28] Marie-Dominique Chenu, *Aquinas and His Role in Theology*, trans. Paul Philibert (Collegeville, MN: Liturgical, 2002). 또한 아퀴나스를 다룬 그의 방대한 연구서인 *Toward Understanding Saint Thomas*, trans. Albert M. Landry and Dominic Hughes (Chicago: Regnery, 1964); Chenu, *Faith and Theology*, trans. Denis Hickey (New York: Macmillan, 1968)를 보라.

(Yves Congar, 1904-1995)는 에큐메니컬 연구와 교회론에 관심을 기울였다.²⁹ 하지만 콩가르 역시 '원천으로 돌아가기' 작업에 참여했다. 그는 꼼꼼한 역사신학 연구로, 특히 기념비적인 두 권의 연구서인 『전통과 전통들』(*La Tradition et les traditions*, 1960, 1963)로 유명하다.³⁰

'새로운 신학'의 '원천으로 돌아가기' 기획이 궁극적으로는 제2차 바티칸 공의회(Second Vatican Council, 1962-1965)의 갱신을 이끌어 내기는 했지만 처음에는 엄청난 비판을 받았고, 그 결과 앞서 언급한 신학자 거의 모두가 일시적으로 공개 활동 금지 처분을 받기에 이르렀다. 어떤 경우에는(특히 셔뉘) 사회적 행동주의가 우려의 원인이었지만, '새로운 신학'에 대해 가톨릭 주류가 느낀 더 광범위한 불안은 '새로운 신학'에서 주창하는 '원천으로 돌아가기', 바로 교부와 중세의 폭넓은 합의―즉, 위대한 전통―로 돌아가자는 주장에 기인했다.³¹ 적어도 복음주의 관점에서 보면 놀랍게 느껴질 수도 있지만, 당시의 가톨릭 맥락 안에서 이러한 동요는 충분히 이해할 만한 일이었다.

그 당시에는 신토마스주의(Neo-Thomism)라고 알려진 강력한 주지주의적 사상 체계가 가톨릭 신학을 지배하고 있었다. 이 학파는 특히 1879년 교황 레오 13세의 회칙 『영원하신 아버지』(*Aeterni Patris*)의 발표 이후 영향력이 크게 확대되었다. 레오 13세는 토마스 아퀴나스를 사

---

29 콩가르에 관해서는 Gabriel Flynn, *Yves Congar's Vision of the Church in a World of Unbelief* (Burlington, VT: Ashgate, 2004)를 보라.
30 Yves M.-J. Congar, *Tradition and Traditions: The Biblical, Historical, and Theological Evidence for Catholic Teaching on Tradition*, trans. Michael Naseby and Thomas Rainborough (San Diego: Basilica, 1966). 또한 훨씬 더 읽기 쉬운 그의 책인 *The Meaning of Tradition*, trans. A. N. Woodrow (San Francisco: Ignatius, 2004)를 보라.
31 '새로운 신학'은 이 신학자들 스스로가 수용한 적 없는 용어다. 오히려 이 프랑스 신학자들에게 '새로운'이라는 낙인을 찍은 것은 로마 가톨릭 주류였다.

랑했으며 이 13세기 철학자-신학자를 교회가 따라야 할 위대한 본보기로 제시했다. 레오에게 성 토마스는 그저 중세 성기(High Middle Ages)의 흥미로운 인물이 아니었다. 철학적·교의적 진리의 변함없는 원천이었다. 교황 레오는 아퀴나스가 중세 스콜라 신학자들의 가르침을 탁월한 방식으로 집대성했으며 이 중세의 사상 체계에 자신만의 통찰을 더하여 너무나도 놀라운 종합을 창조해 냈기 때문에 이 천사 박사가 "가톨릭 신앙의 특별한 보루이자 영광으로서 존경을 받는 것이 옳고도 마땅하다"고 주장했다.[32] 레오의 회칙을 통해 토마스주의 철학과 신학은 가톨릭 사상의 규범 체계로 확고히 자리 잡게 되었다.

'새로운 신학'은 이 통합된 신토마스주의 접근 방식에 대한 항의였다. 따라서 푸르비에르 출신 예수회 수도사들과 르 솔슈아르 출신 도미니코회 수도사들이 '원천으로 돌아가기' 기획에 착수했을 때, 그들은 이전 세기들의 경화된 스콜라주의를 지나서 그보다 더 오랜 과거로 돌아가려고 했던 셈이다. 교부와 중세 신학자들에게 돌아가고자 했던 '새로운 신학'의 시도는 신앙과 신학을 재통합하려는 노력이었다. 성경 자체로 되돌아가려는 노력이었다. 신학이 사람들의 일상적 삶에 말을 걸 수 있게 하려는 시도였다. 특히, 곧 살펴보겠지만 '원천으로 돌아가기' 운동은 자연과 초자연, 즉 신토마스주의 스콜라주의자들이—큰 논쟁을 불러일으키는 방식으로 토마스 아퀴나스의 권위에 호소하면서—철저히 서로 밀폐시키고 분리시켰던 두 영역을 재통합함으로써 위대한 전통의 성례전적 태피스트리를 다시 짜려는 노력이었다. 이들과 대조적으로, '새로운 신학자들'은 아퀴나스를 읽을 때, 그의 교부적 토대, 플라톤

---

32 *Aeterni Patris*, no. 17.

주의 성향, 그의 신학의 기독론적 출발점을 강조하는 경우가 많았다. 이는 '새로운 신학'과 신토마스주의의 논쟁이 성 토마스 해석에 초점을 맞추었다는 뜻이기도 하다. '새로운 신학자들'은, 20세기 프랑스에 침투해 들어오는 세속화 경향에 맞서기 위해서는 '원천으로 돌아가기'와 전통 재해석을 위한 프로그램이 필요하다고 확신했다.

신토마스주의자들은 위대한 전통이라는 '원천으로 돌아가기'가 성 토마스에 대한 배반이자 신학을 하는 이상하고 신기한(novel) 방식일 뿐이라고 해석했으며, 따라서 이를 '새로운 신학'(nouvelle théologie)이라고 명명했다. 하지만 사실 '새로운 신학'의 접근 방식에서 신기한 것은 거의 없었다. 교부와 중세 신학에 대한 깊은 사랑이 '새로운 신학자들'의 학문적 관심을 이끌었다. 그들은 자연과 초자연이 근대적으로 분리됨으로써 상실하고 말았던 성례전적 존재론을 플라톤주의-기독교적 종합 안에서 발견하였다. 그 결과 '새로운 신학'은, 자연이 그리스도의 천상적 실재에 성례전적으로 참여한다는 점을 지적함으로써 이 둘을 재통합하고자 했다. '원천으로 돌아가기' 신학자들은 성례전적 참여의 전망이 근대의 세속주의에 맞설 수 있는 유일한 해답이라고 확신했다.

그러므로 이 책 1부에서는 플라톤주의-기독교적 종합이라는 성례전적 태피스트리의 쇠락을 간략히 설명한 다음(나오다, *exitus*), 2부에서는 '새로운 신학자들'이 갱신이 필요하다고 믿었던 다양한 신학 분야를 논할 것이다(돌아가다, *reditus*). 따라서 이 책의 구조 자체가, 내가 생각하기에 우리가 다시 관심을 기울여야 하는 바인 플라톤주의-기독교적 종합을 암시한다. 나는 (가톨릭교인들뿐만 아니라) 복음주의자들이 '새로운 신학'과 더불어 이 재발견의 여정에 동참해야 한다고 확신한다. 다름 아닌 예수 그리스도의 천상적 실재에 참여하는 것에 관한 문제이기 때문이다.

1부

나오다

해어진 태피스트리

근대성의 대두는 창조 질서를 성격상 성례전적으로 이해하는 접근 방식의 퇴조와 짝을 이뤘다. 교부 시대와 중세의 정신에서는 하나님의 말씀이라는 천상적 실재가 영원한 신비를 이루며, 눈으로 볼 수 있는 피조물의 모습이 이 신비를 가리키고 이 신비 안에 참여함을 알아보았다. 1부에서는 먼저 교부와 중세의 이러한 성례전적 태피스트리, 플라톤주의-기독교적 종합의 형태를 띤 태피스트리의 윤곽을 그릴 것이다(1장과 2장). 그다음에는 위대한 전통이라는 이 태피스트리가 중세 후기의 몇몇 신학적 발전을 통해 해어지는 과정을 설명할 것이다(3장과 4장). 1부의 마지막 장에서는 종교개혁이 자연-초자연 관계를 재편하기는 했지만 그 이전의 성례전적 태피스트리를 회복시키지는 못했음을 보여 줄 것이다. 오늘날 젊은 복음주의자 사이에서 탈근대성이 무비판적으로 수용되는 현상은 불행히도 성례전적 신비의 수용이라기보다는 회의주의로의 전환을 의미한다.

1장

태피스트리의 모습
성례전적 존재론

그리스도인들이—가톨릭교인이든 복음주의자든—신학을 가장 중요한 분과로 여겼던 시대를 상상하기란 쉽지 않다.¹ 근대는 다른 원천들을 우리가 함께 살아가는 삶을 확립하는 주된 지침으로 삼는 법을 가르쳐 주었다. 신학이 우리의 공동(공적) 생활을 위한 **가장** 권위 있는 지침이라는 주장은 근대의 자유 민주주의 안에서 자라 온 많은 사람에게 근본적으로 주제넘어 보인다. 사실 많은 사람은 신학을 그 정도로 중시하는 관점이 우리의 문화적 구조의 근본을 공격한다고 주장할 것이다. 나는 이런 주장을 반박하지 않을 것이다. 근대성이 천상적 실재들보다 지상적 실재들을 본받고 있음을 고려할 때 이런 주장은 나에게 놀랍지 않고 심지어 논리적인 것처럼 보인다. 근대성의 기본적·반항적 선택은 현세적 선을 궁극적 목적으로 삼는 것이었다. 나는 자주 인용되는 존 밀뱅크(John Milbank)의 말에 동의한다. "근대 신학(modern theology)의 정서는 거짓

---

1 10장에서 '분과'(discipline, 훈련)라는 단어의 다양한 의미를 살펴볼 것이다. 나는 이 단어를 단순히 여러 다른 학문 분과 중 하나라는 의미가 아니라 그리스도인의 삶으로의 입문이라는 의미에서 사용하고 있다.

겸손이다. 이는 신학에 치명적인 질병이다.…만약 신학이 더 이상 다른 담론들의 자리를 정해 주거나 그런 담론들을 제한하거나 비판하려고 하지 않는다면, 이 담론들이 신학의 자리를 정해 주는 상황을 피할 수 없을 것이다."[2] 더 나아가서 만약 근대의 자유 민주주의의 정치적·경제적 체제가 신학이 우리의 일차적인 분과적 실천이 되어야 한다는 관점에 위협을 느낀다면, 어쩌면 이는 근대와 위대한 전통의 신학적 확신이 궁극적으로 양립 불가능함을 보여 줄 뿐일지도 모른다. 이는 이 책에서 '외부의' 경제적·정치적 세력과 맞붙어 싸우고자 한다는 뜻을 나타내는 것이 결코 아니다. 오히려 나는 신학 **내의** 특정한 역사적 발전을 겨냥하고 있으며, 이것이 현재 우리의 문화적 문제의 뿌리에 놓여 있다고 믿는다. 따라서 여기서 나는 재성례화된(resacramentalized) 기독교 존재론(혹은 실재에 대한 전망)을 요청한다.

'존재론'이라는 단어가 어떤 사람들을 초조하게 만들지도 모른다. 이 표현은 우리를 추상적·형이상학적 사상의 영역으로 이끈다. 혹은 적어도 그렇게 보인다. 그리스도인들이 정말로 존재론에 관심을 기울여야 하는가? 존재론적 렌즈를 통해 세상을 바라보면 하나님의 세계 창조, 성육신, 십자가 죽음, 성령의 부으심, 특수한 교회 공동체, 성경 자체 등 기독교 신앙의 특수성을 놓치게 될 위험이 있지 않은가? 나는 이런 두려움을 이해하며, 이에 관한 경고 역시 중요하게 받아들인다.[3] 그럼에도

---

2 John Milbank, *Theology and Social Theory: Beyond Secular Reason* (Oxford: Blackwell, 1990), p. 1. 『신학과 사회이론』(새물결플러스).
3 급진 정통주의(Radical Orthodoxy)에 대한 공통된 반론 중 하나는, 존재론에 초점을 맞춤으로써 우주적·추상적 범주에서 자연과 초자연의 관계를 입증하려고 노력하는 반면 역사적 그리스도의 특수한 성격을 놓치고 있다는 것이다. 다시 말해서, 존재론이 자리 잡으면 기독론을 성찰할 여지가 거의 남지 않는 것처럼 보인다. 관련된 반론은, 급진 정통주의의 (다소 탈근대적인) 신플라톤주의적 성격은 신적인 것과 인간적인 것의 경계를 모호하게 만드는 것처럼 보이며, 그 결과 급진

이런 반대는 내가 기독교 신앙과 양립 가능한 존재론을 추구하는 것을 단념하게 만들지 못했다. 내가 이 책을 통해서 분명히 보여 줄 수 있기를 바라는 것처럼, 나는 교회의 위대한 전통―중세 후기까지의 기독교 시대 대부분―에는 존재론이 있었다고 믿는다. 순수하게 '성경적인' 신학에 대한 요구가 나에게는 지독하게 순진해 보일 뿐이다. 의식적으로든 잠재의식적으로든, 우리 모두는 특정한 존재론을 가지고 살아간다. 유감스럽게도 존재론의 폐기를 주장하는 이들의 존재론은 대개 근대성에 따른 유명론적 존재론임이 드러난다(4장에서 이를 더 자세히 다룰 것이다). 하지만 나는 기독교 존재론이 그리스도를 중심으로 삼아야 하고 가시적 교회의 특수성을 피하려고 해서는 안 되며 성경 안에 주어진 하나님의 계시에 교회가 참여함을 진지하게 받아들여야 한다는 경고의 말에 동의한다.[4] 나는 위대한 전통의 플라톤주의-기독교적 종합에서 이런 우려에 신중하게 주의를 기울였다고 믿는다. 이 전통에서는 기독교 신앙의 특수한 확신과 분리된, 보편적으로 접근 가능한 중립적 '존재론' 같은 것은 존재하지 않는다는 사실을 명확히 인식하고 있었다.

정통주의는 적절한 경계를 유지하기가 어려워져서 교회에 관한 막연한 견해와 전통적인 기독교 도덕의 특수성을 상당 부분 상실한 성 윤리에 이르게 된다는 것이다. 이렇게 주장하는 이들은 존재론이 성경적으로 형성된 신학을 대체하기 때문에 이 모든 상황이 전혀 놀랍지 않다고 말한다. 사실 나도 이런 비판에 상당 부분 공감한다. Hans Boersma, "Being Reconciled: Atonement as the Ecclesio-Christological Practice of Forgiveness in John Milbank", in *Radical Orthodoxy and the Reformed Tradition: Creation, Covenant, and Participation*, ed. James K. A. Smith and James H. Olthuis (Grand Rapids: Baker Academic, 2005), pp. 183-202를 보라. 또한 Boersma, "On the Rejection of Boundaries: Radical Orthodoxy's Appropriation of St. Augustine", *Pro Ecclesia* 15 (2006): pp. 418-447를 보라.

4 브라이언 할런(Bryan C. Hollon)은 급진 정통주의와 근대 이전 신학의 가장 중요한 차이점 중 하나는 전자의 경우 성경 본문에 대한 논의가 부족하다는 점이라고 바르게 주장한 바 있다[*Everything Is Sacred: Spiritual Exegesis in the Political Theology of Henri de Lubac* (Eugene, OR: Cascade/Wipf and Stock, 2009), pp. 7-8, 141-142, 164-165].

실재적 임재로서의 성례전적 존재론

이 논의를 더 진행하기 전에 내가 쓰는 몇 가지 용어를 정의해 둘 필요가 있겠다. '성례전적 존재론'과 그것이 의존하는 '플라톤주의-기독교적 종합'이라고 말할 때 내가 뜻하는 바는 무엇인가? 이 첫 장에서는 이 물음에 답하고자—혹은 적어도 이 물음에 대한 답변의 기본 윤곽을 그려 보고자—한다. 이 책 1부의 논지는 중세 후기(이를테면 14, 15세기)까지 사람들은 세상을 하나의 신비로 보았다는 것이다. '신비'(mystery)라는 말은 오늘날 우리가 생각하는 것과 동일한 함의를 가지고 있지 않았다. 분명히 이 말은 영리한 조사를 통해 발견해 낼 수 있는 비밀을 담은 알쏭달쏭한 문제를 가리키지 않았다. 예를 들어, 우리가 이해하는 '추리 소설'(mystery novels)이라는 말은 이런 종류의 함의를 지니고 있다. 교부 시대와 중세의 사고방식에서, '신비'라는 단어는 약간—하지만 중요하게—다른 무언가를 뜻했다. '신비'란 감각을 통해 관찰할 수 있는 겉모습 너머에 있는 실재를 가리켰다. 다시 말해서, 우리의 손, 눈, 귀, 코, 혀는 실재에 접근할 수 있지만 이 실재를 **온전히** 파악할 수는 없다. 실재를 **속속들이 이해할** 수 없다. 이처럼 우리가 기본적으로 우주를 속속들이 이해할 수 없는 것은, 시인 제라드 맨리 홉킨스(Gerard Manley Hopkins)의 유명한 말처럼 세상은 "하나님의 위엄으로 충만해 있기" 때문이다. 우리가 인간으로서 관찰하는 가장 기초적인 창조된 실재들조차도 이를테면 특별한 추가적 차원을 지니고 있다. 창조된 세계는 측량, 조작할 수 있는 차원으로 환원될 수 없다.[5]

---

[5] 플래너리 오코너(Flannery O'Connor)가 이를 잘 표현한다. "소설가는 양식을 통해 신비(mystery)를, 자연을 통해 은총을 제시할 수 있지만, 그가 그렇게 하기를 마쳤을 때 어떤 인간의

이 지점까지는 나의 설명이 비교적 무난하며 논쟁적이지 않을 것이다. 우리 대부분은 실재를 파악할 수 있는 감각의 능력에 관해 생각할 때 감각이 이 책무를 맡기에 부적합함을 인정한다. 나는 그 이유가 청력의 결함이나 약한 시력, 무뎌진 미각 때문이 아니라 실재가 참으로 신비롭다는 사실에 있음을 우리 대부분이 인정하고 있다고 생각한다. 실재는 우리가 온전히 표현할 수 없는 차원을 지니고 있다. 하지만 나는 한 걸음 더 나아가려고 하며, 그렇게 함으로써 반대자들을 만나게 되리라 생각한다. 위대한 전통 내내 사람들이 창조 질서의 신비로움을 이야기할 때 의미했던 바는 이 창조 질서가—하나님이 주신 다른 모든 현세적·잠정적 선물과 더불어—성례전이라는 것이었다. 이 성례전은 창조 질서 안에서 나타나지만 그럼에도 인간의 이해를 훌쩍 넘어서는 신비를 가리키는 기호(sign)라는 것이다. 실재가 신비로우며 인간의 이해를 초월하는 것처럼 보이는 경우가 그토록 많은 것은 실재의 성례전적 성격 때문이다. 따라서 이 책에서 '성례전적 존재론'을 회복하고 싶다고 말할 때, 나는 그 성격이 성례전적인 존재론(실재에 관한 이해)에 관해 말하고 있는 것이다. 내가 제기하려는, 아마도 논쟁적이겠지만 그럼에도 중요한 주장은 모든 창조된 실재의 신비로운 성격은 그것이 가진 성례전적 속성에 있다는 것이다. 사실 그저 신비와 성례전을 동일시하는 것도 잘못이 아닐 것이다.

그렇다면 교회사의 많은 부분을 특징지었던 성례전적 존재론의 독특한 점은 무엇인가? 이를 설명하는 최선의 방법은 아마도 상징(symbol)

공식에 의해서도 설명될 수 없는 신비(Mystery)라는 감각이 언제나 남아 있어야 한다"[*Mystery and Manners: Occasional Prose*, ed. Sally and Robert Fitzgerald (1957; reprint, New York: Farrar, Straus and Giroux, 1970), p. 153].

과 성례전(sacrament)의 차이를 구별하는 것이라고 말할 수 있다. 사슴의 실루엣이 그려진 도로 표지판은 그 지역에 사슴이 있음을 상징하며, 그 목적은 운전자들이 감속하도록 유도하는 것이다. 운전자들은 도로 표지판에 상징으로 표현된 사슴을 칠까 두려워하여 도로 표지판을 피할 정도로 어리석지 않을 것이다. 이유는 명백하다. 사슴의 상징과 숲에 있는 사슴은 두 개의 완전히 분리된 실재다. 사슴의 상징은 사슴을 가리키는 기호지만 이 둘은 결코 하나로 존재하지 않는다. 그 표지판이 신비로운 속성을 지녀서 숲을 거니는 사슴들에 참여할 수 있는 것은 아니다. 도표 1에서 상징 X와 실재 Y는 단지 외재적(external) 혹은 명목적(nominal) 관계만 지닐 뿐이다. 둘 사이의 거리는 둘 사이에 어떤 실재적(real) 연결도 없음을 분명히 보여 준다. 성례전의 경우는 상황이 다르다. 단순한 상징과 달리 성례전은 실제로 그것이 가리키는 신비로운 실재에 **참여한다**. 성례전 X와 실재 Y는 서로의 안에 있다(co-inhere). 성례전은 그것이 가리키는 실재에 참여한다.

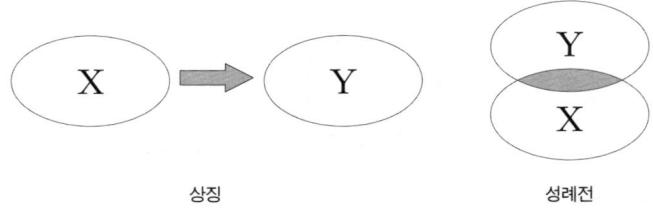

상징   성례전

도표 1. 상징 대 성례전

C. S. 루이스는 "변환"(Transposition)이라는 글에서 상징주의와 성례전주의를 구별하면서 동일한 주장을 한다. 루이스는 말하기와 글쓰기의 관계가 "상징주의의 관계"라고 주장한다. "글로 쓴 문자들은 눈을 위

해서만 주장하고 말로 뱉은 단어는 귀를 위해서만 존재한다. 둘 사이에 전적인 불연속성이 존재한다. 이 둘은 서로 비슷하지도 않고, 하나가 다른 하나를 존재하게 만들지도 않는다."[6] 그와 대조적으로 하나의 그림이 가시적 세계를 재현하는 것을 볼 때 우리는 전혀 다른 종류의 관계를 발견한다. 루이스는 이렇게 설명한다.

> 그림은 그 자체로 가시적 세계의 일부이며 오직 그 일부가 됨으로써 그 세계를 재현한다. 그림의 가시성은 세계의 가시성과 그 원천이 동일하다. 그림에서 해와 등불은 오직 실제 해나 등불이 그림을 비추기 때문에 빛나는 것처럼 보인다. 즉, 그 원형을 반영하면서 실제로 작게나마 빛나기 때문에 빛나는 것처럼 보인다. 그러므로 그림 안에서 햇빛은 기록된 말과 발화된 말의 관계처럼 실제 햇빛과 관계가 있는 것이 아니다. 그것은 하나의 기호지만 기호 이상의 무언가이기도 하다. 그 안에 기호가 가리키는 것이 특정한 방식으로 실제로 존재하기 때문이다. 그 관계를 명명해야 한다면 나는 그것을 상징적 관계가 아니라 성례전적 관계라고 부를 것이다.[7]

루이스에게 성례전적 관계는 실재적 임재(real presence)를 암시한다. 성례성(sacramentality)에 관한 이런 이해는 긴 계보의 일부다. 기독교 전통의 많은 부분에서 주장하는 성례전적 존재론에 따르면 창조 질서는 외재적 혹은 명목적 상징 이상이다. 그것은 더 큰 실재(*res*)를 가리키며 **동시에 그 안에 참여하는 기호(*signum*)**다. 나는 우주적 태피스트리의 모습

---

6 C. S. Lewis, "Transposition", *The Weight of Glory, and Other Addresses* (1949; reprint, San Francisco: HarperSanFrancisco, 2001), p. 102.
7 Lewis, "Transposition", p. 102.

이 지상적 기호와 천상적 실재가 너무나도 밀접하게 함께 짜여 있어서 후자 없이는 전자도 없다고 생각한다. 우리의 성례전적 세계가 참여하는 이 실재가 무엇인지에 관해서는 나중에 더 자세히 설명할 것이다. 지금은 세계가 신비로운 성격을 지니는 것이—적어도 위대한 전통을 이해한다는 면에서—세계가 어떤 더 큰 실재에 참여하며 그것으로부터 세계의 존재와 가치를 이끌어 내기 때문임을 지적해 두는 것으로 충분하다. 따라서 우리는 성례전적 존재론에 관해 말하는 대신 참여적 존재론에 관해 말할 수도 있다.

물론 모든 유신론적 입장에서는 하나님과 이 세상의 관계를 상정한다. 게다가 많은 복음주의자는 하나님과 세상의 이 관계가 언약적 형태를 띤다는 데 동의할 것이다. 하나님은 창조 세계 전체와(창 9:8-17; 렘 33:19-26), 또한 인간과(창 15:1-21; 17:1-27; 출 24:1-18; 삼하 7:1-17, 렘 31:31-33, 히 8:1-13) 언약을 맺으신다. 나는 이러한 언약적 관계를 강조하는 것이 매우 가치 있는 일이라고 믿는다. 하지만 하나님과 세상의 **성례전적** 관계를 주장하는 것은, 단순히 하나님이 세상을 창조하셨으며 세상을 창조하심으로써 세상이 선하다고 선언하셨음을 주장하는 것을 훨씬 뛰어넘는다. 또한 전적으로 분리된 두 존재의 합의된(언약적) 관계를 상정하는 것도 뛰어넘는다. 성례전적 존재론에서는 창조 세계가 그 근원이자 '준거점'이신 하나님을 가리킬 뿐 아니라 하나님 안에 존재하며 그분 안에 참여한다고 주장한다. 참여적 혹은 성례전적 존재론에서는 사도행전 17:28("우리가 그를 힘입어 살며 기동하며 존재하느니라. 너희 시인 중 어떤 사람들의 말과 같이 '우리가 그의 소생이라'")과 같은 본문에 의거해 우리의 존재가 하나님의 존재에 참여한다고 결론 내릴 것이다. 실재에 대한 그런 전망에서는 골로새서 1:17("그가[그리스도께서] 만물보다 먼저 계시고 만물이 그 안에 함께

셨느니라")을 근거로 모든 피조물의 진선미가 그리스도 안에, 하나님의 영원한 말씀(Logos) 안에 기초해 있다고 주장할 것이다.[8] 다시 말해서 피조물은 하나님의 존재에 참여하기 때문에 하나님과 우리의 연결은 **참여적** 혹은 실재적 연결이다. 단지 **외재적** 혹은 명목적 연결이 아니다.

C. S. 루이스보다 이 구별을 더 잘 표현한 사람은 드물다. "우리는 단지 아름다움을 보기를 원하지 않는다. 물론 하나님은 그것만으로도 큰 은혜임을 아신다. 하지만 우리는 거의 말로 표현할 수 없는 다른 무언가를 원한다. 우리가 모든 아름다움과 연합하고, 그 안으로 들어가고, 그것을 우리 자신 안으로 받아들이고, 그 안에 잠기고, 그 일부가 되기를 원한다."[9] 우리는 단순히 명목적인 관계를 원하지 않는다. 우리는 참여적 관계를 욕망한다. 사실 성례전적 존재론에서는 전자가 가능한 것은 오직 후자 때문이라고 주장한다. 참으로 언약적인 결합이 가능한 것은 오직 언약을 맺는 당사자들이 분리되거나 분열된 개인들이 아니기 때문이다. 하나님이 은혜롭게 허락하신 그분 자신과 창조 질서의 참된 연결이 언약 관계가 꽃필 수 있게 하는 근원적인 존재론적 기초를 이룬다.

'실재적 임재'에 관해 말하면 우리는 성만찬 신학의 관점에서 생각하는 경향이 있다. 우리는 이런 질문을 던진다. 그리스도께서는 성만찬에서 정말로 임재하시는가?(성례전주의적 입장) 아니면 주의 만찬은 그리스도께서 십자가에서 우리를 위해 자신을 내주심으로써 행하신 일을 우리가 기억하는 규례인가?(기념설의 입장) 물론 다양한 입장 안에 온갖 종류의 미묘한 차이가 존재한다. 그럼에도 이것은 성만찬에 대한 상이한

---

[8] 또한 사 6:3에서 "그의 영광이 온 땅에 충만하도다"라고 선언하는 천사의 찬송과 교회가 그리스도의 몸, 즉 "만물 안에서 만물을 충만하게 하시는 이의 충만함"이라고 말하는 엡 1:23을 보라.
[9] C. S. Lewis, "The Weight of Glory", *Weight of Glory*, p. 42.

접근 방식 사이에서 쟁점이 무엇인지 비교적 잘 설명했다고 말할 수 있다. 한쪽에는 요소들(elements, 성찬의 빵과 포도주를 가리키는 용어로서 가톨릭에서는 '성체 재료'로 번역한다—옮긴이)과 그리스도의 천상적 몸의 참여적 혹은 실재적 연결을 주장하는 이들이 있으며, 다른 한쪽에는 요소들과 승천하신 주의 외재적 혹은 명목적 연결을 주장하는 이들이 있다.[10]

당연히 그리스도와 피조물의 참여적 혹은 실재적 연결을 둘러싼 논쟁은 성만찬이라는 교회의 성례전 문제와 관련해 더욱더 첨예해졌다. 결국 이것은 교회의 삶에서 핵심을 차지하는 성례전이다. 성만찬 논쟁은 그 자체로도 중요하지만, 광범위한 함의도 지니고 있다. 따라서 그럴 만한 이유로, 16세기 종교개혁이 시작될 무렵 교회는 수 세기 동안 성만찬에서 그리스도의 임재의 본질을 두고 논쟁하고 있었다. 따라서 6장에서 나는 성만찬을 둘러싼 중세의 교리적 발전이 지닌 함의에 특별히 관심을 기울일 것이다. 지금은 성만찬에서 실재적 임재(혹은 참여라고 말할 수도 있을 것이다)를 둘러싼 논쟁이 실재적 임재에 관한 훨씬 더 광범위한 논의의 특수한 예에 불과하다는 사실에 주목하기를 바랄 뿐이다. 교부들과 중세 신학자들은 성만찬의 빵과 포도주를 그리스도께서 참으로 임재하시는 성례전으로 바라보았을 뿐 아니라, 이런 주장을 하면서 동시에 그리스도께서 창조 질서 전체에 신비롭게 임재하신다는 자신들의 확신을 천명했다. 성만찬에서 일어나는 그리스도의 성례전적 임재를 가

---

10 앞서 언급했듯이 미묘한 차이를 고려할 필요가 있다. 예를 들어, 내가 이런 입장 차이를 설명하는 방식에서는 영적 임재에 관한 칼뱅의 이해에 적절한 자리를 부여하기 어려울 수도 있다. 한편으로, 칼뱅은 분명 기념설을 지지하지 않는다. 다른 한편으로, 칼뱅은 결코 주의 만찬에서 그리스도의 임재를 '실재적' 임재로 설명하지 않는다. 칼뱅의 관점이 '실재적 임재'와 조화를 이룬다고 해석하는 글은 William R. Crockett, *Eucharist: Symbol of Transformation* (Collegeville, MN: Liturgical, 1999), pp. 149-152를 보라.

리켜 세계 안에서 그분의 성례전적 임재가 더욱 강하게 드러나는 사건이라고 말할 수도 있다.

피조물을 기림: 사용인가 향유인가?

왜 이 성례전적 임재가 중요한가? 그것은 (탈)근대적 서양 세계에서 살고 있는 우리의 삶과 무슨 관계가 있는가? 나의 신학에 영향을 미친 주된 요소들을 간략히 언급함으로써 답해 보고자 한다. 나의 신학함(theologizing) 대부분을 추동하는 기본 동기는 이중적이다. 첫째, 나는 신학이 삼위일체 하나님의 신비를 마주하기에 매우 겸손해야 한다고 생각한다. 성 안셀무스(Anselm)가 인정했듯이 신학은 하나님의 얼굴을 구하는 일이다. 11세기의 이 위대한 신학자는 "프로슬로기온"(Proslogium)의 핵심 부분에서 시편 27:8을 인용하면서 비천한 신자로서 자신이 알고 있는 하나님께 탄원했다.

> 당신의 선하심을 위해 나를 도우소서! 주님, 당신의 얼굴을 구했습니다. 주님, 당신의 얼굴을 구하겠습니다. 당신의 얼굴을 내게서 숨기지 마소서(시 27:8). 나를 나 자신한테서 해방시키셔서 당신을 향하게 하소서. 내 마음의 눈을 깨끗하게 하시고 고쳐 주시며 예민하게 하시고 밝혀 주셔서 당신을 볼 수 있게 하소서. 오 주님, 내 영혼이 힘을 회복하게 하시고, 그 모든 지혜로 당신을 구하게 하소서. 주님, 당신은 어떤 분이십니까? 당신은 어떤 분이십니까? 내 마음은 당신을 어떤 분으로 볼 수 있나이까?[11]

---

11 St. Anselm, "Proslogium", in *St. Anselm: Basic Writings*, trans. S. N. Deane, 2nd ed. (La Salle, IL: Open Court, 1968), XVIII; 또한 *St. Anselm: Basic Writings*, "Proslogium", I을 보

부당하게도 합리주의자라는 비판을 받는 경우가 많은 성 안셀무스는 하나님의 신비를 깊이 이해하고 있었으며, 신학의 목적은 하나님을 설명하는 것이 아니라 우리를 그분의 삶의 신비 안으로 이끄는 것임을 예리하게 인식하고 있었다. 신학에 필요한 겸손은 우리가 하나님을 합리적으로 파악할 수 없음을 인정하는 것이다. 신학은 신비에 기초해 있으며 신비 안으로 들어간다. 우리는 하나님을 파악할 수 없다는 데 그치지 않는다. 4세기의 신비 신학자인 니사의 그레고리오스는 이렇게 덧붙인다. "나는 또한 이렇게 묻는다. 누가 자신의 마음을 알고 있는가? 하나님의 본성을 파악할 수 있다고 생각하는 사람들은 자신을 들여다보았는지 생각해 보는 것이 마땅하다…."[12] 그레고리오스가 보기에, 하나님의 본성은 우리에게 신비일 뿐 아니라 우리는 하나님의 형상으로 창조된 인간으로서 우리 자신에 대해 신비로 남아 있다. 근대 신학의 많은 부분에 대한 나의 우려는 바로 이 신비의 감각을 잃어버렸다는 것이다. 근대 신학의 문제는 그 신학이 갖고 있는 합리적 확신—따라서 궁극적으로는 교만—이다.

이는 중요한 점이다. 많은 젊은 복음주의자가 선배들의 명제주의와 주지주의에 반발하고 있기 때문이다.[13] 그들은 자신들이 신학을 배웠던 신학 교과서 중 일부가 메마르고 생기가 없다고 생각한다. 젊은 복음주의자들은 신학이 단지 하나님과 우리와 그분의 관계에 관한 참된 명제적 진술을 제공하는 것 이상이 되어야 함을 바르게 이해하고 있다. 더

라. 『모놀로기온 & 프로슬로기온』(아카넷).
12　St. Gregory of Nyssa, *De hominis opificio*, chap. 11, de Lubac, *The Mystery of the Supernatural* (New York: Crossroad, 1998), p. 210에서 재인용.
13　참고. Robert E. Webber, *The Younger Evangelicals: Facing the Challenges of the New World* (Grand Rapids: Baker, 2002), pp. 83-106.

중요한 의미에서 오늘날의 복음주의자 중 다수는 이러한 신학 교과서들이 우리의 신학적 진술이 가리키는 진리를 우리가 온전히, 또한 적절하게 파악할 수 있다는 잘못된 인상을 준다는 것을 인식하고 있다. 그러므로 메마른 주지주의에 맞서기 위해서는 적절한 정도의 신비가 필요하다는 생각이 점점 더 퍼지고 있다. 그리고 젊은 복음주의자들이 근대적 신학함의 많은 부분에 나타나는 오만함(hubris)을 지각하는 한 나는 그들의 정서에 전적으로 공감할 것이다. 그러나 신비로의 회귀는 다른 형태를 띨 수도 있다. 나에게는 우리의 젊은 복음주의자 중 일부가 탈근대적 회의주의와 신비를 혼동하는 위험에 가까워지고 있는 것처럼 보인다. 신학 안에서 신비를 회복하고자 할 때 근대 이전의 신비 개념은 회의주의나 상대주의에 아무런 빚도 지고 있지 않음을 인식하는 것이 매우 중요하다. 신비의 핵심은 하나님의 존재의 신비가 창조된 세계를 가득 채우고 있음을 인정하는 것이다. 신학의 참된 겸손은 회의주의가 아니라 신비주의와 관계가 있다.

근대의 합리적 자기 확신에 대한 나의 우려는 많은 부분에서 나의 신학함을 추동한 두 번째 요소, 즉 현대 문화를 대개 무비판적으로 수용하는 일에 대한 우려로 이어진다.[14] 내가 보기에, 우리는 너무 쉽게 우리를 둘러싼 문화의 최신 경향과 유행에 순응하라는 유혹에 굴복하여 대체로 탈기독교적인 사회의 명령을 순진하고 무비판적으로 받아들이는 경우가 많다. 기독교의 과거에 대한 세속적 비판이든, 우리가 받아들이게 된 정치적 올바름의 의제든, 우리의 도덕적 헌신의 중추든, 복음주의자

---

14 Hans Boersma, "Accommodation to What? Univocity of Being, Pure Nature, and the Anthropology of St. Irenaeus", *International Journal of Systematic Theology* 8 (2006): pp. 266-293를 보라.

로서 우리는 대항문화적 기독교에 대해 너무나도 기꺼이 의심하는 태도를 보이며 그 대신 우리를 둘러싼 문화에 순응하는 쪽을 택한다.

사람들을 진영으로 분류하는 성향이 있는 사람들을 위해 나는 절대로 나 자신을 신학적으로 재세례파의 대항문화 전통과 동일시하지 않음을 분명히 밝혀 둔다. 이 전통에서는 자신을 세상의 악과 날카롭게 대립시킴으로써, 그리스도 안에서 하나님이 창조하신 질서가 지닌 선함의 결과로서 신자와 불신자가 공유하는 많은 공통점을 충분히 인식하지 못하고 있다. 공유된 인간성은 그리스도인과 비그리스도인이 어느 정도는 존재에 공동으로 참여함을 암시한다. 하지만 이 존재에 대한 공유된 참여만 인정하면 되는 것이 아니다. 우리는 또한 존재와 선함에 대한 참여가 다양한 강도로 이뤄지고 있음을 인정해야 한다. 악이 밖으로부터 세상 속으로 침투함으로써 이 참여가 약화되었다. 아우구스티누스가 인정하듯이 창조된 것들은 "그들의 창조주와 달리 지극히, 변함없이 선하지 않기" 때문에 "그들의 선은 줄어들거나 늘어날 수 있다."[15] 악은 우리에게서 생명을 빨아들이듯이 빼앗아 가며, 따라서 우리의 실존과 선함을 감소시킨다. 악이 존재의 선함에 맞서 고개를 쳐드는 곳마다 그리스도인은 그것에 반대하도록 부르심을 받는다. 따라서 복음주의자로서 우리는 [피조물의 선함은 우리가 도피주의를 피해야 함을 뜻한다는, 복음은 삶의 모든 영역을 '구속'(redeem)한다는, 복음은 사람들의 일상적 실존 안에서 '육화'되어야 한다는 등의 신학적 주장이라는 가면을 쓰고 나타나는 경우가 많은] 인간의 자율성을 우리의 공동의 삶의 기초적 구성 요소로서 가장 중요하게 여기

---

15 St. Augustine, *The Enchiridion on Faith, Hope and Love*, intro. Thomas S. Hibbs, ed. Henry Paolucci (1961; reprint, Washington, DC: Regnery, 1995), XII. 『아우구스티누스: 고백록과 신앙편람』(두란노아카데미).

는 문화에 순응할 때 치러야 할 대가가 동반됨을 인식해야 한다. 그런 급진적(radical) 자율성은 존재의 선함을 약화시키며, 우리는 이에 저항해야 한다.

내 생각에 복음주의가 취하는 그런 순응의 자세에는 깊은 아이러니가 존재한다. 개인 경험을 예로 들어 이 아이러니를 설명하고자 한다. 여러 해 전에 우리 동네의 기독교 고등학교에서는 밴쿠버의 유명한 과학 세계(Science World, 체험형 과학 센터 및 과학관)에서 열리는 "몸의 세계들"(Body Worlds) 전시회로 현장 학습을 갈 계획을 세웠다. 알고 보니 "몸의 세계들"이란 독일의 해부학자인 군터 폰 하겐스(Gunther von Hagens)가 설립한, 플라스틱으로 만든 인간 신체를 전시하는 행사였다. 그의 전시회와 (그가 검은 페도라를 쓰고 실시하는) 공개 해부 행사는 세계 곳곳에서 항의와 법적 논쟁을 촉발했다. 폰 하겐스의 전시는 인간의 몸을 그저 하나의 사물, 즉 교육과 오락을 위해 구입하고 플라스틱으로 만들며 전시하고 분석할 수 있는 사물로 환원시킨다. 특히 가톨릭교인들은 하겐스의 전시회에 반대의 목소리를 높였다. 놀랍게도 우리의 복음주의 학교 공동체 안에서는 이 전시회에서 인간의 몸을 대상화하고 착취하는 것을 거의 혹은 전혀 우려하지 않았다. 오히려 그들은 이 전시회가 학생들로 하여금 인간의 몸이 얼마나 '심히 기묘하게 지어졌는지를' 볼 수 있도록 하는 기회가 되리라고 생각했다. 나는 어쩌면 폰 하겐스의 전시보다 더 심각한 문제는 복음주의권에서—창조 질서의 선함에 호소하며—이를 광범위하게 받아들이고 있다는 사실일 거라고 생각했다. 이 책을 통해 분명히 드러나겠지만 나는 창조 질서의 선함을 두고 논쟁하려는 게 아니다. 오히려 나는 방금 묘사한 것과 같은 피조물의 선함에 대한 특정 종류의 호소가 그 반대로—즉, 창조 질서에 대한, 이 경우에는 인간의 몸에 대한 모독과 상품화로—전락하고 만다고 확신하게 되었다.

분명히 우리는 지칠 줄 모르는 태도로 영지주의적 도피주의에 반대했던 2세기의 성 이레나이우스와 더불어 창조 질서의 선함을 기려야 한다. 하지만 우리는 두 경고를 명심할 때에야 참으로 이를 기릴 수 있다(그리고 이를 모독하는 태도를 방지할 수 있다). 첫째, 창조 질서(이것을 시간에 묶인 우리의 역사와 구약의 경륜이라고 볼 수도 있다)는 그 자체로, 그 자체를 위해 존재하지 않는다. 창조된 진선미는 그 자체로 진선미이신 그분의 무한한 자비를 통해 주어진 것, 빌려 온 것일 뿐이다(고전 4:7를 보라). 지난 수십 년 동안 복음주의자들은 잃어버린 시간을 보충하기 위해 창조 질서의 선함을 인정하는 데 집중했다. 하지만 사물에 대한 기독교적 관점은 우리가 감히 그것에 궁극적 의미를 부여해서는 안 된다는 것이다. C. S. 루이스는 이렇게 설명한다.

> 우리가 아름다움을 담고 있다고 생각하는 책이나 음악은 우리가 그것을 의지한다면 우리를 배반하고 말 것이다. 아름다움은 그 **안에** 있는 것이 아니라 그것을 **통해** 올 뿐이며, 그것을 통해 오는 것은 갈망이다. 이런 것들—아름다움, 우리 자신의 과거에 대한 기억—은 우리가 정말로 욕망하는 바의 선한 형상이다. 하지만 그런 것들을 물 자체(the thing itself)라고 착각한다면 이것들은 멍청한 우상으로 변해 그것들을 숭배하는 이들의 마음을 다치게 할 것이다. 그것들은 물 자체가 아니며 우리가 찾지 못한 꽃의 향기, 우리가 듣지 못한 노래의 메아리, 우리가 한 번도 방문한 적 없는 나라에서 전해진 소식일 뿐이기 때문이다.[16]

---

16   Lewis, "Weight of Glory", pp. 30-31.

루이스의 설명처럼 우리가 창조된 대상들을 궁극적 실재라고 착각할 때 그것들은 우상으로 변하고 만다. 혹은 그가 다른 곳에서 기억에 남을 만한 말로 표현했듯이 "당신은 이차적인 것을 첫째에 둠으로써 이차적인 것을 얻을 수 없다. 일차적인 것을 첫째에 둠으로써만 이차적인 것을 얻을 수 있다."[17]

현세적인, 창조된 질서는 그 자체가 아니라 그것을 초월하는 신비로운 실재 안에 그 궁극적 목적을 둔다. 창조된 존재의 목적은 그 자체 너머에 존재한다. 성 안셀무스는 "나는 당신을 보기 위해 창조되었으며 아직 내가 창조된 목적을 이루지 못했습니다"라고 고백한다.[18] 아우구스티누스에게 무언가를 향유하는 것(frui)과 사용하는 것(uti)의 차이는, "무언가를 향유하는 것은 **그 자체를 위해** 그것을 사랑으로 굳게 붙드는 것"이라는 점이다. 따라서 우리는 이 선한 창조 질서를 사용할 수 있지만 향유해야 할 대상은 오직 삼위일체 하나님—성부, 성자, 성령—이다. 엄밀히 말해서 우리는 오직 그분만을 **그분을 위해** 사랑할 수 있다.[19] 현세적인, 창조된 질서는 하나님 향유라는 영원한 목적을 위해 사용될 수 있을 뿐이다. (말할 필요도 없이, 아우구스티누스에게는 '사용'이라는 단어가 우리가 쓰는 '사용'이라는 말이 흔히 그렇듯이 '남용'이라는 부정적 함의를 지니고 있지 않았다.) 이 점은 중요하다. 우리는 창조된 실재들을 그 자체를 위해 기림(frui)으로써 이것들을 영원한 말씀, 즉 하나님의 로고스라는 토대에서 분리하

---

17 C. S. Lewis, "First and Second Things", *God in the Dock: Essays on Theology and Ethics*, ed. Walter Hooper (Grand Rapids: Eerdmans, 1970), p. 280.
18 Anselm, "Proslogium", I.
19 Augustine, *On Christian Teaching*, trans. and intro. by R. P. H. Green, Oxford World's Classics (1997; reprint, Oxford: Oxford University Press, 2008), I.8, 10(강조는 추가됨). 『그리스도교 교양』(분도출판사).

기 때문이다. 창조된 대상들은 초월적 원천에서 분리되면 의미의 원천을 상실한다. 그것들은 대상화하는 인간의 시선에 의해 의심하지 않은 채 희생당하게 되며 전체화하는 인간 지배에 따라 마음대로 가지고 놀 수 있는 장난감으로 변하고 만다. 피조물의 선함을 잘못 이해하여 초점을 맞출 때 나타나는 아이러니는 그것이 거울상으로, 즉 창조된 삶을 평가절하하는 영지주의 유형으로 귀결되고 만다는 것이다.

둘째, 창조 질서의 선함에 대한 인식은 언제나 그 참여적 상태에 근거를 둔다. 즉, 창조 질서의 선함은 그 자체의 것이 아니다.[20] 만물은 "주에게서 나오고 주로 말미암고 주에게로 돌아가"지만(롬 11:36), 우리가 피조물을 창조주에게서 분리하면 우리는 피조물의 의미—그 진선미—를 피조물 안에서 찾을 수밖에 없다.[21] 그 과정에서 우리는 아름답게 짜서 만든 우주적 태피스트리를 찢어 버리고 만다. 우리는 피조물이 하나님의 생명의 성례전적 공유 혹은 참여일 뿐임을 잊어버린다. 따라서 이 책에서 성례전적 존재론이나 하나님 안에 피조물이 참여함에 관해 이야기할 때 이것은 창조주와 피조물의 구별을 결코 제거하지 않는다. 오히려 그 반대다. 피조물이 하나님의 생명에 성례전적으로 참여한다고 말하는 것은 창조 질서의 지위를 제한하는 것이다. 그와 대조적으로, 분리된 피조물이라는 근대적 개념에서는 창조주-피조물 구별을 제거한다. 근대성은 창조 질서가 그 나름의 진리, 그 나름의 선함, 그 나름의

---

20 *Institutes* 맨 처음에 행 17:28을 인용한 다음 이렇게 설명하는 장 칼뱅의 플라톤주의-기독교적 통찰을 생각해 보라. "분명히 우리가 받은 강력한 선물은 우리 자신에게서 온 것이 아니다. 우리의 존재는 한 분이신 하나님 안에서 생존할 뿐이다"[*Institutes of the Christian Religion*, ed. John T. McNeill, trans. Ford Lewis Battles, vol. 1, Library of Christian Classics, no. 20 (Philadelphia: Westminster, 1960), I.i.1].

21 아우구스티누스가 이 성경 본문을 다루는 글은 *On Christian Teaching*, I.10을 보라. 또한 행 17:28과 골 1:17을 보라.

아름다움을 지니고 있다고 주장함으로써 창조 질서를 우상으로 만들어 버리고 말았다.[22]

정통 기독교 신앙을 수호하다가 혀와 오른손이 잘린 것으로 유명한 플라톤주의-기독교 수도사 고백자 막시모스(Maximus the Confessor, 580?-662)는 피조물과 영원한 하나님의 말씀 사이의 참여적 연결고리의 중요성을 인정했다.[23] 그는 영원부터 영원하신 로고스, 즉 하나님의 말씀은 그분 안에 창조 질서의 수많은 영원한 로고이(*logoi*, 말씀들)를 함께 지니고 있었다고 주장한다. 그는 하나님이 세상을 창조하실 때 먼저 영원한 로고이에 기초한 지상의 로고이를 창조하심으로써 창조 사역을 이루셨다고 주장한다(pp. 105-106). 여기서 막시모스가 접근하는 방식의 복잡미묘한 내용을 다룰 필요는 없다. 중요한 것은, 그가 피조물과 영원하신 하나님의 말씀의 참여적 관계를 주장했다는 사실이다. 그는 이 창조 질서가 중요한 것은 그것이 영원하신 하나님의 로고스에 참여하기 때문이라고 믿었다. 막시모스에 따르면 이 조화로운 관계는 아담의 타락을 통해 망가지고 말았다. 그는 아담이 피조물을 영적으로 바라보아 그 안에서 신적 로고이를 발견하는 데 실패했다고 설명한다. 도리어 아담은 자신의 열정에 입각해 자연을 바라보았으며, 이로써 피조물을 순전히 물질적인 실재로 축소하고 말았다.

---

22 욥 31:26-28을 보라. "해가 찬란하게 빛나는 것이나 달이 하늘에 두둥실 떠 빛나는 것을 보고 슬그머니 마음을 빼앗겨 입맞춤을 띄워 보냈던가? 그렇다면 그 역시 범죄를 저지른 것이요, 높이 계신 하나님을 부인하는 것이리라"(뉴예루살렘성경).
23 이 단락은 Radu Bordeianu, "Maximus and Ecology: The Relevance of Maximus the Confessor's Theology of Creation for the Present Ecological Crisis", *Downside Review* 127 (2009): pp. 103-126에 기초를 두고 있다. 이후에 이 논문을 인용할 때 페이지를 본문에서 괄호 안에 표기했다. 나에게 이 논문을 살펴보라고 알려 준 성 베네딕도회 플레이시더스 샌더(Placidus Sander) 신부께 감사드린다.

라두 보르데이아누(Radu Bordeianu)는 막시모스의 우주론이 피조물을 대하는 우리의 태도에 어떤 함의를 갖는지 이렇게 설명한다. "막시모스의 통찰은 생태론과 직결된다. 그는 우리가 이기적 열정이라는 관점에서 환경을 바라볼 때 무슨 일이 일어나는지 구체적으로 말하고 있기 때문이다. 인간은 환경을 그 안에 신적 로고이의 흔적이 전혀 없는 물질적 실재로만 바라본다"(p. 113). 막시모스의 참여적 피조물 이해—그는 이것을 플라톤주의 전통에서 빌려왔다—덕분에 그는 피조물을 하나님께 드리는 성례전적 제물로 바라볼 수 있었다. 그와 대조적으로 아담은 피조물 자체를 목적으로 대함으로써, 하나님께 드리는 성만찬의 제물로서 피조물이 갖는 성례전적 목적을 놓치고 말았다. 막시모스는 가시적 세계의 신적 로고이를 다시 하나님께 돌려드리는 것이 그리스도 안에서 우리의 책무라고 확신했다. 보르데이아누는 이렇게 말한다. "따라서 세상은 그 안에 있는 하나님의 임재를 투명하게 드러내게 된다. 성만찬 때와 동일한 성례전적 충만함에 이르지는 못하더라도, 하나님은 모든 것 안에서 모든 것이 되신다. 우리는 빵 부스러기 하나도 떨어져서 짓밟히거나 낭비되지 않도록 주의와 관심을 기울여 성만찬을 대하는 것처럼 피조물을 대해야 한다"(p. 119). 이따금 우리는 우리가 안고 있는 환경 문제의 뿌리에는 교부들의 '내세적' 관점이 자리 잡고 있다고 생각하는 경향이 있다. 사실은 그 반대다. 그들의 참여적 혹은 성례전적 존재론 덕분에 그들은 물질적 피조물을 하나님께 드리는 성스러운 성만찬의 제물로 대할 수 있었다.

오직 하나님만이 그분 자체를 목적으로 삼고 누려야 할 대상이며, 피조물은 하나님의 생명에 성례전적으로 참여할 뿐이다. 나는 피조물을 기리는 데 이 두 경고를 다시 깨닫는 것이 대단히 중요하다고 생각한다. 그리스도인으로서 우리가 이 경고를 망각하거나 무시할 때, 그 결과는 우리가 모든 종류의 무익한 방식으로 현대의 탈신성화된 문화에 순응하는 경향을 띠게 된다는 것이다. 하지만 피조물에 대한 참여적 이해를 출발점으로 삼는다면 우리는 인간의 몸과 환경을 모독하는 우리 문화의 태도를 피할 수 있다. 더 나아가 그러한 접근 방식은 피조물에 대해 (그것이 성만찬적이기 때문에) 가능한 한 가장 높은 가치를 부여할 수 있다. 그렇게 우리는 영원하신 하나님의 말씀 안에 있는 물질적 피조물의 성례전적 목표나 목적을 인식할 수 있다.

기독교와 플라톤주의의 유산

교회의 위대한 전통에서는 어떻게 성례전적 존재론을 주장했는가? 이 점을 만족스럽게 설명하는 최선의 방법은, 적어도 중세 성기까지는 기독교 전통 전체가 플라톤주의-기독교적 종합의 형태를 띠었음을 인정하는 것이다. 플라톤주의(와 특히 신플라톤주의)가 기독교 전통에 미친 영향은 오늘날 조롱의 대상이 되었다.[24] 그럼에도 이 책에서는 전통적인 플라톤주의-기독교적 종합을 옹호하는 주장을 펼치고자 한다. 이는 플라톤주의 전통의 모든 기독교적 활용이 적합했다는 뜻이 아니다. 어떤

---

24 N. T. 라이트는 플라톤주의를 영지주의와 관련지으면서도, 기독교 전통이 플라톤주의의 긍정적 요소와 부정적 요소를 세심하게 구별하는 동시에 영지주의를 격렬하게 반대했던 이유는 궁금해하지 않는다[*Surprised by Hope: Rethinking Heaven, the Resurrection, and the Mission of the Church* (New York: HarperOne, 2008), pp. 88-91]. 플라톤주의-기독교적 종합에 대한 북미 복음주의권의 비판은 아브라함 카이퍼(Abraham Kuyper)와 헤르만 도이어베르트(Herman Dooyeweerd)로부터 시작된 네덜란드 신칼뱅주의 전통의 영향력과 특히 Brian J. Walsh and J. Richard Middleton, *The Transforming Vision: Shaping a Christian Worldview* (Downers Grove, IL: InterVarsity, 1984), pp. 107-116 같이 영향력 있는 대중적 설명에 크게 빚지고 있다. 『그리스도인의 비전』(IVP).

경우에는 둘의 관계가 너무 가까워져서 대단히 불건전해지기도 했다. 하지만 교부들은 대체로 플라톤주의의 유산에서 무엇을 받아들이고 무엇을 거부할 것인지에 관해 순진한 태도를 취하지 않았다. 또한 기독교 신앙 안에는 플라톤주의 전통을 급진적으로 반대하는 요소가 적어도 세 가지 존재했다.[25]

첫째로, 또한 가장 중요한 의미에서, 기독교 신앙은 구약과 유대교로부터 하나님은 창조할 **필요**가 없었지만 그분에게는 창조할 **자유**가 있었다는 믿음을 물려받았다. 그리스도인들에게 창조는 하나님의 의지에 따라 간섭하는 행동 없이 하나님의 존재로부터 나오는 자동적 혹은 필수적 유출(emanation)이 아니다.[26] 창조는 선재하는 물질이나 영혼으로부터의 배설이 아니다. 오히려 하나님은 자유롭게—무로부터(*ex nihilo*)—세상을 창조하셨다. 물론 세상을 창조하시는 것은 하나님이 하시기 합당한 혹은 적합한 일이었지만 필수적 일은 아니었다. 피조물은 단순히 하나님의 존재로부터 유출되지 않았다.[27]

둘째, 그리스도인들은 플라톤주의자들보다 물질을 훨씬 더 귀하게

---

25 다음의 세 요소에 관해 나는 Louis Dupré, *Passage to Modernity: An Essay in the Hermeneutics of Nature and Culture* (New Haven: Yale University Press, 1993), p. 168를 출발점으로 삼고 있다.
26 유출 이론은 플로티노스를 통해 플라톤주의 전통으로 진입하는 신플라톤주의적 발전이었다. 필론(Philo)의 중기 플라톤주의는 오리게네스와 니사의 그레고리오스에게 큰 영향을 미친 반면, 신플라톤주의는 위(僞) 디오니시오스(Denys)와 아우구스티누스, 또한 이후 서양의 신학 전통에 영향을 미쳤다. 더 자세한 논의는 Andrew Louth, *The Origins of the Christian Mystical Tradition: From Plato to Denys* (Oxford: Oxford University Press, 1981, 『서양 신비사상의 기원』, 분도출판사)와 Norman Russell, *The Doctrine of Deification in the Greek Patristic Tradition* (Oxford: Oxford University Press, 2004)을 보라.
27 라우스의 말을 참고하라. "아타나시오스(Athanasius) 이후로 줄곧 교부 신학에서 당연하게 받아들여지는 전제가 되었던 무로부터의 창조(*creatio ex nihilo*)라는 교리는 하나님과 피조물의, 또한 더 강력한 이유로(*a fortiori*) 하나님과 영혼의 존재론적 격차를 드러낸다.…따라서 [아타나시오스는] 어쨌든 한 가지 차원에서는 플라톤주의 전통과 완전히 단절했다"(*Origins of the Christian Mystical Tradition*, p. 78).

여겼다. 플라톤주의자들은 결코 물질을 본래적으로 선하다고 여길 수 없었다. 결국 물질은 신적 유출의 비자발적 결과이며, 따라서 존재의 서열에서 가장 밑바닥에 위치한다고 생각했다. 따라서 신적이며 불멸인 영혼에게는 물질적이며 필멸하는 몸에서 해방되는 것보다 더 좋은 일이 없었다. 하지만 기독교의 창조 교리는 창조와 몸의 부활에 대한 강한 믿음과 더불어, 물질적 질서에 대한 이 플라톤주의의 의심에 반대했다.[28] 교회 전통 전체에서 그리스도인들은 물질을 중시했으며, 특히 몸을 창조주 하나님이 주신 선한 선물로 여겼다.[29]

셋째, 첫 두 원칙-자유로운 행위로서의 무로부터의 창조 및 피조물의 선함을 받아들임-모두 신적인 것에 관한 다른 이해에 기초했다. 신플라톤주의의 유출 교리는, 단순한 단자(monad)의 완전함을 위계의 최상위에 두고, 그 다음으로 다양한 신적 형상(Forms) 혹은 이데아(Ideas)가 뒤따르고, 가장 낮은 영역에는 복수성과 물질의 불완전한 세계-형상이나 이데아의 영역을 거울처럼 모사하는 세계-가 자리 잡고 있는 존재의 위계를 암시한다. 다시 말해서, 신플라톤주의는 절대적 단일성(oneness)의 원리에 기초해 기능한다. 일자(the one)는 완전하며, 다자(the many)는 불완전하다. 이 점에서 그리스도인들은 플라톤주의 전통과 날

---

28 아우구스티누스의 *Confessions*에서는 그가 기독교로 회심하는 데 "플라톤주의자들"이 긍정적 영향력을 미쳤음을 열띠게 이야기한다. 아우구스티누스는 플라톤주의자들도 태초에 하나님과 함께 계셨던 영원하신 말씀에 관해 알고 있었다고 주장할 정도였다. 그다음에 아우구스티누스는 "그러나 나는 그들의 책에서 '말씀이 육신이 되어 우리 가운데 거하시매'(요 1:13-14)라는 말씀은 읽어 보지 못했다"라고 덧붙인다[*Confessions*, trans. Henry Chadwick (Oxford: Oxford University Press, 1991), p. 121 (VII.9)]. 『고백록』(경세원).
29 이는 교부들이 플라톤주의 전통을 차용했음에도 몸과 성의 선함을 이해하는 데 결코 제한을 받지 않았다는 뜻이 아니다. 그럼에도 니사의 그레고리오스 같은 플라톤주의적 사상가조차도, 때로는 플라톤주의적 확신 때문에 그렇게 하기가 쉽지 않았음에도 몸의 부활을 옹호하는 데 많은 노력을 기울였다. Gregory of Nyssa, *On the Soul and the Resurrection*, trans. Catharine Roth (Crestwood, NY: St. Vladimir's Seminary Press, 1980)를 보라.

카롭게 충돌했다. 그리스도인들은 성경이 위계의 원리를 반영한다는 점에 동의했다. 따라서 그 점에서는 신플라톤주의와 기꺼이 동맹을 맺고자 했다. 하지만 그리스도인들은 일자가 완전함을 암시하는 반면 다자가 불완전함을 암시한다는 주장을 받아들이지 않았다. 삼위일체 교리는 건전하지 못한 형태의 군주신론(divine monarchy)에 맞서는 강력한 평형추를 제공했다. 기독교 정통에서는 성부, 성자, 성령이 동일 본질(consubstantial)이라고 주장했다. 일자와 다자 모두 하나님의 정체성의 핵심에 귀속된다.

이 모든 것은 그리스도인들이 언제 플라톤주의 세계관을 거부해야 하는지 일반적으로 알고 있었다는 뜻일 뿐이다. 그들은 필론(Philo, 주전 20?-주후 50) 같은 중기 플라톤주의자들과 플로티노스(Plotinus, 주후 204?-270)나 프로클로스(Proclus, 주후 411-485) 같은 신플라톤주의자들에게서 무엇을 받아들이고 무엇을 거부해야 하는지를 알고 있었다. 복음주의자들 사이에서 꽤나 광범위하게 떠도는 이야기에서는 대부분의 기독교 역사에서 플라톤주의를 무비판적으로 수용했다고 비난한다. 때로는 최근에야 인간 몸의 중요성을 회복할 수 있고, 따라서 마침내 플라톤주의 전통의 악을 극복할 수 있었다는 인상을 받게 될 정도다. 이런 이야기는 기독교 사상사보다는 현대 복음주의에 관해 훨씬 더 많은 것을 말해 준다. 이런 복음주의권의 서술은 그저 '성경적'일 뿐이라고 주장되지만, 실제로는 성경의 관계적 언어가 하나님의 속성을 철저히 규명할 수 있다고 전제하는 철학적 틀 안에서 작동하는 경우가 많다.[30] 그 결과로 우리의 하나님 이해가 급진적으로 역사화되고, 이로써 초월을 상실하게

---

30 비환원론적 물리주의 인간론을 주창하는 이들과 열린 유신론자 모두 기독교 전통이 플라톤주의와 혼합됨으로써 순수하게 '성경적인' 기원에서 떨어지고 말았다고 생각하는 경우가 많다.

된다.³¹ 이러한 접근 방식은 그리스도인들이 대체로 플라톤주의의 과잉을 거부했다는 사실을 무시한다. 그리스도인들은 특히 창조와 성육신을 통해 계시된 하나님의 자유를 강력하게 주장했다. 그들은 물질적 질서의 선함에 대체로 동의했으며, 따라서 몸의 부활에 대한 믿음과 새 하늘과 새 땅이라는 종말론적 미래에 대한 믿음을 자랑스럽게 여겼다. 그리고 가장 중요한 의미에서, 그들은 하나님의 삼위일체적 속성을 열렬히 주장했다.³²

하지만 그리스도인들은 과민한 반응을 보이며 플라톤주의적인 모든 것이 복음과 양립 불가능하다고 거부하지 않기 위해 주의를 기울였다. 방금 열거한 강한 유보적 태도에도 불구하고 기독교 신학은 많은 점에서 플라톤주의 전통을 반대자가 아니라 동맹으로 보았다. 그 결과로 이뤄진 플라톤주의와의 종합은 중세 성기까지 지속되었다. 일부 학자들은 토마스 아퀴나스의 신학에서 이러한 플라톤주의-기독교적 종합이 소멸한다고 본다. 신학에 대한 그의 합리적 접근 방식, 그가 아리스토텔레스와 그 주석가들을 원용한 것, 그가 자연과 초자연을 분명히 구별한 것, 또한 그와 관련해 자연 영역의 자율성에 초점을 맞춘 것 등으로 인해 13세기 스콜라주의 안에서 신학적 전환이 시작된 것처럼 보일지도 모른다. 나는 토마스의 (현세적) 아리스토텔레스주의가 신학적 기풍

31　데이비드 브래드쇼(David Bradshaw)는 그의 탁월한 책 *Aristotle East and West: Metaphysics and the Division of Christendom* (Cambridge: Cambridge University Press, 2004)에서 기독교 시대 이전과 기독교 시대에 '우시아'(*ousia*, 본질)와 '에네르게이아'(*energeia*, 능력)를 어떻게 구별했는지 추적하면서, 교부들은 전자를 언제나 인간이 닿을 수 없는 채로 남아 있다고 여겼음을 지적한다. 신적인 것을 자연적 질서 안으로 무너뜨리는 위험을 피하기 위해서는 이런 식의 구별이 필요해 보인다.

32　Robert Louis Wilken, *The Spirit of Early Christian Thought: Seeking the Face of God* (New Haven: Yale University Press, 2003), pp. 136-161를 보라. 『초기 기독교 사상의 정신』(복있는사람).

에 변화를 야기했음을 부인하지 않으면서도 많은 점에서 이 천사 박사가 기독교와 (내세적) 플라톤주의의 종합을 여전히 유지했음을 강조하고 싶다.

토마스가 가장 자주 인용하는 저자 중 한 사람은 6세기 시리아의 수도사였던 위(僞) 디오니시오스였다. 그는 우주 전체가 존재의 서열에 기초한 하나의 아름답고 조화로운 총체라고 보았으며, 우주는 하나님으로부터 왔을 뿐 아니라 그분께로 돌아가리라고—인간의 신화(deification)를 통해서—생각했다. 하나님은 인간이 신적 존재가 될 수 있게 하시려고 인간이 되셨다. 하나님은 인간의 참여를 위해 그분의 신적 삶을 개방하셨다. 위 디오니시오스는 토마스에게 객관적인 명제적 진리를 입증하는 학문이 전혀 아닌 신학 접근 방식을 소개했다. 이 접근 방식에서 신학의 목적은 인간을 하나님과의 신비적 연합으로, 또한 궁극적으로는 신적 삶 자체로 이끄는 것이다.[33] 이미 알베르투스 마그누스(Albert the Great, 1206?-1280)의 제자였던 토마스는 위 디오니시오스의 『천상의 위계』(On the Celestial Hierarchy)를 알고 있었다.[34] 완숙한 신학자로서 토마스는 위 디오니시오스의 『하나님의 이름들』(Divine Names)에 대한 주석을 썼으며, 이는 그가 이 신비적인 수도사의 신플라톤주의 세계관에 많

---

[33] 그 후로 아퀴나스는, 하나님의 은총에 의해 지성이 조명을 받음으로써 창조된 지성은 하나님의 본질을 볼 수 있게 된다고 생각했다. "이 빛에 의해 복된 이들은 하나님의 형상으로(deiform) 변한다. 즉, "그가 나타나시면 우리가 그와 같을 줄을 아는 것은 그의 참모습 그대로 볼 것이기 때문이니"(요일 3:2)라는 말씀처럼 하나님을 닮게 된다[Thomas Aquinas, Summa Theologica (ST), trans. Fathers of the English Dominican Province (1948; reprint, Westminster, MD: Christian Classics, 1981), I, q.12, a.5]. 참고. ST I-II, q.2, a.7; I-II, q.2, a.8; I-II, q.3, a.8. 『신학대전』(바오로딸).

[34] Aidan Nichols, Discovering Aquinas: An Introduction to His Life, Work, and Influence (Grand Rapids: Eerdmans, 2002), p. 5. 『천상의 위계』와 『하나님의 이름들』(한국어판에서는 "신의 이름들")은 『위 디오니시우스 전집』(은성)에 실려 있다—옮긴이.

은 빚을 지고 있음을 분명히 보여 준다. 토마스가 하나님에 관한 인간의 지식에 한계가 있음을 인정한다는 사실을 통해 그가 위 디오니시오스에게 영향받았음을 알 수 있다. 하나님의 본질은 현재의 상태 속에 있는 우리에게 접근 불가능한 것이며, 그분은 전적 타자(Wholly Other one)로 남아 계신다는 것이다.[35] 우리는 모든 참된 존재가 하나님의 존재에 참여한다는 토마스의 주장 속에서도 동일한 영향을 확인할 수 있다.[36] 또한 그가 구원을 은총에 의해 신적 삶에 참여하는 것—신화—으로 이해했다는 점을 통해서 이를 확인할 수 있다.[37] 물론 특히 그가 『신학대전』 전체를 하나님에게서 기원하고 그분께로 돌아가는 삶이라는 틀을 중심으로 구성했다는 사실을 통해서도 이를 확인할 수 있다.[38] 토마스는 모든 삶—특히 기독교 신학—이 하나님에 대한 지복의 전망 안에서 누리는 영원한 행복이라는 궁극적 목적에 이바지한다고 보았다(고전 13:12). 성 토마스의 사상은 여전히 이러한 플라톤주의적 성향을 유지하고 있었다.[39] 플라톤주의-기독교적 종합은 천년 내내 위대한 전통을 지배했다.

---

35 Karen Kilby, "Aquinas, the Trinity and the Limits of Understanding", *International Journal of Systematic Theology* 7 (2005): pp. 414-427를 보라.
36 성 토마스는 하나님이 본질에 따라(*per essentiam*) 계시는 존재인 반면, 인간은 단지 유비적으로 하나님의 존재를 공유하거나 그분의 존재에 참여할 뿐이라고 생각했다(*ST* I, q.3, a.4; I, q.6, a.4; I, q.13, a.5; I, q.45, a.5). Rudi A. te Velde, *Participation and Substantiality in Thomas Aquinas* (Leiden: Brill, 1995), pp. 99-100를 보라.
37 A. N. Williams, *The Ground of Union: Deification in Aquinas and Palamas* (Oxford: Oxford University Press, 1999); Fergus Kerr, *After Aquinas: Versions of Thomism* (Malden, MA: Blackwell, 2002), pp. 149-161를 보라.
38 *Summa*는 우주가 하나님에게서 기원하여 그분께로 돌아가는 나옴-돌아감 구조에 따라 구성되어 있다. 1부(*Prima Pars*)에서는 하나님과 창조의 교리를 다루며, 2부 1편(*Prima Secudae*)에서는 도덕의 목적인 인간의 행복과 지복을 설명한다. 2부 2편(*Secunda Secundae*)에서는 인간이 하나님께 돌아가는 길인 기독교의 덕—믿음, 소망, 사랑—을 논한다. 3부(*Tertia Pars*)에서는 그리스도 안에 있는 구원, 즉 참된 기독론과 성례전에 대한 해설을 제시한다.
39 위 디오니시오스의 신비주의가 속성상 개인주의적이지 않음을 명심하는 게 중요하다. Denys Turner, "How to Read the Pseudo-Denys Today", *International Journal of Systematic Theology* 7 (2005): pp. 428-440를 보라. 터너가 보여 주듯이, 교회와 성례전의 중요성을 약화

이 플라톤주의-기독교적 종합에 무슨 일이 일어났는지 이어지는 장에서 간략히 서술할 것이다. 여기서는 그 핵심적 특징, 즉 참여의 교리 혹은 성례전적 존재론만 강조해 두고 싶다. 많은 복음주의자가 영원한 형상 혹은 이데아의 세계가 존재하며 우리의 지상적 삶은 단순한 모방이나 그림자에 불과하다는 플라톤주의적 관념에 제기하는 주된 반론 중 하나는, 창조 질서의 가치는 단순한 그림자나 모방의 가치보다 훨씬 더 큼에도 이런 관념이 창조 질서의 선함을 약화시키는 것처럼 보인다는 것이다. 여기에 영원한 형상이라는 사변적으로 보이는 개념 없이도 피조물과 창조주의 관계를 우리가 쉽게(어쩌면 더 잘) 이해할 수 있다는 사실을 더해 보라. 그러면 왜 많은 사람이 초기 교회에서 플라톤 사상을 전유한 것을 기독교의 무익한 '헬라화'라고 생각하는지를 이해할 수 있을 것이다. 플라톤주의라는 무익한 철학적 첨가물을 폐기하고 성경적 기독교 신앙이라는 순수한 금만 받아들이자는 것이다.

하지만 테르툴리아누스(Tertullian)를 변호하고 나서며 예루살렘이 아테네와 아무 상관이 없다고 주장하기 전에 이런 주장에 반대하는 목소리에 귀를 기울여 보자. 로버트 루이스 윌켄(Robert Louis Wilken)은 그의 아름다운 책 『초기 기독교 사상의 정신』(*Spirit of Early Christian Thought*)에서 이런 소견을 제시한다.

초기 기독교 사상의 발전이 기독교의 헬라화를 보여 준다는 생각은 더 이상 유용하지 않게 되었다. 한 세기 이상 초기 기독교 사상 해석에 영향을 미쳤던 19세기 교리사가 아돌프 폰 하르나크(Adolf von Harnack)의 사상에 애

시키지 않았다는 점에서 토마스는 위 디오니시오스를 전유할 때 신중함을 유지했다.

정 어린 작별을 고할 때가 되었다. 이 책을 통해서 헬레니즘의 기독교화가 더 적합한 표현일 것이라는 점이 분명해질 것이다. 하지만 이 표현조차도 기독교 사상의 독창성이나 기독교가 유대교의 사고방식과 유대교 성경에 진 빚을 포착해 내지는 못한다.[40]

윌켄은 이른바 복음의 헬라화라는 개념은 교부들이 플라톤주의 전통을 신중하고 주의를 기울여 활용했다는 점을 제대로 묘사하지 못한다고 분명히 지적한다. 더 나아가 그가 아돌프 폰 하르나크—독일 자유주의 학파의 강력한 주창자 중 한 사람—를 언급하고 있다는 점은 복음주의자들이 마땅히 재고하게끔 만든다. 자유주의 신학자였던 하르나크가 (영원한 형상에 대한 피조물의 참여 같은) 플라톤주의적 개념들을 기독교 신학에서 제거하는 것이 옳다고 생각했다면, 복음주의자들은 단순히 '헬라화' 테제를 채택하기 전에 그 결과를 생각해 보아야 할 것이다.

나는 복음주의권의 반(反)플라톤주의적 경향이 일반적으로 성경을 옹호하기 위한 것임을 이해하지만, 이런 경향으로 인해 성경 자체가 가장 심각한 타격을 받는다는 것은 아이러니하다. 플라톤주의-기독교적 종합은 피조물, 역사, 구약을 더 위대한 실재의 성례전적 담지자로 바라볼 수 있게 해 주었다. 피조물, 역사, 구약은 더 위대한 실재—플라톤주의자들이 '형상'이나 '이데아'라고 부른 것, 그리스도인들이 하나님의 말씀 자체라고 주장한 것—를 가리키고 그 실재에 참여하기 때문에 기독교 전통 대부분에서 중요한 의미를 지닌 것으로 인정받았다. 이는 교부들이 구약의 사건들이 신약의 기독론적 실재를 가리키는 성례전이라

---

40 Wilken, *Spirit of Early Christian Thought*, p. xvi.

는 전제에 기초해 활동했음을 뜻하며, 어느 정도는 8장에서 더 자세히 다룰 것이다. 예를 들어, 4세기 신학자 아퀼레이아의 루피누스(Rufinus of Aquileia)는 이렇게 주장했다. "요한계시록에서 요한은 율법에 기록된 것들을 하나님의 신비의 역사에 따라 해석하며, 그 안에는 특정한 성례전들이 담겨 있다고 가르친다. 이 진리들은 유익한 동시에 신적이지만… 성례전으로 덮여 있으며 신비로 둘러싸여 있다."[41]

교부들과 중세 신학자들은 반복해서, 구약에 기록된 사건을 예수 그리스도와 교회를 가리키는 "미래의 신비"(futura mysteria) 혹은 "미래의 성례전"(futura sacramenta)으로 설명했다.[42] 따라서 위대한 전통에서는 창조된 실재들을 성례전적으로 해석하는 데 그치지 않았다. 역사—성경의 구속사를 포함해—역시 속성상 성례전적이다. 위대한 전통에서는 성례전적 존재론을 통해서만 세상을 이해할 수 있다고 보았다. 하나님은 은혜롭게 그분 자신의 신적 삶과 시간에 묶인 창조 질서의 성례전적 연결고리를 제공하셨다. 바로 이 성례전적 참여가 현세적 질서에 영원한 의미를 부여한다.

---

41 Henri de Lubac, *Medieval Exegesis: The Four Senses of Scripture*, vol. 2, trans. E. M. Macierowski (Grand Rapids: Eerdmans, 2000), p. 20에서 재인용. 루피누스의 두 문장은 각각 *In Num.*, h. 20 n. 1과 *In Jos.*, h. 20 n. 4에서 가져왔다.
42 De Lubac, *Medieval Exegesis*, 2: pp. 94-96.

2장

태피스트리를 짜다
교부들의 기독론적 닻

그리스도는 기독교 내러티브의 기원, 안정성, 목적이다. 그분 안에 우리의 소망이 있다. 그분 안에서 천상과 지상의 모든 것이 요약되거나 총괄갱신될(recapitulate) 것이기 때문이다(엡 1:1-14). 하나님의 말씀(혹은 로고스)은 기독교 메시지 전체를 밝히는 열쇠다(요 1:1-5). 그분은 모든 피조물보다 먼저 나신 분이신 동시에 죽은 자들 가운데서 먼저 나신 분이시며(골 1:15, 18), 창조주이신 동시에 구속주시다. 따라서 바울은 "예수 그리스도와 그가 십자가에 못 박히신 것 외에는 아무것도 알지 아니하기로 작정했다"(고전 2:2). 성경 메시지에서 기독론이 핵심임은 분명하다. 하지만 복음주의자들이 합의에 이르지 못하는 하나의 논점은 이 그리스도의 중심성을 신학적으로 어떻게 이해해야 하느냐의 문제다. 그리스도께서 구속사의 정점임은 모두에게 분명하지만 그 함의가 무엇이냐는 데서 모두가 의견을 같이하지는 않는다.

이에 관해 내가 최대주의자라는 사실을 고백한다. 내가 이해하기에 그리스도는 단지 언약의 정점이실 뿐 아니라—당연히 그분은 언약의 정점이시기는 하지만—창조된 모든 실존을 위한 영원한 닻이시기도 하다. 이번 장에서 나는 이 주장의 함의를 간략히 설명할 것이다. 이를 위해서는 먼저 앞 장에서 이미 암시한 플라톤주의-기독교적 종합이라는 주제로 돌아가야 한다. 나는 기독교 전통에서 기독론에 초점을 맞춘 것은 그것이 참으로 플라톤주의적-**기독교적** 종합이었음을 뜻한다는 점을 분명히 보여 줄 것이다. 몇몇 교부를 살펴봄으로써, 초기 교회에서 우주적 태피스트리—성례전적 존재론—를 짜기 시작했을 때 그리스도를 이 과정의 핵심으로 인식했다는 사실을 예증할 것이다. 우리는 교회가 그리스도를 우주적 태피스트리의 핵심 실(thread)로 인식했다고 말할 수도 있다. 그런 다음 나는 이런 주장을 넘어서서 만약 우리가 초기 교회로부터 물려받은 교회 일치적 합의를 닮은 무언가를 유지하려면 이러한 전통적 종합이 필수 불가결하다고 주장할 것이다.

이레나이우스: 총괄갱신을 통한 구원

교부들은 결코 순진하지 않았다. 앞서 보았듯이 그들은 플라톤주의 전통에 내재한 문제를 인식하고 있었다. 그렇다면 왜 그들은 지금 회고해 볼 때 플라톤주의-기독교적 종합의 탄생에 관해 이야기할 수 있을 정도로 기꺼이 이 전통과 동맹을 맺고자 했는가? 근본 이유는, 교부들이 플라톤주의 전통 안에서 그들의 기독론적 주장을 변호하고 진전시키기 위한 수단을 발견했다는 것이다. 아마도 세 명의 교부, 즉 이레나이우스(115?-202?), 아타나시오스(Athanasius, 296?-373), 니사의 그레고리오스(335?-394?)를 살펴봄으로써 이를 가장 쉽게 설명할 수 있을 것이다. 세 신학자 모두에게 기독론은 핵심이었다. 또한 플라톤주의 전통이 각 사람에게 얼마나 많은 영향을 미쳤느냐는 데서는 차이가 존재하지만 (신)

플라톤주의와의 동맹이 특히 아타나시오스와 그레고리오스를 통해 구체적 형태를 갖추게 되었음을 확인할 수 있다.[1] 이 동맹 덕분에 그들은 교회의 공통된 기독론적 고백을 진술할 수 있었다.

2세기 교부 성 이레나이우스는 일치(unity)의 신학자였다.[2] 그는 영지주의자들의 다신론에 맞서 한 분이시며 삼위일체이신 하나님의 일치를 주장한다. 인간 예수와 신적 그리스도를 분리하는 영지주의자들에 맞서 이레나이우스는 성부께서 보내신 예수 그리스도께서 우리를 위해 고난을 당하셨다고 고백한다. 구약과 신약을 분리하는 영지주의자들에 맞서 그는 구원 경륜의 통일성(unity)을 주장한다. 인류를 지상적 존재, 자연적 존재, 영적 존재로 나누는 영지주의자들에 맞서 이레나이우스는 하나님이 모두에게 똑같이 공적으로 자신을 계시하시며, 모든 사람이 예수 그리스도 안에서 주어지는 하나님의 부르심에 응답할 자유와 의무를 지닌다고 주장한다. 마지막으로, 이레나이우스는 구원을 물질적 세계로부터의 탈출로 보는 영지주의 관점에 맞서 성육신이 구원의 가능성을 제공한다고 지적한다. 우리가 하나님처럼 될 수 있게 하시려고 하나님이 인간이 되셨다. 이레나이우스는 이렇게 설명한다. "썩지 않음과 불멸이 우리와 똑같은 존재가 되지 않았다면, 그리하여 썩어 없어지는 것이 썩지 않음에 의해, 필멸하는 것이 불멸에 의해 집어삼킴을 당하고 우리가 아들로서 입양될 수 없었다면, 어떻게 우리가 썩지 않음과 불멸

---

1 E. P. Meijering, *Orthodoxy and Platonism in Athanasius: Synthesis or Antithesis?* (1968; reprint, Leiden: Brill, 1974); Harold F. Cherniss, *The Platonism of Gregory of Nyssa*, Philosophy Monograph Series, no. 81 (1930; reprint, New York: Franklin, 1971); Andrew Louth, *The Origins of the Christian Mystical Tradition: From Plato to Denys* (Oxford: Oxford University Press, 1981), pp. 77-97를 보라.
2 Hans Boersma, "Redemptive Hospitality in Irenaeus: A Model for Ecumenicity in a Violent World", *Pro Ecclesia* 11 (2002): pp. 207-226를 보라.

에 참여할 수 있겠는가?"³ 이레나이우스 같은 교부들은 하나님의 불멸이 필멸하는 우리의 운명을 집어삼켰을 때 그 결과가 신화(deification)라고 생각했다.

이레나이우스는 그가 **어떻게** 하나님이 우리의 신화 혹은 입양을 가능하게 하셨는지를 믿는지 설명하기 위해 '총괄갱신'(recapitulation)이라는 개념을 사용한다. 리옹의 주교였던 그는 '총괄갱신'이라는 용어를 에베소서 1:10에서 가져왔다. 여기서 바울은 하나님의 뜻의 신비는 때가 찼을 때 "하늘에 있는 것이나 땅에 있는 것이 다 그리스도 안에서 통일되는" 것이라고 말한다. 여기서 "통일되다"(bring together under one head)라는 말은 그리스어로 '아나케팔라이오오'(*anakephalaioō*)이며 라틴어로는 '레카피툴라레'(*recapitulare*)로 번역되곤 한다. 두 용어 모두에서 그리스도를 가리켜 '머리'[그리스어에서는 '케팔레'(*kephalē*), 라틴어에서는 '카푸트'(*caput*)]라고 말한다. 이레나이우스는 총괄갱신이라는 이 개념을 도발적이면서 아름다운 서술로 제시한다. 그가 설명하길, 그리스도께서는

자신을 통해 모두를—내 말은, 그분을 통해 하나님께로 거듭난 모두를—즉, 아기들과 어린이들과 소년들과 청년들과 나이 든 사람들을 구원하러 오셨다. 그러므로 그분은 모든 나이를 거치는데, 아기들을 위해 아기가 되셔서 아기들을 거룩하게 하셨고, 어린이들을 위해 어린이가 되셔서 그 나이 사람들을 거룩하게 하시는 동시에 그들에게 경건함과 의로움과 순종의 본보기가 되셨고, 청년들을 위해 청년이 되셔서 청년들을 위한 본보기가 되시고

---

3   Irenaeus, *Against Heresies, Ante-Nicene Fathers*, vol. 1, ed. Alexander Roberts, James Donaldson (1885; reprint, Peabody, MA: Hendrickson, 1994), III.19.1. 『초기 기독교 교부들』(두란노아카데미)에 발췌 수록됨.

이로써 주를 위해 그들을 거룩하게 하셨다. 마찬가지로 그분은 나이 든 사람들을 위해 나이 든 사람이 되셔서 진리를 가르치는 것에 관해서만이 아니라 나이에 관해서도 모든 사람의 완벽한 스승이 되셨으며 나이 든 이들을 거룩하게 하시는 동시에 마찬가지로 그들에게 본보기가 되셨다. 그런 다음 마침내 그분은 죽음을 통과하심으로써 "죽은 자들 가운데서 먼저 나신 이"가 되시고, 친히 "만물의 으뜸", 만물보다 먼저 존재하시며 만물보다 앞서가시는 생명의 왕이 되셨다.[4]

이레나이우스에 따르면 그리스도께서 아주 어린 나이에서 아주 많은 나이까지 인간 삶의 모든 단계를 거치셔야 했음을 눈여겨보라. 성육신하신 하나님의 아들은 참으로 모든 인간의 머리—카푸트—가 되셔야 했으며, 인류 전체를 총괄갱신하는 유일한 방법은 인류 전체의 삶을 공유하는 것이었다.

이레나이우스에게 이 총괄갱신 과정은 동정녀 탄생에 대한 설명이기도 했다. "한 번도 사용한 적 없는 흙으로 빚어진 한 사람의 불순종으로 많은 사람이 죄인이 되었고 생명을 잃어버린 것처럼, 동정녀에게서 나신 한 사람의 순종으로 많은 사람이 의롭다 하심을 받고 구원을 얻게 되었다."[5] 이레나이우스가 아담과 그리스도의, 한 번도 사용하지 않은 흙과 동정녀 탄생의, 또한 다른 곳에서는 하와와 마리아의 (흥미로울지는 몰라도) 작위적인 유사성을 찾으려는 것처럼 보일 수도 있다. 하지만 이레나이우스는 유사성을 찾는 추상적이거나 사변적인 신학자가 아니었

---

4 Irenaeus, *Against Heresies*, II.22.4. 전승과 요 8:56-57에 근거해 이레나이우스는 예수께서 50세까지 사셨다고 주장한다(II.22.5-6). 참고. George Ogg, "The Age of Jesus When He Taught", *New Testament Studies* 5 (1958-1959): pp. 291-298.
5 Irenaeus, *Against Heresies*, III.18.7.

다. 오히려 여기서 우리는 성육신 자체를 우리 구원의 근거로 삼고자 하는 신학적 시도를 확인한다. 그리스도께서 필멸하고 썩어 없어지는 우리의 실존을 집어삼키셔야만 성육신이 우리를 구원할 수 있었다. 또한 그분이 그 어떤 도덕적 실패도 없이 인간의 실존을 역추적하실 수 있어야만 그렇게 하실 수 있었다. 아담이 한 번도 사용하지 않은 흙으로 만들어졌기 때문에 동정녀 탄생은 필수였다. 하와가 천사의 말에 불순종했기 때문에 마리아는 순종하며 천사의 말을 따라야 했다. 아담이 낙원에서 시험에 실패했기 때문에 그리스도께서는 광야에서 사탄의 유혹을 견뎌 내셔야 했다.

오늘날 우리는 이레나이우스 연구의 황홀한 부활을 목격하고 있으며, 이는 많은 이유에서 매우 환영할 만한 일이다. 그 이유 중 하나는, 이레나이우스가 하나님의 통일성, 예수 그리스도의 통일성, 역사의 통일성, 인류의 통일성, 또한—무엇보다도—구원의 통일성을 강조했던 일치의 신학자였다는 사실이다. 그뿐만 아니라 이레나이우스는 모든 차이를 억누르면서 전체화하는 방식으로 동일성을 강요하는 정반대의 극단에 빠지지 않으면서 이러한 통합된 태피스트리를 짤 수 있었다. 오늘날 많은 이는 동일성을 폭력적으로 강요하는 근대성을 받아들여야 하는지, 아니면 마치 광란의 축제 같은 차이를 칭송하는 탈근대성을 택해야 하는지 고민하고 있다. 이 맥락에서 이레나이우스의 신학은 우리에게 건전한 지혜의 말, 즉 복음의 지혜, 차이를 지우지 않는 일치를 촉구하는 지혜를 제공한다. 이레나이우스의 신학은 고대적 형태의 영지주의와 현대적 형태의 영지주의 모두에 대한 참된 대안을 제시한다. 특히 총괄갱신에 초점을 맞추는 그의 구원 신학은 계속해서 우리에게 인류의 구원을 위한 기독론적 닻을 제공한다. 이레나이우스에게 그리스도 안에서의 총괄갱신은 조화로운 우주적 태피스트리를 가능하게 해 주는 핵심 실이다.

아타나시오스: 성육신하신 로고스 안에서의 일치

4세기 니케아 공의회(325년)의 수호자 성 아타나시오스가 쓴 짧지만 면밀한 신학적 해설서인 『성육신에 관하여』(De incarnatione)를 살펴보면, 삼위일체 정통의 수호자였던 그가 어떻게 그리스도 안에서의 구원의 가능성을 주장했는지를 분명히 이해할 수 있다. 아타나시오스는 만약 인간이 예수 그리스도 안에서, 그분을 통해 구원받고자 한다면, 인간 모두가 참여할 수 있는 공통의 인간성이 존재**해야 한다**고 생각했다. 아타나시오스는 318년경에 『성육신에 관하여』를 썼으며, 이 소책자에서 그는 왜 하나님이 인간의 육신을 취하셨느냐는 물음을 다룬다. 첫 번째 이유는, 하나님이 인간의 모습으로 우리를 대신해 죽을 수 있기 위해서였다.[6] 혹은 아타나시오스의 표현처럼 말씀이 "모두를 대신해" 죽으셨다(§§ 8-9). 그런 다음 알렉산드리아의 교부는 도발적인 유비를 제시한다.

> 위대한 왕이 어떤 큰 도시에 입성하여 그곳에 있는 집 가운데 하나를 거처로 삼았을 때 그 도시는 큰 영광을 받아 마땅하며 어떤 원수나 도적도 더 이상 그곳에 쳐들어와 그 도시를 지배하지 못한다. 오히려 그 도시는 왕이 그곳에 있는 한 집을 자신의 거처로 삼았기 때문에 전적으로 돌봄을 받을 자

---

[6] Athanasius, *On the Incarnation of the Word*, in *Nicene and Post-Nicene Fathers*, 2nd ser., vol. 4, ed. Archibald Robertson (1892; reprint, Peabody, MA: Hendrickson, 1994), §§7-10. 이후에 이 책을 인용할 때는 본문에 괄호로 표기했다. 『말씀의 성육신에 관하여』(죠이북스).

격이 있다고 여겨진다. 이는 만물의 왕이신 그분께도 똑같이 적용된다. (§9)

썩지 않으시는 영원하신 하나님의 로고스가 우리와 같은 몸을 취하셨고, 왕으로 오셔서 우리의 도성 안에 사셨으며, 단지 그분이 임재하심으로써('단지 성육신하셨다는 사실만으로써'라고 말할 수도 있다) 인류에게 믿기지 않을 정도의 영광을 내려 주셨고, 적을 저지하셔서 로고스가 그들 가운데 거처를 마련하신 사람들을 더 이상 감히 공격할 수 없게 하셨다. 아타나시오스의 유비는 그리스도께서 인류의 머리가 되셨다는 이레나이우스의 총괄갱신과 놀라울 정도로 비슷하게 들린다. 아타나시오스는 로고스가 거하시는 그 한 집이 왕이 입성한 도시 전체의 모든 집을 대표한다는 데 동의한다.

아타나시오스에 따르면 성육신의 두 번째 이유는 하나님의 형상이신 로고스가 우리에게 성부에 관한 지식을 가르쳐 주시기 위함이다(§§ 11-19). 아타나시오스는 하나님의 형상으로 지음을 받았다는 것은 합리적임을 뜻하기 때문에 그리스도께서 우리를 하나님의 형상과 모양으로 회복시키기 위해서 우리를 가르치셔야 한다고 생각했다. 우리는 성부의 말씀(과 이성)을 알 때만 참으로 합리적이다. 우리가 로고스에 접근할 수 있는 유일한 길은 하나님의 형상을 통해서, 즉 예수 그리스도를 통해서다. 그분을 통해 우리는 성부께서 어떤 분이신지를 볼 수 있기 때문이다(§11). 그러므로 아타나시오스는 그가 "창조의 조화"라고 부른 것뿐 아니라 율법과 예언서 안에서도 하나님의 교육 프로그램을 추적한다(§12). 그러나 안타깝게도 유대인도 나머지 세계도 하나님의 가르침에 귀를 기울이지 않았다. 아타나시오스는 "그렇다면 하나님은 어떻게 하셔야 했는가?"라고 묻는다(§13). 그가 제시하는 해법은 로고스의 성육신이다. "하나님의 말씀은 성부의 형상이시므로 인간을 그 형상을 따라 새롭게 창조하기 위해 친히 이 땅에 오셨다"(§13). 아타나시오스는 다시 한번 유비를 사용해 자신의 주장을 전개한다.

> 화판에 그린 형상이 외부로부터 온 얼룩 때문에 지워졌을 때, 같은 나무판에 초상화를 새롭게 그리기 위해서는 그 형상의 주인인 사람이 다시 와야 한다. 그의 그림을 위해 그림이 그려진 나무판조차 버리지 않고 그 위에 윤곽을 새롭게 그린다.…마찬가지로 성부의 형상이신 지극히 거룩하신 성부의 아들께서 전에 그분의 형상으로 창조된 인간을 새롭게 하시고 죄 사함을 통해 길 잃은 인간을 찾으시려고 우리가 있는 곳으로 찾아오셨다…. (§14)

아타나시오스는 하나님의 형상(그림)이 가르침을 통해 인류(나무판) 안에서 회복되리라고 주장한다. 하나님의 말씀은 "인간으로서 이곳에서 머무르시고, 다른 이들과 같은 몸을 스스로 취하셨으며, 땅의 것으로부터 그분의 몸의 일을 통해 [그들을 가르치신다.] 이는 만물에 대한 그분의 섭리와 통치를 보고도 그분을 알지 못하는 이들이 그분이 실제의 몸으로 행하신 일을 통해서 그 몸 안에 계신 하나님의 말씀을 알고, 그분을 통해 성부를 알게 하기 위함이다"(§14). 그리스도의 가르침은 인간 안에 하나님의 형상을 회복시킨다.

이 이집트의 교부는 왜 하나님이 그저 깨끗한 건강 증명서를 주겠다고 선언하심으로써 인류를 구원하지 않으셨는지를 설명한다. 아타나시오스는 우리의 치료를 위해서 단순히 선언하는 말 이상이 필요하다고 주장한다. 아타나시오스에게 구원은 단순히 외재적이거나 명목적인 문제가 아니다. 구원은 참여적-혹은 실재적-사건이다. 그러므로 하나님은 인간이 되셨으며 인간의 몸을 그분의 도구로 사용하셨다. "죽음이 몸과 밀접하게 연결되어 있다면…생명 역시 몸과 밀접하게 연결되어 있어야 한다"(§44). 아타나시오스는 세 번 연속해서 유비를 사용한다.

> 그루터기는 자연적으로 불에 의해 파괴될 수 있지만 (첫째로) 사람이 그루터기 가까이에 불이 오지 못하게 한다면 그 그루터기는 불에 타지 않지만 여전히 그루터기이기 때문에 불의 위협을 두려워할 것이다. 불은 그루터기를 태워 버리는 자연적 속성을 지니고 있기 때문이다. 만약 (둘째로) 사람이 그루터기를 일정량의 석면으로, 즉 내화재로 알려진 물질로 감싼다면 그 그루터기는 불연성의 물질로 둘러싸여서 안전하기 때문에 더 이상 불을 두려워하지 않을 것이다. (§44)

단순한 하나님의 선언만으로는 인간이 불멸의 존재가 되지 못할 것이다. 인간에게 필요한 것은, 그들의 자연적 몸이 "비물질적인 하나님의 말씀"을 입어 썩지 않는 존재가 되는 것이다(§44). 아타나시오스의 다른 두 비유와 이레나이우스의 총괄갱신 이론과 비슷함을 분명히 알 수 있을 것이다. 도시에 입성하는 왕의 비유를 사용하든지, 회복되는 그림의 비유를 사용하든지, 그루터기를 지키는 석면의 비유를 사용하든지, 각각의 경우에 보호 혹은 구원이 가능한 것은 오직 그리스도께서 인간 본성과의 동일시를 통해 인류의 구원을 확보하셨기 때문이다. 교부들은 참된 의미에서 그리스도께서 새로운 인류이시기 때문에 구원이 가능하다고 생각했다.

아타나시오스의 『성육신에 관하여』를 관통하는 근본 전제는 인간이 분리되고 파편화된 개인이 아니며 공통된 인간성에 참여하고 있다는 것이다. 기본적으로 차이가 있다 하더라도 모든 인간이 공통된 본질적 통일성을 지니고 있다는 이 원리는 초기 기독교의 구원 이해에서 핵심적이었다. 영원하신 말씀이 인간의 육신을 취하셨을 때 그분은 우리의 공통된 인간성을 취하셨으며, 그렇게 하심으로써 그것을 구속하셨다. 그리스도 안에서 구원이 가능한 것은 그분이 그분의 위격 안에서 모든 인류를 참으로 총괄갱신하셨기 때문이며, 인류가 정말로 예수 그리스도라는 한 사람 안에서 인류의 공통된 정체성을 발견하기 때문이다. 이레나이우스와 아타나시오스가 강조했던, 성육신하신 로고스 안에서 인간의 통일성이라는 이 원리에 영향을 받아서 동방 전통에서는 구원이 그리스도의 죽음을 통해서 이뤄졌을 뿐 아니라 성육신 자체가 구속의 효과를 지니고 있음을 강조하게 된다. 이 구도에서는 성육신 자체에 우리의 구원이 달려 있다. 성육신은 우리의 불후와 불멸의 회복이며, 우리가 하나님처럼 되게—즉, 신화—해 준다. 따라서 아타나시오스는 신화의 요소를 명시적으로 제시한다. "우리가 하나님이 될 수 있게 하시려고 그분이 인간이 되셨다. 우리가 보이지 않는 성부의 형상(idea)을 받게 하시려고 그분은 몸으로 스스로를 드러내셨다. 우리가 불멸을 물려받게 하시려고 그분은 사람들의 무례함을 견디셨다"(§54). 인류의 통일성은 한 말씀—성육신—이라는 닻에 고정되어 있으며, 바로 이 기독론적 닻이 인류를 구원하는 신화를 가능하게 한다.

니사의 그레고리오스: 보편자와 개별자

니사의 성 그레고리오스에게서도 매우 비슷한 생각을 발견할 수 있다. 하지만 4세기 카파도키아의 교부였던 그는 신플라톤주의의 철학적 틀을 아타나시오스보다 더 명시적으로 활용했다. 그레고리오스는 『"세 분 하나님"이 아님에 관하여』(On "Not Three Gods")라고도 알려진 유명한 글 『아블라비오스에게 보낸 편지』(Letter to Ablabius)를 통해 어떻게 삼신론이나 다신론의 오류에 빠지지 않으면서 하나님의 셋이심(threeness)을 주장할 수 있는지를 설명했다. 다시 말해서, 다양성 역시 하나님이 누구이시냐는 문제의 핵심이라는 주장에도 불구하고 그레고리오스는 하나님의 통일성을 주장하려 한다. 그레고리오스는 곧장 문제의 핵심으로 가서, 플라톤주의-기독교적 종합에 관해 현재 우리가 가지고 있는 불안함의 기초에 자리한 논점을 다룬다. 그는 철학에서 '보편자'(universals)와 '개별자'(particulars)라고 부르는 것에 관한 복잡 난해한 논의를 시작한다. 그레고리오스는 성령의 신성을 부인하는 자들[이른바 성령에 맞서는 자들(pneumatomachians)]이었을 가능성이 높은 사람들이 제기하는 반론을 마주한다. 만약 성부, 성자, 성령이 계시다면, 그리고 세 위격 모두가 동등하고 온전히 하나님이시라면, 세 하나님이 계시다는 말인가? 이것은 노골적인 다신론 아닌가? 그레고리오스는 이 특정 비판을 솔직히 인정한다. 그는 삼위일체의 위격을 베드로, 야고보, 요한 같은 세 사람의 인격과 비교할 수 있다고 말하기 때문이다. 그는 이 인격체들이 한 인간성에 참여함에도 구별되는 것과 마찬가지로 삼위일체 안에 하나의 공통된 신성이 존재하지만 세 신적 위격이 있다고 주장한다. 이는 '어떻게 이것이 삼신론이 아닌가?'라는, 충분히 이해할 만한 질문을 야기한다.

이에 대해 그레고리오스는 자신이 받은 신플라톤주의 교육을 활용해 한 집단 안에서 공통된 것과 특정한 주체에 대해 독특한 것을 구별해야 한다고 주장한다. 그는 '인간' 혹은 '인류' 같은 일반적 용어로 돌아가,

사람들이 (우리가 사용하는 '인류'라는 말처럼) 일반적 의미에서 모든 사람을 가리키는 동시에 누가와 스데반 같은 개별 인간을 지칭하기 위해 '인간'이라는 단어를 사용한다고 주장한다. 이 지점에서 그레고리오스는 흥미로운 방향으로 움직인다. 제대로 말하자면, 그는 우리가 우리의 공통된 인간성을 지칭할 때만 '인간'이라는 단어를 사용해야 한다고 주장한다. 우리가 '많은 인간'에 관해 이야기하는 것은 '언어의 남용'일 뿐이다. '많은 인간'에 관해 이야기하는 것은 '많은 인간 본성'이 존재한다고 말하는 것과 같다. 그레고리오스는 '인간'과 '인간'을 혼동하는 일에 관해서는 화내거나 신경 쓰지 않지만, '하나님'이라는 단어를 세 위격의 공통된 신성뿐 아니라 개별적으로 각각의 세 위격에도 적용한다면 이는 심각한 문제를 초래한다고 믿는다. 세 인간에 관해 이야기하는 것은 엄밀히 말해서 잘못된 일이지만 그럼에도 받아들일 만하다. 하지만 세 하나님에 관해 이야기하는 것은 단지 잘못된 일에 그치지 않는다. 이는 절대적으로 받아들일 수 없고 신성모독적인 일이다.[7]

여기서 그레고리오스는 모든 사람에게 '공통된' 것과 개인들에게 특수한 것을 구별한다. 그는 (공통된) 보편자와 그것의 개별적이며 독특한 구체화의 플라톤주의적 구별을 적용하여 하나님에 관해 우리가 한 분 하나님과 한 본성[우시아(*ousia*)]에 관해 말하는 동시에 세 위격[휘포스타시스(*hypostases*)]이 계시다고 말할 수 있다고 주장한다. 세 인간이 하나의 공통 본성에 참여한다고 말하는 것이 매우 논리적인 것과 마찬가지로 세 신적 휘포스타시스가 하나의 공통 우시아에 참여한다고 말하는 것

---

[7] Gregory of Nyssa, On *"Not Three Gods": To Ablabius*, in *Nicene and Post-Nicene Fathers*, 2nd ser., vol. 5, ed. William Moore, Henry Austin Wilson (1893; reprint, Peabody, MA: Hendrickson, 1994), p. 332. "아블라비우스에게 쓴 답신: 우리는 세 하나님이 계시다고 말할 생각을 하지 말아야 한다", 『후기 교부들의 기독론』(두란노아카데미).

은 전혀 비합리적이지 않다. 다시 말해서, 그레고리오스는 자신의 플라톤주의적 배경을 활용해 보편자가 개별적인 구체화를 위한 닻을 제공한다고 주장한다. 또한 그는 정통 삼위일체 신학 변증을 뒷받침하기 위해 이러한 철학적 구별을 활용한다.

당연히 이런 의문이 생긴다. 보편자와 개별자의 구별이 정말로 유익한가? 결국 베드로, 야고보, 요한이 세 개인인 것처럼 개별의 세 신이 존재한다고 결론 내리게 되는 것은 아닌가? 세 신적 위격—세 휘포스타시스—이 하나의 공통 본질(우시아)을 공유한다고 해도 우리는 각각의 위격에 대해 그들이 신적이라고 말하지 않는가? 이것은 여전히 삼신론 아닌가? 여기가 그레고리오스의 두 번째 신학적 논증이 진입하는 지점이다. 그는 베드로, 야고보, 요한의 공통된 인간성과 성부, 성자, 성령의 공통된 신성 사이의 유비가 중요한 지점에서 무너진다고 주장한다. 베드로, 야고보, 요한은 구별되는 의식의 중심들이다(그레고리오스의 말이 아니라 나의 말이다). 각 사람은 그 나름의 결정을 내리고 그 나름의 행동을 취한다. 베드로가 무언가를 했을 때 이는 오직 그의 행동이며, 야고보나 요한이 무언가를 하겠다고 결정했을 때도 마찬가지다. 하지만 그레고리오스는 삼위일체에는 이런 종류의 구별을 적용할 수 없다고 주장한다. 성부, 성자, 성령이 참여하는 신성은 하나의 공통 활동을 암시한다. 성부께서 어떤 일을 하시고, 성자께서는 다른 무언가를 하시며, 성령께서는 또 다른 무언가를 하신다고 말하는 것은 불가능하다. 오히려 그레고리오스는 "하나님으로부터 피조물에게로 뻗어 가며 그것에 대한 우리의 다양한 인식에 따라 명명된 모든 활동은 성부에게서 기원하고, 성자를 통해 진행되며, 성령 안에서 완성된다"고 설명한다.[8]

이러한 신학적 원리는 나중에 "밖을 향한 삼위일체의 활동은 나뉘지 않는다"(opera trinitatis ad extra indivisa sunt)라는 사상으로 알려지게 된다. 그러므로 세 개별 인간(베드로, 야고보, 요한)이 공통된 인간성에 참여한다는 그레고리오스의 유비 때문에 사람들이 그가 몰래 삼신론을 도입하고 있다고 의심했을 때, 그레고리오스는 그런 비판을 맹렬히 거부했다. 신적 위격 사이의 일치는 인간 사이의 일치보다 훨씬 더 친밀하다. 세 신적 위격의 공통된 신성은 공통 의지를, 또한 외부 세계를 향한 활동을 암시한다. 인간 사이에서는 이런 식의 공통된 의지와 활동에 관해 절대로 이야기할 수 없다.[9]

따라서 아타나시오스가 자신의 기독론과 구원론을 전개하면서 그렇게 했듯이, 니사의 그레고리오스는 자신의 삼위일체 신학을 전개하면서 플라톤주의를 단순한 반대자라기보다는 중요한 철학적 동맹으로 삼았다. 두 신학자 모두에게, 그 이유는 플라톤주의가 일치를 긍정한다는 데 있다. 물론 이교도 플라톤주의자들에게 우주적 통일성은 창조주와 구별된 창조를 허용하지 않으며, 선한 물질적 질서 안으로 들어오시는 하나님의 성육신도 허용하지 않는다. 이러한 이교적 우주론에 분명 비기독교적 측면이 있음에도 그레고리오스는 자신의 신념 때문에 신플라톤주의 전통의 특정 측면에 끌렸다. 그가 보편자(플라톤의 형상 혹은 이데아) 안

---

8 Gregory, On "Not Three Gods", p. 334.
9 삼위일체 신학에 익숙한 이들은 앞 논의의 중요성을 인식할 것이다. 흔히 아블라비오스에게 보낸 그레고리오스의 편지를 논거로 삼는 사회적 삼위일체론자들은 그레고리오스의 편지가 (사회적 삼위일체 신학에서 그러하듯) 신적 위격 사이의 더 큰 분화를 주장하는 것이 아니라 정반대의 주장을 하고 있다는 점을 완전히 놓치고 있다. 이에 관한 유익한 논의는 Lewis Ayres, *Nicaea and Its Legacy: An Approach to Fourth-Century Trinitarian Theology* (Oxford: Oxford University Press, 2004), pp. 344-363; Mark Husbands, "The Trinity Is Not Our Social Program", in *Trinitarian Theology for the Church: Scripture, Community, Worship*, ed. Daniel J. Treier and David Lauber (Downers Grove, IL: InterVarsity, 2009), pp. 120-141를 보라.

에서 영원하신 로고스에 관한 기독교적 이해의 먼 메아리를 분별해 냈기 때문이다. 그레고리오스는 창조 질서가 영원하신 말씀에 참여함으로써 그 존재와 의미를 얻는다고 생각했다. 그러므로 그레고리오스가 보기에 창조 질서는 그 자신으로부터 존재를 가지는 것이 아니라 신적 말씀에 참여함으로써 존재한다.

이따금 그레고리오스가 신플라톤주의에서 더 문제가 되는 몇몇 측면을 더 강력하게 반대하는 자세를 취하기를 바랄지도 모르겠지만, 그의 플라톤주의-기독교적 종합에서 배워야 할 중요한 교훈이 있다. 물질적 질서와 시간의 역사적 과정은 가치를 지닐 수 있지만, 그것들이 그 의미를 발견할 수 있는 것은 더 큰 태피스트리의 일부이기 때문이다. 그것들은 그 자체 **너머를** 가리키며 영원하신 하나님의 말씀에 참여한다.

바로 이 성례전적 태피스트리 덕분에 그레고리오스는―신플라톤주의자들과 달리―변화가 긍정적 선일 수 있다고 주장할 수 있었다. 신플라톤주의자들은 (모든 것이 영원하며 정태적인 형상에 닻을 내린 채 고정되어 있기에) 모든 변화에 대해 뿌리 깊은 의심을 지니고 있었지만, 그레고리오스에게 변화는 본래적으로 부정적인 무언가가 아니다. 그레고리오스는 이렇게 주장한다.

인간이 단순히 악에 대한 성향을 지니고 있는 것이 아니다. 만약 그렇다면, 인간의 본성이 악을 향한 성향만을 소유하고 있다면 선 안에서 자라는 것이 불가능할 것이다. 하지만 사실 **우리의 가변성이 가진 가장 탁월한 측면**은 선 안에서 자랄 수 있다는 가능성이다. 그리고 이 개선의 능력이 영혼을 변화시킬 때 영혼은 점점 더 신적인 것으로 변해 간다. 따라서…그토록 두렵게 보이는 것(우리 본성의 가변성을 가리키는 말이다)이 사실은 우리가 더 높은 것을 향해 날 수 있게 하는 날개일 수도 있다. 그리고 우리가 더 나은 것을 향해 변할 수 없다면 그것이야말로 우리에게 큰 고통일 것이다.[10]

그레고리오스는 플라톤주의 전통과 더불어 궁극적 선, 즉 하나님 자신은 변하지 않으신다고 주장했다. 하지만 신플라톤주의자들과 달리 그레고리오스는 우리의 창조 질서 안에서 가변성이 선한 선물이라고 주장했다. 그 덕분에 인간은 진선미의 신적 삶 속으로 이끌려 들어감에 따라 점점 더 완전해질 수 있기 때문이다.

이제는 내가 왜 플라톤주의-기독교적 종합을 고수하는지, 이 근대 이전 합의라는 '원천으로 돌아가기'가 필요하다고 생각하는지 분명해졌을 것이다. 우리는 이미 니사의 그레고리오스가 보편자와 개별자의 플라톤주의적 구별을 활용해 삼위일체 신학을 변호하였음을 살펴보았다. 이는 니케아 기독교(Nicene Christianity)가 변호했던 하나님의 일치에 대한 진술이 플라톤주의-기독교적 종합이라는 맥락에 의존했음을 뜻한다. 다른 기독교 교리에 관해서도 똑같이 말할 수 있다. 구속에 관해 교부들은 우리 구원의 근거를 모든 '사람들'이 한 '사람'인 그리스도 안에서 참여했다는 사실에서 찾았다. 다시 말해서, 기독교의 구원 교리는 우리의 개별적 인간 본성들의 운명이 그들이 그리스도의 한 인간성 안에 참여하는 데 의존한다는 확신으로부터 출발했다. 그와 마찬가지로 후대의 원죄 교리 역시 공통된 인간 본성의 실재라는 전제에 기초해 발전했다. 성만찬 신학에서도 '실재적 임재'라는 용어 자체가 플라톤주의-

---

[10] Gregory of Nyssa, *From Glory to Glory: Texts from Gregory of Nyssa's Mystical Writings*, intro. Jean Daniélou, ed. and trans. Herbert Musurillo (1961; reprint, Crestwood, NY: St. Vladimir's Seminary Press, 2001), pp. 83-84(강조는 추가됨).

기독교적 종합이 교회의 예배에 깊은 영향을 미쳤음을 보여 준다. 성만찬의 몸은 그리스도의 통일성이라는 신비에 '실재적으로' 참여한다. 그러므로 기독교 신앙 안으로 들어온 플라톤주의적 요소들을 급진적으로 폐기한다면 이는 중대한(또한 곤란한) 신학적 결과를 초래할지도 모른다.

어쩌면 가장 중요한 의미에서 플라톤주의 철학은 교부들(또한 이후의 중세 전통)로 하여금 역사의 내러티브 흐름과 인간 삶의 부침에 갇히지 않는 기독론적 닻을 주장할 수 있게 해 주었다고 생각한다. 플라톤주의와의 연결 덕분에 그리스도인들은 영원하신 로고스—창조 질서를 무한히 초월하시는—가 창조 질서와 인간 역사의 토대와 안정성을 제공한다고 말할 수 있었다. 탈근대성의 파편화는, 우리가 이 기독론적 토대를 상실할 때 결국 자연적 실재들이 역사라는 맹렬한 파도 속에서 닻도 없이 부유할 수밖에 없게 된다는 사실을 입증하고 있다. 달리 말하면, 기독론적 실(thread)의 상실이 성례전적 태피스트리의 통일성을 약화시키고 말았다. 그러므로 문화적으로 우리에게는 보편자가 실재한다고 주장할 수 있게 해 주는 철학적 입장과 보편자의 실재를 영원하신 하나님의 말씀 안에서 발견할 수 있다고 주장하는 신학적 입장이 그 어느 때보다 절실하게 필요하다. 간단히 말해서, 우리에게는 플라톤주의-기독교적 종합이라는 '원천으로 돌아가기'가 필요하다.

3장

태피스트리를 풀다

중세에서의 자연의 반란

지금까지 주장했듯이, 예수 그리스도께서 주님이시라는 고백은 초기 교회와 중세에 플라톤주의 철학을 전유하는 데―또한 필요한 경우에는 비판하는 데―지침이 되는 원칙을 제공했다. 플라톤주의의 형상이나 이데아가 영원하신 하나님의 말씀 안에서 참된 실존을 가지고 있다고 주장함으로써, 기독교 신학은 그렇지 않았다면 놀라울 정도로 서로 모순을 이루었을 두 근본 원리를 확립할 수 있었다. 첫째, 위대한 전통의 성례전적 존재론에서는 창조 질서가 영원한 로고스 안에 닻을 내리고 참여한다고 보기 때문에 지상적 질서의 가치를 헤아릴 수 없을 정도로 높였다. 창조된 대상들 자체가 영원한 신비를 엿볼 수 있게 했음을 인정하는 것은 창조된 대상들 안에 엄청난 잉여 가치가 담겨 있음을 인지한다는 뜻이었다. 우주가 속성상 참으로 성례전적이었다면, 이는 물질이 중요하다는 뜻이었다. 그것을 잘못 다룬다면 이는 성례전적인, 창조된 질서 안에 담긴 신비를 모독하는 셈이었다. 물질세계의 이 성례성은 성만찬을 통해 가장 강력하게 경험된다. 그리스도에 참여하기 위해 빵을 먹고 포도주를 마신다는 것은 창조 질서의 물질세계가 무한히 귀하다는 뜻이다.

둘째, 이 동일한 성례전적 존재론은 위대한 전통에서 창조 질서를 **그 자체로 인해** 귀하게 여기지 않도록 했다. 그것의 존재―또한 그것의 선함, 진리, 아름다움―는 **파생된** 실존일 뿐이므로 거기에 궁극적 가치를 부여할 수 없다. 물론 준궁극적이며 창조된 실재들을 마치 그 자체로 궁극적 목적인 것처럼 대함으로써 궁극적 가치를 부여하고 싶은 유혹을 자주 느낄 수도 있다. 하지만 그런 접근 방식은 즉시 우상 숭배적인 것으로―창조주 대신 피조물을 예배하는 것으로―인식된다.

교부들과 중세 신학자들의 말이 이따금 우리에게 내세적으로 들린다면 이는 그들이 실제로 내세적이기 때문이다. 창조 질서가 지닌 가치의 원천과 근거는 내세적이며 신비 안에 싸여 있다. 또한 그들의 말이 이따금 우리에게 창조 질서의 선함을 인정하지 못하는 것처럼 들린다면, 아마도 먼저 우리에게 문제가 있지는 않은지 물어야 할 것이다. 우리의 (탈)근대적 관점 때문에 우리는 피조물의 선함이 그것이 그리스도의 신비에 성례전적으로 참여함으로써 생겨남을 인정하기보다 피조물 자체가 가치를 지닌다고 주장하는 경향이 있다. 당연하게도 이처럼 급진적으로 다른 관점에서는 지상적 선의 **상대적** 가치에 대한 모든 주장이 이 생의 실존에 대한 평가절하처럼 느껴질 수밖에 없다. 이는 니사의 그레고리오스와 아우구스티누스 같은 신학자들의 신플라톤주의적 경향이 때로는 그들을 어려움에 말려들게 하기도 했음을 부인한다는 게 아니다. 오늘날 우리의 관점이 창조 질서의 성례전적 의미에 관한 미세 조정된 균형 감각을 약화시키는 경향이 있다는 말일 뿐이다.

이는 한 가지 질문을 제기한다. 기독교 사상사에서 무슨 일이 일어났기에 우리는 세상을 그토록 다르게 바라보게 되었는가? 어떻게 우리는 플라톤주의-기독교적 종합을 멀리하게 되었는가? 이 지점에서 나는 플라톤주의-기독교적 종합의 해체—더 나아가 성례전적 존재론의 상실—를 초래한 수많은 요소를 지적한 20세기 중엽 프랑스의 가톨릭 신학자들이 펼친 운동인 '새로운 신학'(nouvelle théologie) 운동을 소개하고자 한다. '새로운 신학'에서는 근대의 출현을 중세 성기와 후기까지 추적할 수 있다고 이해한다. 이번 장에서는 '새로운 신학자들'이 성례전적 태피스트리의 근대적 해체를 야기했다고 지적하는 다양한 요인을 살펴볼 것이다. (다음 장에서는 '새로운 신학자들'의 설명에 덧붙여 내가 생각하기에 근대성에서 우주의 탈성례화에 기여한 몇몇 연관 요인을 제시할 것이다.) 이 두 장은 암암리에 이 책에서 가장 실망스러운 내용을 담고 있다. 오늘날 우리의 문화적 병폐의 원인을 설명하기 때문이다.

교회의 사법화

나는 서론에서 '새로운 신학'에서는 신토마스주의적 스콜라주의를 세속주의에 기여한 요소로 여겼다고 설명했다. 세속적 근대성을 단호하게 반대하는 신토마스주의자들은 그들이 자연과 초자연을 예리하게 구별하는 태도가 교회와 사회가 점점 분리되는 데 기여했다는 주장에 분노했는데 이는 이해할 만하다. 그들은 결코 신토마스주의 전통 자체가 가톨릭의 영향력 상실에 책임이 있다고 생각하지 않았다. 그럼에도 '새로운 신학자들'은 플라톤주의-기독교적 태피스트리의 해체가 적어도 부분적으로는 신학적 발전 자체에서 기원했다고 주장했다. 근대성은 그저 외부에서 갑자기 무방비 상태의 교회 안으로 파고들어 온 이질적인 무언가가 결코 아니었다. 근대성의 세속화하는 경향성에 대항하는 희망을 품고자 한다면 교회는 먼저 성례전적·우주적 태피스트리가 더 온전히 보존되었던 시기를 되돌아보아야 한다. 따라서 이 지점에서 우리는 '새로운 신학자들'이 이 태피스트리의 해체와 그와 동시에 발생한 근대적 세속주의의 대두를 어떻게 이해했는지 추적할 필요가 있다. 내가 아는 한 이 신학자 중에서 기독교 사상사에서 무슨 일이 일어났기에 플라톤주의-기독교적 종합이 상실되고 말았는지를 체계적으로 분석하는 작업을 한 사람은 없다. 그러나 이들의 글을 살펴본 후 나는 이 '원천으로 돌아가기' 신학자들이 그들의 글을 통해 서양 사회가 위대한 전통을 특징지었던 초기의 성례전적 존재론에서 멀어지게 만든 다섯 가지 발전을 지적하고 있다는 결론을 내리게 되었다.[1]

첫째, '새로운 신학자들'—특히 이브 콩가르—은 11세기 말 그레고리우스 개혁(Gregorian Reform)을 우주의 탈성례화의 한 원인으로 지목했다. 교황 그레고리우스(Pope Gregory, 1073-1085)는 중세의 주요한 개혁 프로그램을 추진했고, 그 결과 서임권 논쟁(Investiture Controversy)에 휘말렸다. 이것은 성직 임명 권한을 놓고 황제 하인리히 4세(Henry IV, 1084-1105)와 벌인 논쟁이다. (황제의 지배력과 관련해) 교황권에 대한 교황 그레고리우스의 재천명은 시간이 흐르면서 교황의 사법적(juridical) 권한의 막대한 강화를 초래했고, 이는 교회의 인간적 제도 안에서 엄청난 중앙집권화와 사법화로 이어졌다.

이처럼 11세기에 교회 권력이 부상한 것을 우주의 탈성례화와 연결하는 것은 확대 해석으로, 심지어 직관에 반하는 것으로 보일 수도 있

---

[1] Hans Boersma, *Nouvelle Théologie and Sacramental Ontology: A Return to Mystery* (Oxford: Oxford University Press, 2009)를 보라. 명확하게 목록을 제시하지는 않지만, 그 책 몇 부분에서는 이 역사적 발전을 다룬다.

다. 결국 교회의 권력이 커지면 교회의 플라톤주의-기독교적 종합 역시 그 영향력이 커지리라고 예상할 수 있지 않은가? 도미니코회 솔슈아르의 신학자인 이브 콩가르는 그런 논리에 회의적이었다. 그는 성례전적 존재론이 교회 안에서 얼마나 잘 기능할 수 있는지를 보여 주는 것은 일차적으로 교회의 영향력이 아니라 교회 안에서 권위가 작동하는 **방식**이라고 믿었다. 콩가르는 12세기 이전에는 사람들이 교회 안에서 하나님의 행동과 인간의 행동을 분리하기는커녕 구별하는 경향도 거의 없었다고 주장했다. 그는 이렇게 표현한다. "교부 시대와 중세 초기에 성스러운 행동은 교회 **안에서** 교회의 형식에 따라 행해졌으며, 그 자체로 엄격하게 성스러웠다. 하지만 실제적이며 직접적인 방식으로…그 **주체는 하나님이다**."[2] 다시 말해서, 플라톤주의-기독교적 종합의 시기 동안 사람들은 하나님이 매우 직접적인 방식으로 교회 안에서 일하신다고 믿었다. 이 관점에 따르면 하나님은 대단히 즉각적인 방식으로 교회 안에서 그분의 활동적 임재가 느껴지게 하신다. 교회의 사법적 권한의 정확한 한계를 주의 깊게 따져 볼 필요가 거의 없었다. 사람들은 권위를 관료적 혹은 사법적 구조라기보다는 하나님이 교회의 삶 안에서 적극적으로 일하시는 것이라고 여겼기 때문이다.

콩가르는 교회가 서임권 논쟁을 통해 교회의 권력을 그 어느 때보다 더 강력하게 주장하기 시작하자 사람들은 신적 권위와 인간적 권위—또한 일차적 원인과 이차적 원인—를 점점 더 명확하게 구별하기 시작했다고 지적한다. 12세기 이후 이차적인 인간적 원인이 그 나름의 생

---

2   Yves M.-J. Congar, *Tradition and Traditions: The Biblical, Historical, and Theological Evidence for Catholic Teaching on Tradition*, trans. Michael Naseby and Thomas Rainborough (San Diego: Basilica, 1966), p. 135.

명을 갖기 시작했다. 그 결과 교회의 (인간적) 권위의 정확한 한계를 더 정확히 확정할 필요가 생겼다. 중세 성기와 후기에는 사람들이 권위를 하나님이 교회의 삶 안에서, 그 삶을 통해 직접 행하시는 무언가로 보는 경향이 약해졌다. 오히려 이제 권력은 세심하게 정해진 위계의 구조를 통해 위에서, 외부에서 오는 것처럼 보였다. 이전의 성례전적 존재론에서는 권위를 교회의 삶과 본질적으로 연결된 것으로 보았지만, 이차적·인간적 원인에 대한 새로운 강조는 사람들이 권위를 밖으로부터 강요된 외부적 권력으로 보도록 부추겼다. 이런 움직임을 권위에 대한 내재적 이해에서 외재적 이해로의 전환이라고 부를 수도 있다.[3]

콩가르는 문제의 핵심을 간파했다. 문제는 교회의 삶의 자연적 측면과 초자연적 측면이 복잡하게 연결되어 있는 플라톤주의-기독교적 종합이 유지될 수 있는지 여부였다. 이차적 원인과 인간적 권력이 새로이 강조되었기 때문에 인간적 실재를 속성상 성례전적인 것으로 보기가 더 어려워졌다. 혹은 자연적·인간적 영역의 자율성 혹은 독립성이 부각되기 시작했다고 말할 수도 있다. 콩가르는 사법적 교황권의 성장과 성례전적 존재론의 상실을 연결했다. 외부로부터 강요된 인간적 실재들, 인간적 권력들, 인간의 결정들이 무대 중앙을 차지하기 시작했다. 그 안에서 자연의 세계가 초자연적 임재로 가득 차 있던, 한때는 성스러웠던 우주는 자연화된 세계를 위한 자리를 마련하기 시작했으며, 그 안에서 권위의 성례전적·신적 성격은 서서히 시야에서 사라졌다. 콩가르는 이 변화를 다음과 같이 설명한다.

---

3   콩가르는 특히 몇몇 신학자를 지목했다. "13세기 말부터 겐트의 헨리(Henry of Ghent), 스코투스(Scotus), 오캄(Ockham)과 더불어, 그다음에는 위클리프(Wycliffe)와 후스(Hus)의 비판이라는 압력 아래서 인간적·역사적 형식성에 대한 더 명확한 인식이 나타났다"(Congar, *Tradition and Traditions*, p. 136).

우리는 천상적 범형론(exemplarism)이 지배하는 플라톤주의화된 세상에서 (부분적으로) 걸어 나와 사물의 본성과 견고성에 관심을 기울이는 세상으로 들어간다. 교회에 대한 관념의 일정한 사법화는 우리에게 이론의 여지가 없어 보인다. 거의 두 세기 동안 그것은 여전히 매우 신학적이며 매우 성례전적인 전망과 그저 나란히 자리 잡고 있었지만 14세기 초에 이르면 이를 압도하기에 이른다.[4]

이 인용문에서 가장 놀라운 점은, 아마도 콩가르가 "플라톤주의화된 세상"에서 걸어 나오는 동시에 "신학적" 혹은 "성례전적" 존재론의 상실에 직면했음을 인정하는 부분일 것이다.

콩가르에 따르면 권위의 사법화는 인간적 권력이 외부로부터 강요되는 것과 관계가 있었다. 다시 말해서, 앞서 언급한 외재주의(extrinsicism)는 (신적인) 초자연이 (인간적인) 자연 세계에 강요됨을 암시한다. 하나님은 교회 권력 구조의 대단히 세심하게 정해진 한계를 통해서만 교회의 삶 속에서 일하신다는 것이다. 콩가르는 이를 표현하는 데 신중을 기하지만 그가 확실한 아이러니를 감지했음은 분명해 보인다. 사회에 대한 교회의 장악력이 이전 세기들보다 더 커졌을 때에야 교회의 신학적 정체성을 형성했던 성례전적 태피스트리가 해체되기 시작했다. 더욱이 이 두 발전은 서로 직결된 것처럼 보인다.

---

4   Yves Congar, *L'Église: De saint Augustin à l'époque moderne*, Histoire des dogmes, no. 3 (Paris: Cerf, 1970), p. 153.

자연의 발견

둘째, 11세기에 성만찬에서의 그리스도 임재의 본질에 관한 첨예한 논쟁이 벌어졌다. 리옹 출신의 교부학자 앙리 드 뤼박은 논쟁적인 책 『신비로운 몸』(1944)에서 이 전개 과정을 자세히 추적했다. 우리는 이미 플라톤주의-기독교적 종합의 일반적인 성례전적 사고방식이 성만찬이라는 교회의 성례전에서 가장 완전히 표현되었음을 살펴보았다. 하나님이 성만찬 집례를 통해 그리스도의 몸 안에서 가장 참되게, 온전히 자신을 주심을 모두가 이해했다. 따라서 사람들은 어디에서도 성만찬에서만큼 영광스럽게 천상적 실재에-영원하신 하나님의 아들 안에-참여하는 경험을 하지 못한다. 하늘과 땅, 자연과 초자연이 제대(altar) 위 그리스도의 실재적 임재 안에서 결합된다. 대단히 중요한 의미에서 일반적인 성례전적 존재론-자연적인, 창조된 실존이 기독론적 닻에 참여함-이 성만찬 안에서 그리스도의 실재적 임재를 위한 토대를 제공한다.

따라서 11세기의 투르의 베렝가르(Berengar of Tours, 1088년 사망)가 성만찬에서-육체적 임재보다 영적 임재에 초점을 맞추면서-그리스도의 실재적 임재를 부인하는 것처럼 보였을 때 이는 단지 성만찬에서 요소들이 그리스도 안에 참여하는지에 관한 논란에 그치지 않았다(이 문제는 그 자체로도 충분히 중요했긴 하지만). 성만찬에 관한 전통적 가르침을 뒷받침하는 근본적인 플라톤주의-기독교적 종합도 위험에 처하게 되었다. (혹은 성만찬에 관한 전통적 가르침이 전반적인 플라톤주의-기독교적 존재론을 뒷받침했다고 말할 수도 있다.) 여기서 베렝가르 논쟁을 둘러싼 중세의 발전 과정에 관한 드 뤼박의 설명을 자세히 살펴보지는 않을 것이다(이에 관해서는 6장에서 더 자세히 다룰 것이다). 이 지점에서는 단지 드 뤼박이 이 발전 과정이 근대성 형성에 핵심 역할을 했다고 보았다는 사실에 주목하고자 한다.

비록 교회는 성만찬에서 그리스도의 육체적 임재를 강력히 재천명함으로써 베렝가르를 거부했지만, 드 뤼박은 교회의 이런 반응이 베렝가르 및 다른 이들이 도입한 근본 전제 중 일부를 실제로 채택했다고 확신한다. 이전의 성례전적 혹은 참여적 관점에서는 성례전(*sacramentum*)으로서의 성만찬과 그것이 가리키는 신비적 실재(*res*)로서의 교회의 일치 사이의 연결고리를 지지했다. 베렝가르는 성례전과 실재의 이 연결을 유지하기가 어렵다고 생각했다. 드 뤼박은, 베렝가르가 신비적 실재(*res*)에 영적으로 참여하는 데 초점을 맞춤으로써 이 둘을 분리한 반면 그의 반대자들은 성례전(*sacramentum*)에 육체적으로 참여하는 데 엄격히 초점을 맞춤으로써 정반대의 오류를 범했다고 지적한다. 불행히도 양측 모두 성례전과 실재의, 자연과 초자연의 간격이 벌어지는 것을 당연하게 여겼다.

드 뤼박이 설명하듯이, 극단적 정통주의 진영에서는 "어리석게도" 베렝가르를 따라 "그들을 기다리고 있던 위험을 깨닫지 못한 채 그의 영토로" 들어갔으며, 그 결과 그들은 "이단자가 그들을 위해 마련해 둔 덫에 빠지고 말았다." "그 가설에 대해 처음부터 논박했어야 했던" 거짓 이분법이란, 성례전이 더 이상 그 실재에 참여하지 않으며, 자연이 초자연으로부터 추방된 우주의 이분법이었다.[5] 전자에 초점을 맞추든 후자

---

5 Henri de Lubac, *Corpus Mysticum: The Eucharist and the Church in the Middle Ages: Historical Survey*, trans. Gemma Simmonds with Richard Price and Christopher Stephens, ed. Laurence Paul Hemming and Susan Frank Parsons (London: SCM, 2006), p. 223.

에 초점을 맞추든 양측 모두 근대성을 특징짓게 될 탈성례화된 우주를 당연하게 받아들였다. 플라톤주의-기독교적 종합이 해체되기 직전이었다.

셋째, '새로운 신학자들'은 12세기와 13세기에 나타난 전반적인 '자연의 발견'에 대해 지적했다. 특히 르 솔슈아르 출신 중세학자인 마리도미니크 셔뉘는 이 자연의 발견과 이에 동반되었던 성례전적 존재론의 상실을 강조했다.[6] 셔뉘는 이 점에서 중세 성기에 이뤄진 아리스토텔레스의 재발견이 특히 중요하다고 믿었다. 아리스토텔레스와 그에 대한 아랍 주석가들의 글이 번역된 일은 엄청난 논쟁을 불러일으켰다. 이 새로운 사고방식은 창조 질서의 본래적 선함을 강조했기 때문이다. 창조된 대상들과 구별되는 영원한 플라톤주의적 형상 혹은 이데아에 대한 갑작스러운 거부, 자연법과 인간 이성에 대한 새로운 강조, 이미 이생에서 행복을 얻을 수 있다는 관념. 이 모든 것이 많은 기독교 신학자에게 적대감을 불러일으켰다. 이 모든 사상은 그들이 물려받은 플라톤주의-기독교적 종합과 충돌했기 때문이다.[7]

셔뉘가 행하는, 토마스 아퀴나스라는 '원천으로 돌아가기'에서는 중세 성기 탁발 수도회의 대두와 봉건적 질서의 쇠락, 도시 중산층의 등장, 파리와 다른 유럽 도시 안에서 수도원 학교들이 세속 대학으로 대체

---

6 특히 Marie-Dominique Chenu, *Nature, Man, and Society in the Twelfth Century: Essays on New Theological Perspectives in the Latin West*, pref. by Étienne Gilson, trans. and ed. Jerome Taylor and Lester Little, Medieval Academy Reprints for Teaching, no. 37 (1968; reprint, Toronto: University of Toronto Press, 1997), pp. 1-48를 보라.

7 아리스토텔레스의 재발견에 관한 탁월하며 아주 쉬운 논의는 Richard E. Rubenstein, *Aristotle's Children: How Christians, Muslims, and Jews Rediscovered Ancient Wisdom and Illuminated the Dark Ages* (Orlando, FL: Harcourt, 2003)를 보라. 『아리스토텔레스의 아이들』 (민음사).

되는 과정을 자세히 묘사하고 있다. 또한 셔뉘의 사고는 동시대적 함의를 결코 놓치지 않았다.

> 13세기에 '탁발' 서약을 한다는 것은, 비록 그것이 사도적 목적과 자선을 위한 목적을 가지고 있다 하더라도 성직록(benefices)과 십일조 헌금을 포함한 교회의 봉건적 체계를 제도적·경제적으로 거부하는 것을 의미했다. 또한 하나님 말씀의 자유로운 선포를 봉건주의라는 육중한 장치에서 분리하는 것을 의미했다.…탁발 수도사들은 해방 운동이 자본주의에서 스스로를 분리한 것과 같은 방식으로, 하지만 이데올로기적 확신에 따라서가 아니라 복음이 주는 영감에 따라서 봉건주의를 거부했다. 복음으로의 회귀가 부적합한 개인적 행동과의 단절을 야기하듯이 사람을 쇠약하게 만드는 제도적 구조와의 단절을 야기했다.[8]

셔뉘는 아퀴나스가 옛 봉건적 권력이 멈출 수 없었던 사회 내의 새로운, 혁명적 발전의 흐름에 올라탔다고 묘사한다.

하지만 이 새로운 발전은 위대한 전통의 성례전적 존재론의 쇠락을 의미했으며, 셔뉘도 이를 잘 알고 있었다. 그는 13세기를 그가 내세적 플라톤주의라고 간주했던 것에 위기가 닥친 세기로 묘사한다. 아리스토텔레스와 이생의 실재들에 대한 그의 강조가 소개됨에 따라 플라톤에게는 작별을 고하게 되었다. 셔뉘는 "성 토마스는 플라톤적 세계관과 그에 따른 물질과 영혼의 이원론, 두 인간 지성의 분리, 지각할 수 있는 것

---

8 Marie-Dominique Chenu, *Aquinas and His Role in Theology*, trans. Paul Philibert (Collegeville, MN: Glazier/Liturgical, 2002), pp. 8-9. 원문에서는 해방 운동이 아니라 논쟁적인 노동자-사제 운동이었던 "프랑스 선교회"(Mission de France)에 관해 이야기하고 있다.

을 너무 쉽게 경멸하는 태도, 영적 도피주의의 유혹에 계속해서 도전했다"고 주장한다.[9] 이것은 중세의 플라톤주의를 혹독하게 비판하는 한편 새롭게 소개된 아리스토텔레스주의를 지지하는 말이었다.[10] 셔뉘는 이따금 플라톤주의-기독교적 종합을 날카롭게 공격한다는 점에서 다른 '새로운 신학자들'과 구별된다. 그가 "성육신의 법칙"이라고 부르는 바를 따르는 것에 대한, 또한 자연 세계의 자율성을 지지하는 것에 대한 관심 때문에 셔뉘는 중세 봉건주의의 성례전주의와는 거리를 두는 한편 중세 성기에 나타난 자연주의(naturalism)에 끌렸다. 셔뉘는 13세기의 고딕 예술을 묘사하면서 이렇게 웅변한다.

> 풍경화와 초상화 모두에서 이뤄진 발전을 생각해 보라. 자연과 인간은 더 이상 단순한 상징으로서가 아니라 그 자체로서 스스로를 위한 자리를 발견한다. 의복의 주름과 인물의 몸짓은 더 이상 성스럽지 않고 일상적인 것이 되었다. 나무, 들판, 강은 구체적이며 견고한 가족적 실존으로 묘사되고 있다. 이런 것들과 더불어 남자들과 여자들의 일도 마찬가지다. 그들의 자연주의적 사실주의와 세속적인 사회적 삶은 그들을 신성한 의미에서 분리시킨다. 하지만 단번에 그들은 섭리의 구체적인 전개 안으로, 성육신하신 하나님의 경륜 속으로 들어간다.[11]

셔뉘는 아리스토텔레스주의의 "성육신하신 하나님의 경륜"과 플라톤주의의 "성스러운" 우주를 대조하면서 결정적으로 전자의 "자연주의적 사

---

9 Chenu, *Aquinas and His Role*, pp. 89-90. 참고. pp. 116-117.
10 물론 셔뉘는 토마스 역시 특히 6세기 수도사 위 디오니시오스를 통해 신플라톤주의에 깊이 영향받았음을 인정했다(Chenu, *Aquinas and His Role*, pp. 53-54).
11 Chenu, *Aquinas and His Role*, pp. 99-100.

실주의"를 선택한다.

나는 셔뉘가 불행한 선택을 했다고 생각한다. 그는 플라톤주의-기독교적 종합의 쇠락이 시간이 흐름에 따라 서양 문화의 탈신성화 혹은 탈성례화로 이어졌음을 깨달았다. 전형적인 근대적 시각을 드러내는 말로 셔뉘는 12세기 자연의 반란을 화려하게 묘사한다. "이제부터 새로운 호모 아르티펙스(*homo artifex*), 즉 모양과 형상을 만드는 사람은 생동하는 것과 기계적인 것을 구별하고, 유치한 정령 숭배의 몽상을, 또한 자연의 경이 안에서 신성을 발견하는 습관을 버리게 되었다. 이 과정을 통해 그가 세속화한 공유된 영역은 더 이상 그에게 종교적 가치를 지니지 않게 되었다."[12] 셔뉘는 이렇게 자연 안에서 신성을 발견할 수 있게 된 것을 칭송한다. 셔뉘에게 플라톤주의-기독교적 종합의 폐기와 동시에 이뤄진 자연의 '탈신성화' 혹은 '탈성례화'는 칭찬할 만한 발전이었다. 앞서 언급했듯이 셔뉘는 '새로운 신학자' 중에서 유일하게 중세적 종합을 단도직입적으로 거부했다.[13]

그러나 셔뉘의 개인적 평가보다 더 중요한 것은, 12세기와 13세기에 매우 급진적인 변화가 일어났음을 그가 인식했다는 사실이다. 즉, 플라톤주의-기독교의 성례전적 존재론이 근대성의 자연주의를 위한 자리를 마련해 주어야 했다. 따라서 그의 분석도 이 무렵 이뤄진 교회 권력의 사법화에 관한 콩가르의 설명이나 교회가 성만찬의 요소 자체에 집중한 것에 관한 드 뤼박의 묘사와 궤를 같이한다. 이 각각의 발전은 자연과 초자연의 간격이 벌어진 결과이자, 창조 질서가 현세의 영원한 닻

---

12 Chenu, *Nature, Man, and Society*, pp. 44-45.
13 10장에서 살펴보겠지만 셔뉘조차도 대단히 신비적인 측면을 지니고 있으며, 이 때문에 그는 위 디오니시오스의 신플라톤주의의 관상적 요소 일부를 받아들였다.

인 그리스도께 참여함을 점점 더 보지 못하게 된 결과였다.

성경, 교회, 전통

넷째, 콩가르는 14세기와 15세기에 성경의 권위와 교회의 권위가 점점 더 분리되었다고 지적한다. 성례전적 사고방식에 따르면 성경과 교회 모두에서 하나님의 초자연적 임재는 명백하다. 그러므로 중세의 그리스도인들은 하나를 다른 하나와 대립시키는 것은 꿈도 꾸지 않았다. 하지만 중세 후기에 상황이 달라졌다. 콩가르는 조르주 타바르(George Tavard)가 쓴 중대한 책에 기대어 성경과 교회의 관계를 논했다. 『거룩한 책 혹은 거룩한 교회』(Holy Writ or Holy Church)에서 타바르는 이렇게 설명한다. "14세기에 그 당시까지 전통적으로 받아들여졌던 성경과 교회에 관한 교리와 불행하지만 놀라운 단절이 일어났다. 교부들과 위대한 중세 스콜라주의자들은 성경과 교회가 상호 내재한다고 생각했다. 14세기에 둘의 분열이 시작되었다."[14] 콩가르에 따르면 이 교회와 성경의 분열은 중세 성기에 교회가 점차 사법화된 것과 밀접한 관련이 있었다. 교회 안에서 인간의 권력이 중심이 되었다는 것은, 교회의 위계질서가 성경에 대한 결정적이며 구속력 있는 해석을 할 수 있는 권한을 점점 더 강력하게 주장하게 되었음을 뜻한다.

콩가르에 따르면 13세기 신학자 겐트의 헨리(Henry of Ghent, 1217?-1293)가 이런 대담한 질문을 던졌을 때 문제가 시작되었다. "우리는 교회의 권위보다 성경의 권위[auctoritates(= dicta, 문서)]를 믿어야 하는가?

---

14 George H. Tavard, *Holy Writ or Holy Church: The Crisis of the Protestant Reformation* (London: Burns and Oates, 1959), p. 22.

아니면 그 반대인가?"¹⁵ 헨리는 성경과 교회가 개별적 신학 논쟁에서 반대편에 설 가능성을 제기하는 것처럼 보였다. 더 심각한 문제를 야기하면서, 요하네스 둔스 스코투스(John Duns Scotus, 1265?-1308)와 오컴의 윌리엄(William of Ockham, 1288?-1347?)은 두 권위 중 어느 쪽이 우위를 차지해야 하는지에 관한 질문을 던졌을 뿐 아니라 대답도 했다. 그들은 성경이 교회보다 우선한다고 주장했다(p. 95). 존 위클리프(John Wycliffe, 1328?-1384), 얀 후스(John Hus, 1369?-1415), 후대의 종교개혁자들은 이 점에 관해 훨씬 더 명백한 입장을 취할 것이다. 그러나 종교개혁자들이 교회보다 성경을 선호한 반면, 가톨릭 대항종교개혁(Counter Reformation)에서는 반대의 입장을 취하면서 궁극적 권위를 교회에 부여했다(p. 98). 아이러니하게도 교회 비판자 중 일부는—특히 위클리프에게서 볼 수 있듯이—교회의 권위에 맞서 성경의 권위에 호소했지만, 다른 이들은 이에 대응해 교회가 성경에 맞서게 했다. 콩가르는 이렇게 설명한다.

> [위클리프는] 개혁에 대한 자신의 요구를 너무 급진적으로 추진하여 사실상 그의 요구는 '성경만으로'(Scriptura sola)의 원칙, 교회에서 성경을 분리하는 것이 되고 말았다. 그 결과 그를 비판했던 정통주의자들은 **성경의 불충분성에 입각하여 주장함으로써, 따라서 어느 정도는 전통을 성경과 대립시킴으로써** 기록되지 않은 전통을 옹호해야 한다고 느꼈다. 어느 정도 불가피한 일이었음을 인정하지만 우리는 이를 유감스러워할 뿐이다. (p. 98)

콩가르는 분명 위클리프와 후대의 종교개혁자들에 대한 '정통적 비판

---

15 Congar, *Tradition and Traditions*, p. 99. 이후에 이 책을 인용할 때는 본문에 괄호로 표기했다.

자들'을 불편해했다. 드 뤼박이 베렝가르와 그의 비판자들 모두가 성례 전과 실재의, 혹은 자연과 초자연의 분리를 똑같이 채택했다고 지적하듯이, 콩가르는 위클리프와 그의 비판자들 모두가 성경과 교회를 서로 대립시키는 권위 이해를 가지고 작업했다고 주장한다. 두 역사적 논쟁에서 '정통적 비판자들'은 과잉 대응을 했으며, 그렇게 한 것은 바로 그들이 반대자들과 근본 전제를 공유하고 있었기 때문이다.

마찬가지로 분명한 점은, 콩가르는 성경이 불충분하다는 일반적인 가톨릭의 주장을 우려하고 있다는 것이다. 콩가르는 성경과 교회를 결합하기 위해서는 성경과 전통이 권위의 두 분리된 원천이 아니라고 주장해야 한다고 생각한다. 콩가르에게 성경은 신앙을 위해 필요한 모든 것을 가지고 있다. 실질적으로 성경으로 충분하다. 그러므로 교회가 믿어야 할 추가 진리를 은밀하게 전해 준 구두 전승이라는 별도의 원천은 존재하지 않는다. 전통에 관한 콩가르의 이해는 7장에서 더 자세히 다룰 것이다. 여기서는 콩가르가 더 이전의 성례전적 존재론으로 돌아가기를 바랐으며, 이에 따르면 성경도 교회도 단순히 위로부터 강요된 권위로 이해되지 않았다는 점만 지적해 두고자 한다.

콩가르는 사법화의 등장을 설명할 때 반대했던 바로 그 외재주의를 성경과 교회의 관계를 논할 때도 거부한다. 이전의 플라톤주의-기독교적 종합에서는 성경 안에 나타난 성령의 계시를 그분이 계속해서 교회를 인도하시는 것과 매우 비슷하다고 이해했다(pp. 119-137).[16] 위대한 전통을 지배했던 성례전적 존재론에서는 분명히 성경과 교회가 결합되어 있다고 이해했다. 따라서 콩가르는 "교부 시대의 시작부터 근대 신

---

16   콩가르는 13세기 이전에 '영감', '계시', '조명'이라는 용어는 성경과 교회 모두에 적용되었다고 지적한다.

학까지 그리스도인, 성직자, 공의회, 성스러운 작가들에게 '영감을 불어넣으시는' 성령의 항구적 활동에 대한 확신"이 존재했다고 말한다. "교회의 삶에서 나타나는 모든 올바른 설명이나 결정은 성령으로부터 오기 때문이다. 이런 생각은 역사적이라기보다는 신학적이며 성례전적이다"(p. 339). 콩가르는 교회에 대한 접근 방식이 더 "신학적이며 성례전적"이었던 시절을 그리워한다. 그는 교회 안에 나타나는 하나님의 직접적 임재와 활동에 관한 더 성례전적인 이해로 돌아갈 때 성경과 전통을 두 개의 분리된, 외부로부터 강요된 권위로 여기는 문제도 해결할 수 있으리라고 생각했다.[17]

자연과 초자연

마지막 다섯 번째로, 16세기에 자연과 초자연의 분리가 직접 논쟁 대상이 되었다. '새로운 신학'에 따르면, 지금까지 우리가 살펴본 네 논점은 각각 플라톤주의-기독교적 종합의 상실에 기여했지만, 각 논점의 표면 아래에는 자연과 초자연의 관계라는 문제가 숨어 있었다. 그레고리우스 개혁과 이어지는 교회의 사법화의 결과로 사람들은 교회의 권위를 외재적 권력으로 인식하게 되었다. 이 외재주의는 (인간의) 자연 세계에 (하나님의) 초자연이 강요됨을 의미했다. 비슷한 분리가 베렝가르 논쟁의

---

17 물론 콩가르는 성경에 대한 성령의 '영감'과 교회에 대한 성령의 '도우심'을 나누는 근대적 구분의 타당성을 인정한다(pp. 208-209, 302, 314). 또한 Yves Congar, *The Meaning of Tradition*, trans. A. N. Woodrow (San Francisco: Ignatius, 2004), pp. 99-100를 보라. 하지만 이를 인정하는 태도는 교회의 사법화 및 성경보다 교회를 우선시하는 경향에 대한 그의 비판과 잘 어울리지 않는다. 콩가르의 성례전적 존재론은 성령의 '영감'과 '도우심'을 나누는 근대적 구분을 개정하기를 요구한다.

근원에도 자리 잡고 있었다. 베렝가르주의자들과 그들의 비판자들 모두 성례전과 실재의, 따라서 자연과 초자연의 점점 더 넓어지는 간격을 당연하게 받아들였다.

아리스토텔레스가 유럽으로 다시 소개된 것에 크게 의존했던 12, 13세기 자연의 발견도 마찬가지로 중세 봉건주의의 플라톤주의-기독교적 종합에 대한 거부를 근거로 삼았다. 아퀴나스 및 다른 이들은 초자연과 비교하여 자연적 질서의 선함과 (적어도 상대적인) 자율성을 칭송했으며, 그 불가피한 결과는 서양 문화의 '탈신성화'였다. 그리고 중세 후기에 성경과 교회가 분리된 것도 마찬가지로 성령께서 교회의 인간적 삶 속에서 직접 일하고 계심을 점점 더 볼 수 없게 된 것에 기인했다. 각각의 논점과 관련해 서양의 그리스도인들은 자연과 초자연을 결합하는 법을 알지 못해 당혹스러워했다. 자연 세계가 자율성을 획득하자 초자연은 퇴각할 수밖에 없었다. '원천으로 돌아가기' 신학자들은, 자연이 초자연에 참여한다고 보았던 위대한 전통의 성례전적 태피스트리가 물러나고 새로운―그리고 궁극적으로 세속적인―구조가 나타났다고 주장했다.

따라서 자연과 초자연의 관계에 관한 16세기의 논쟁은 결코 마른하늘에 날벼락처럼 찾아오지 않았다. '새로운 신학자들'은 더 나아가 이런 논쟁에서 가톨릭 신학자들은 반대자들에 대해 과잉 대응을 했으며, 그렇게 함으로써 이미 이번 장에서 설명한 문제들을 한층 더 악화시켰다고 주장했다. 앙리 드 뤼박은 『초자연』(1946)에서 자연과 초자연의 관계에 관한 자세한 역사적 분석을 제시한다. 그 책에서 그는 점점 더 벌어지는 둘의 간격을 신랄하게 비판한다. 이 책으로 인해 이 예수회 신학자는 신스콜라주의적인 주류 세력에게서 분노에 찬 공격을 받았다. 그러나 이제는 드 뤼박뿐 아니라 다른 '새로운 신학자들'도 자연과 초자연의 관계를 재구조화하는 데 관심을 기울였음이 명백해졌을 것이다. 그들은 신토마스주의의 외재주의는 자연이 초자연에 참여하는 더 내재적인 접근 방식에 길을 내주어야 한다고 주장했다.

드 뤼박은 특히 개신교 종교개혁과 16세기 미셸 드 베(Michael Baius, 1513-1589)와 17세기 코르넬리우스 얀세니우스(Cornelius Jansenius, 1585-1638)의 신학에 대한 가톨릭의 과잉 대응에 불만이 있었다. 자세히 다루지는 않겠지만, 나는 가톨릭 대항종교개혁이 이런 논쟁에 반응하는 과정에서 두 가지 실수를 했음을 드 뤼박이 확신했다고 주장하려 한다. 첫째, 가톨릭 학자들은 '순수한 자연'(*pura natura*)이라는 개념을 도입했다. 그들은 이것을 하나님의 은총에 대한 고려 없이 타락 이전 인간 본성의 상태를 가리키는 개념으로 이해했다. '순수한 자연'이라는 개념은 자연 영역의 자율적 성격을 강조하는 데 활용되었으며, 따라서 더 나아가 이 영역을 초자연과 분리하고 말았다. 이 개념은 로베르토 벨라르미노(Robert Bellarmine, 1542-1621)가 드 베와의 논쟁에서 처음 도입했다. 벨라르미노는 은총은 그야말로 거저임을 주장하기 위해 '순수한 자연'에 관해 이야기했다. 하나님은 그 누구에게도 의롭게 하는 은총을 주실 **필요**가 없었다. '순수한 자연'이라는 개념은 인간 안에는 하나님의 은총을 받을 자격을 갖추게 해 주는 어떤 것도 존재하지 않음을 분명히 가르쳐 준다. 앞서 살펴본 역사적 발전에 비추어 보면, 이 개념이 자연 세계에 부여했던 것처럼 보이는 독립을 드 뤼박이 왜 그토록 우려했는지 분명히 알 수 있을 것이다.[18] 그는 '순수한 자연'이라는 개념이 논쟁할 가치

---

[18] 예를 들어 Henri de Lubac, *Augustinianism and Modern Theology*, intro. by Louis Dupré, trans. Lancelot Sheppard (New York: Crossroad/Herder and Herder, 2000), pp. xxxv, 212,

를 지니고 있음을 인정했지만 그로부터 기인한 자연 영역의 자율성을 우려했다.

둘째, 일부 스콜라 신학자들은 시간이 흐름에 따라 모든 사람이 삼위일체의 삶에 초자연적으로 참여하는 것에 대한 '자연적 욕망'(desiderium naturale)을 지니고 있음을 부인하기 시작했다. 이런 부인은 특히 토마스 카예타누스(Thomas Cajetan, 1469-1534)와 프란시스코 수아레스(Francisco Suárez, 1548-1617)에 이르러 뿌리를 내렸다.[19] 그들은 은총이 초자연적이기 때문에 사람들이 자연적으로 지복의 전망을 욕망한다고 생각한다면 이는 초자연적 은총을 얻을 수 있는 인간의 능력에 너무 많은 신뢰를 부여하는 셈이라고 생각했다. 다시 말해서, 그들에게는 자연적 욕망이 펠라기우스주의적 오류를 주장하는 것처럼 보였다. 그러나 드 뤼박은 이것이 펠라기우스주의라는 비난에 회의적이었다. 드 뤼박에 따르면, 이 두 움직임 - '순수한 자연'이라는 개념과 '자연적 욕망'의 부인 - 의 결과로 우주의 탈성례화가 심화되었다. 플라톤주의-기독교적 태피스트리가 해체되자 자연과 초자연은 점점 더 서로 분리되고 말았다.

반란의 결과, 자연 영역은 그 자체로 꽤 잘 유지되었지만, 초자연적 은총이라는 선물은 사람들의 일상적 삶의 소망과 꿈과 거의 무관한 것이 되고 말았다. 트레이시 롤런드(Tracey Rowland)의 말처럼, "이로써 초자연은 사사화(私事化)될 수 있었고, 사회적 삶은 오직 '자연적' 질서와 연관된 선을 공동으로 추구하는 것에 기초해 꾸려 가게 되었다."[20]

240를 보라.
19 De Lubac, *Augustinianism and Modern Theology*, pp. 163-169. 또한 Henri de Lubac, *The Mystery of the Supernatural*, trans. Rosemary Sheed (New York: Crossroad/Herder and Herder, 1998), pp. 143-149를 보라.
20 Tracey Rowland, *Culture and the Thomist Tradition after Vatican II* (London: Routledge,

드 뤼박에 따르면 이는 그가 '자연적 욕망'을 주장한다는 이유로 펠라기우스주의자라는 잘못된 비판을 받았을 뿐 아니라 실제로 그런 오류에 빠진 사람들은 오히려 그의 비판자들이었음을 뜻한다. 그들은 자율적인 자연이 더 이상 초자연을 필요로 하지 않으며, 초자연적 도움 없이 스스로 모든 것을 헤쳐 나갈 수 있다고 보았다.

각각 플라톤주의-기독교적 종합과 그 성례전적 존재론으로부터 멀어지는 과정으로 해석할 수 있는 이 다섯 가지 발전에서 가장 놀라운 점은, 거의 모든 발전이 개신교 종교개혁보다 훨씬 이전에 일어났다는 사실이다. 교회의 사법화는 11세기 그레고리우스 개혁과 더불어 시작되었다. 성만찬과 교회 사이의 성례전적 일치의 상실 역시 11세기 논쟁의 결과였다. '자연의 발견'은 12세기의 일로 보아야 한다. 교회와 성경을 잠재적으로 반대하는 권위로 분리하는 태도는 14세기와 15세기에 시작되었다고 추적해 볼 수 있다. 이 각각의 발전은 모두 종교개혁보다 선행했다. '순수한 자연'이라는 관념과 '자연적 욕망'을 부인하는 태도만이 16세기와 17세기에 이르러서야 실제로 널리 통용하기 시작했다. 그리고 '새로운 신학자들'도 이런 발전의 연대기를 놓치지 않았다. 그들이 1930년대와 1940년대에 강력히 주장했던 메시지는 가톨릭과 종교개혁이 공통된 문제를 안고 있다는 것이었다. 종교개혁의 다양한 분파를 가리키며 그들이 참된 신앙을 포기했다고 비난하기가 더 이상 쉽지 않았다. 태피스트리의 가장자리는 분명 종교개혁이 일어나기 훨씬 전부터 해어질 징조를 보이고 있었으며, 각각의 발전으로 인해 우주의 탈성례화는 심화되었다.

2003), p. 94.

'새로운 신학자들'에게 플라톤주의-기독교적 종합을 상실한 것은 가톨릭교인과 개신교인 모두가 지닌 문제였다. 이는 가톨릭교인이든 개신교인이든 자신이 우월하다는 태도로 교회 일치를 위한 대화에 임해서는 안 된다는 뜻이다. 이 책 2부에서 제시할, 신학이 앞으로 나아갈 길은 가톨릭교인들과 복음주의자들이 함께 노력해야 이룰 수 있는 책무다.

4장

태피스트리를 자르다
근대성이라는 가위

'원천으로 돌아가기' 신학자들은 서양 사회가 위대한 전통의 성례전적 사고방식에서 멀어지게 했던 발전 과정을 설득력 있게 묘사한다. 오늘날의 역사학자, 신학자, 문화 철학자들은 '새로운 신학'의 결론을 폭넓게 인정하고 있다. 하지만 동시에 이 학자들은 중세 후기에 더 펼쳐진 두 연관된 발전에 더욱 직접적으로 초점을 맞춤으로써 그 묘사를 복잡하게 만든다. 이전의 플라톤주의-기독교적 종합에 공감하는 이들은 성례전적 존재론의 상실과 근대성의 자율적 자연 영역의 출현에 기여한 두 요인, 즉 일의성(univocity)과 유명론(nominalism)의 대두를 지적한다. 이 두 철학 사조에 관해서는 더 자세히 설명할 것이다. 근대성을 대체로 이 두 요인의 결과로 설명하는 동시대의 학자들은 한편으로는 이른바 급진 정통주의(Radical Orthodoxy) 운동과 연관된 일군의 신학자들, 다른 한편으로는 루이 뒤프레(Louis Dupré) 같은 개별 학자들이다. 앞 장에서는 성례전적 태피스트리의 해체라는 은유를 사용했지만, 이번 장에서 논할 철학적 발전을 묘사하기 위해서는 태피스트리를 실제로 잘라 낸다는 더 강한 은유가 필요하다.

스코투스와 존재의 일의성

나의 목적이 급진 정통주의와 관련된 다양한 신학자(그중 다수는 고교회 성공회 신자이며 가톨릭교인이다)의 사상을 길게 소개하는 것은 아니다.[1] 여러 면에서 존 밀뱅크와 그레이엄 워드(Graham Ward) 같은 신학자들은 급진적이지도 않고 정통적이지도 않다고 주장할 수도 있다. 그러나 나는 신학을 '학문의 여왕' 자리로 회복시키려는 이 운동을 시도하는 것은 신학에 대한 중세적 접근 방식을 대담하게 재천명하는 일이라고 평가할 수 있다고 믿는다. 더 나아가 (비록 신플라톤주의에 대한 탈근대적 접근 방식 때문에 급진 정통주의가 창조된 경계들의 선함을 온전히 수용하는 데 어려움을 겪기도 하지만) 플라톤주의-기독교적 종합을 재전유하려는 바람은 칭찬할 만하다.[2] 피조물이 하나님의 삶에 참여한다고 주장함으로써 물질주의를 거부하는 급진 정통주의의 태도는 특히 훌륭하다고 생각한다. 따라서 중세 후기의 철학적·신학적 발전에 대해 이 운동에서 제기하는 비판은 진지하게 귀 기울일 만하다.

이어지는 내용에서 나는 중세 후기의 발전, 특히 일의성과 유명론에 대한 급진 정통주의 신학자들—이와 더불어 다른 학자들—의 비판을 간략히 소개할 것이다. 이 두 개념이 지상의 성례전(*sacramentum*)과 천상의 실재(*res*) 사이의 참여적 연결고리를 끊어 냄으로써 태피스트리를

---

1 탁월하게 전반적으로 소개한 책은 James K. A. Smith, *Introducing Radical Orthodoxy: Mapping a Post-Secular Theology* (Grand Rapids: Baker Academic, 2005)를 보라. 『급진 정통주의 신학』(기독교문서선교회). 급진 정통주의라는 명칭은 *Radical Orthodoxy: A New Theology*, ed. John Milbank, Catherine Pickstock, and Graham Ward (London: Routledge, 1999)라는 책의 제목에서 가져왔다.

2 참고. Hans Boersma, "On the Rejection of Boundaries: Radical Orthodoxy's Appropriation of St. Augustine", *Pro Ecclesia* 15 (2006): pp. 418-447.

잘라 낸 가위의 두 날 역할을 했다고 말할 수도 있다. 이 가위의 예리한 가위질이 우주의 탈신성화 혹은 탈성례화를 초래했음을 이해하기 위해서는 먼저 플라톤주의-기독교적 종합으로 돌아갈 필요가 있다. 1장에서 강조했듯이, 위대한 전통에서는 지상의 실재들이 단지 스스로를 위해서가 아니라 더 큰 목적을 위해서 존재한다고 이해했다.[3] 예를 들어, 아우구스티누스는 하나님만이 그분을 위해서 누려야 하는 대상이시라고 주장했다. 삼위일체 하나님의 삶이 유일한 궁극적 목적이다. 다른 모든 실재는 하나님이 은혜롭게 그분의 존재에 참여하는 것을 허락하시는 한에서만 그것들의 존재를 가질 수 있으므로 이 실재들은 속성상 결코 궁극적일 수 없다. 창조된 대상들과 지상의 목적은 절대로 준궁극적 의미 이상을 지닐 수 없다. 언제나 더 큰 무언가―하나님 자신의 삶―를 지향한다. 피조물이 영원하신 하나님의 말씀 혹은 로고스에 닻을 내리고 있다는 것은, 그들의 진선미가 하나님의 아들의 진선미 안에서 기원했으며 그것을 지향하고 있음을 뜻한다.

어떤 독자들은 실재에 관한 위대한 전통의 성례전적 혹은 참여적 설명을 구성하는 요소를 계속해서 우려할지도 모른다. 우리는 근대성이 이 세상의 준궁극적 실재들을 마치 속성상 궁극적인 것처럼 대하기 때문에 우상 숭배적이라고 비난할 수 있다. 하지만 상대를 비방한다고 해서 당신이 스스로 깨끗해지는 것은 아니다. 성례전적 혹은 참여적 우주론은 자연에 대한 범신론적 신격화로 빠져 버리지 않는가? 창조된 존재가 하나님의 존재(영원한 말씀)에 참여한다면 이는 창조된 존재를 신적인 것으로 만드는 것 아닌가? 플라톤주의 전통의 문제는 바로 창조주와

---

[3] 1장에서 소제목 "피조물을 기림: 사용인가? 향유인가?" 이하를 보라.

피조물을 구별하지 못하는 것—따라서 범신론으로 귀결되는 것—아닌가? 이것은 중요한 비판이며, 나는 플라톤주의가 실제로 범신론을 자초함을 우리가 기꺼이 인정해야 한다고 생각한다. 첫 장에서 분명히 제시했듯이 플라톤주의-기독교적 종합은 신플라톤주의를 전면적으로 채택한다는 뜻이 아니었다.[4]

초기 교회에서, 또한 중세 동안 교회 안에서 복음의 '헬라화'가 일어났다는 것이 사실이기는 하지만(그리고 불가피하기도 했지만), 위대한 전통에서는 어느 순간에 가면 플라톤주의 전통에 대해 '아니'라고 말하는 것이 중요함을 대체로 알고 있었다. 신플라톤주의 안에서 '참여'가 기능하는 방식에 관해서는 특히나 더욱 그러했다. 참여에 대한 신플라톤주의의 이해는 피조물이 필연성에 의해 영원한 이데아로부터, 궁극적으로는 비인격적이며 초연한 신으로부터 유출되었다는 사상에 기초를 두고 있었다. 그리스도인들은 필연적 유출이라는 개념과 이와 결부된 범신론적 세계관을 거부했다. 위대한 전통에서는 창조를 **단지** 하나님의 삶을 성례전적으로 나누는 것(혹은 그 삶에 성례전적으로 참여하는 것)으로 이해했다고 말할 수 있다.

창조가 **단지** 신적 삶에 성례전적으로 참여하는 것일 뿐이라는 나의 주장이 무슨 뜻인지 설명해 보겠다. 여기서 '단지'(merely)라는 말은 위대한 전통이 하나님과 세상 사이에 유지하기를 바랐던 무한한 차이 혹은 비유사성에 대해 우리의 주의를 촉구한다. 기독교 신학자들은 '존재의 유비'(analogia entis)라는 철학적 개념을 사용해 피조물과 하나님의 관계를 설명했다. 유비의 교리는 창조주와 피조물의 성례전적 관계

---

4 1장에서 소제목 "기독교와 플라톤주의의 유산" 이하를 보라.

에 관해 철학적으로 이야기하는 한 방법이다. 따라서 기독교 신학자들은 피조물의 존재(또한 그것의 진선미)가 창조주의 존재(그리고 진선미)와 비슷하거나 유비적이라고—따라서 동일하지 않다고—설명했다. 유비(혹은 성례성)는 피조물이 창조주와 비슷할 수 있지만 절대로 그분과 동일하지는 않음을 암시한다. 분명히 존재의 유비에서는 하나님과 창조 질서 사이에 연결고리가 존재하며 따라서 피조물의 존재와 창조주의 존재 사이에 유사성이 존재함을 암시한다. (그림이 화가의 흔적을 지니고 있다고 말할 수 있듯이, 피조물 안에서 창조주를 본다고 말할 수도 있다.)

사실 이것은 유비라는 동전의 한쪽 면으로, 하나님과 세상 사이에 일종의 유사성이 존재한다는 것이다. 그러나 이 동전에는 다른 쪽도 있다. 유비의 교리는 유사성을 주장할 뿐 아니라 창조주와 피조물의 무한한 **차이**에 대해서도 주장한다는 것이다. 사실 유비의 교리의 핵심은 **비유사성**이다. 비록 하나님의 선하심과 피조물의 선함에는 분명히 유사성이 존재하지만, 그럼에도 하나님의 선하심과 피조물의 선함에는 무한한 차이가 여전히 존재한다. 이 차이는 결코 조금도 줄어들지 않는다. 그러므로 제4차 라테라노 공의회(1215년)에서는 "창조주와 피조물의 유사성을 지적하려면 둘의 더 큰 비유사성을 반드시 지적해야 한다"고 주장했다.[5] 기본적으로 유비의 교리에서는 피조물과 창조주의 연결은 속성상 **단지** 성례전적일 뿐이라고 주장했다. 물론 피조물은 참으로 피조물의 영원한 기독론적 닻에 참여한다. 하지만 이 참여는 엄격히 은총의 선물이며 절대로 창조주-피조물 구별을 제거하지 않는다. 사실 성례전적 참여는 창

---

5 Henry Denzinger, *The Sources of Catholic Dogma*, trans. Roy J. Deferrari (Fitzwilliam, NH: Loreto, 2002), p. 171 (no. 432). 『신경, 신앙과 도덕에 관한 규정·선언 편람』(한국천주교중앙협의회).

조 질서의 중요성을 **제한한다**. 창조 질서의 진선미는 창조 질서 자체의 것이 아니라 하나님의 존재로부터 파생되었을 뿐이다. 우상 숭배적 자기주장은 불가능하다. 따라서 존재의 유비(혹은 피조물의 성례성이라고 말할 수도 있다) 교리의 무한한 비유사성은 신플라톤주의적 범신론에 대한 기독교의 거부를 뜻한다. 하나님과 피조물을 혼동해서는 안 된다.

우리의 존재가 하나님의 존재에 성례전적으로 참여한다는 것이 하나님과 피조물의 무한한 차이를 뒷받침함을 깨닫는 게 대단히 중요하다. 유비의 교리 덕분에 우리는 아우구스티누스와 더불어 이렇게 말할 수 있다. "그렇다면, 형제들이여, 우리가 하나님에 관해 무엇을 말하겠는가? 만약 당신이 말하는 바를 이해할 수 있었다면 그것은 하나님이 아니다. 만약 당신이 그것을 이해할 수 있었다면, 당신은 하나님 대신 다른 무언가를 이해한 것이다."[6] 이 히포의 주교는 하나님의 신비를 깊이 이해하고 있었다. 또한 유비의 교리는 아타나시오스의 주장을 떠올리게 한다. "인간의 것들과 하나님의 것들 사이에 이름의 유사성이 존재하지만, 이런 동일성 이면에는 큰 의미의 차이가 드러난다."[7]

아타나시오스는 대부분의 교부 및 중세 신학자와 더불어 기독교 신학 안에 있는 근본적 긴장을 인정했다. 한편으로는, 하나님과 이 세상의 연결을 지켜 내야 한다. 하나님은 이 세상 안에서 인간의 언어로 참으로 자신을 계시하시며, 따라서 이 세상은 존재를 지니고 있으며 인간의 말

---

6 Augustine, *Sermons on Selected Lessons of the New Testament*, in *Nicene and Post-Nicene Fathers*, 1st ser., vol. 6, trans. R. G. MacMullen, ed. Philip Schaff (1888; reprint, Peabody, MA: Hendrickson, 1994), II.16.
7 Athanasius, *Contra Eunomium*, in *Nicene and Post-Nicene Fathers*, 2nd ser., vol. 5, ed. Archibald Robertson (1893; reprint, Peabody, MA: Hendrickson, 1994), I.39. 또한 Frances M. Young, *Biblical Exegesis and the Formation of Christian Culture* (Peabody, MA: Hendrickson, 2002), p. 142를 보라.

은 정말로 하나님의 신비를 담고 있다. 다른 한편으로는, 플라톤주의 전통에 맞서 하나님의 타자성 역시 보존되어야 한다. 하나님의 초월성은 우리의 존재를 하나님의 존재와 동일시하거나 인간의 언어가 적절하게 하나님을 파악할 수 있다고 주장하는 것이 분명히 오류임을 암시한다. 그 결과로 나타난 존재의 유비 교리는 위대한 전통이 신적인 것과 인간적인 것의 혼합을 피하는 방식이 되었다. 피조물과 창조주의 관계는 단지 성례전적 혹은 참여적 관계다. 이 관계의 성례성은, 비록 하나님이 그분의 피조물 안에 임재하시며 피조물은 영원하신 하나님의 말씀에 참여하기는 하지만 말씀의 성례전적 실재(res)는 지상의 사물을 무한히 초월함을 암시한다. 창조주와 피조물의 무한한 차이는 신플라톤주의 안에 숨어 있는 범신론에 대한 거부를 암시한다.

이 유비의 교리는 토마스 아퀴나스의 신학에서 고전적으로 표현되었다. 중요한 의미에서 이 13세기 신학자는 장구한 플라톤주의-기독교의 전통 안에서 스스로 자리매김했다. 이는 그의 유비 이해에서 확실히 그러했다. 토마스는 하나님이 우리보다 훨씬 더 크시기 때문에 우리는 하나님을 온전히 파악하여 직접적 언어로 그분에 관해서 이야기할 수 없다고 주장한다. 따라서 우리가 '하나님이 어떤 분이신가? 그분의 본질이 무엇인가?'라고 묻는다면 우리는 그분의 본질이 실존 혹은 존재 자체라고 답할 수밖에 없다. 토마스는 하나님이, 되어 감(becoming)이 아니라 있음(being)이시라고 주장한다. 그분이 만드신 세상과 달리 하나님은 변하지 않으신다. 따라서 하나님 안에는 어떤 잠재성도 없다. 그분은 순수한 행동이시다. 이 모든 것은 창조된 존재와 다르다. 창조된 존재의 경우, 본질과 실존의 실재적 구별이 존재한다. 결국 창조된 존재는 빌려 온 존재일 뿐이다. 창조된 존재가 존재인 것은 오직 그것이 은총에 의해 하나님의 실존에 참여하기 때문이다. 우리는 하나님에 관해서만 본질과 실존의 구별이 없으며 이 둘이 완벽히 중첩된다고 말할 수 있다.[8]

물론 하나님이 그토록 초월적이어서 우리가 그분의 본질을 파악할 수 없고 직접적 언어를 사용해 그분이 가장 내밀한 존재에서 어떤 분이신지를 묘사할 수 없다면, 이는 우리가 과연 하나님에 관해 이야기할 수 있는지에 관한 의문을 야기한다. 토마스는 존재의 유비에 의거해 이 물음에 답한다. 그는 위대한 전통을 따르면서 예리한 균형을 유지하려고 노력한다. 한편으로는, 우리의 실존과 하나님의 실존 사이에 참여적 연결고리가 존재하기 때문에 우리가 인간의 언어로 하나님에 관해 이야기하는 게 가능하다. 다른 한편으로는, 토마스도 우리가 하나님에 관해 이야기할 때 여전히 남아 있는 무한한 차이를 언제나 기억해야 한다고 확신한다. 따라서 토마스에 따르면 하나님이 지혜로우시다고 말할 때 우리는 인간이 지혜로운 것과 똑같은 방식으로 하나님이 지혜로우신다는 뜻으로 말하는 게 아니다. 전형적으로 스콜라주의적인 방식으로 이 천사 박사는 이렇게 주장한다.

완전함을 표현하는 용어가 피조물에게 적용될 때, 완전함은 관념상 다른 완전함과 구별됨을 뜻한다. 예를 들어, 인간에게 적용된 '지혜로운'(wise)이라는 용어로 우리는 인간의 본질과 구별된, 또한 그의 능력과 실존, 모든 비슷한 것들과 구별된 어떤 완전함을 의도한다. 반면에 이 말을 하나님께 적용할 때 우리는 그분의 본질이나 능력이나 실존과 구별된 무언가를 의미하려

---

[8] Leo J. Elders, *The Metaphysics of Being of St. Thomas Aquinas in a Historical Perspective*, Studien und Texte zur Geistesgeschichte des Mittelalters, no. 34 (Leiden: Brill, 1993), pp. 170-189를 보라. 『토마스 아퀴나스의 형이상학』(가톨릭출판사).

고 이 말을 사용하지 않는다. 따라서 인간에게 적용된 '지혜로운'이라는 말은 어느 정도 지시된 대상을 에워싸고 포괄한다. 반면에 이 말이 하나님께 적용될 때는 그렇지 않다. 이 말은 지시된 대상을 포괄할 수 없는 분으로, 그 말이 의미하는 바를 뛰어넘는 분으로 남겨 둔다. 따라서 이 '지혜로운'이라는 용어가 하나님과 인간에게 같은 방식으로 적용될 수 없음은 명백하다.[9]

인간의 담론이 하나님을 온전히 이해할 수 없다는 토마스의 주장은 그가 하나님의 신비에 관한 위대한 전통의 주장을 충실히 따르고 있음을 보여 준다. 인간은 하나님을 파악할 수 없다. '지혜로운'이라는 단어는 하나님과 인간에게 동일한 방식으로 적용될 수 없다. 우리가 하나님에 대해 사용하는 언어는 직접적 방식으로 그분께 적용되지 않는다. 창조 질서는 **단지** 성례전적으로 하나님의 존재에 참여할 뿐이기 때문에 하나님에 관한 인간의 담론 역시 **단지** 유비적 언어일 뿐이다. 따라서 토마스는 유비의 교리를 주장하는 목적이 신플라톤주의 전통이 참여를 이해하는 방식의 과잉에 맞서는 보호 장치를 제공하기 위함이라는 것을 분명히 밝히고 있다. 토마스는 인간의 형상은 하나님의 형상을 대단히 희미하게 닮아 있을 뿐이라고 분명히 말한다. "즉, 동일한 개별적 혹은 일반적 형식성에 따르는 게 아니라 오직 일종의 유비에 따라서 행위자의[즉, 하나님의] 형상과 비슷한 것에 참여한다."[10] 그러한 유비적 혹은 성례전적 접근 방식이, 한편으로는 우리의 창조주이시며 다른 한편으로는 우리를 무한히 초월하시는 하나님에 관해 우리가 취할 수 있는 최선의

---

9   Thomas Aquinas, *Summa Theologica (ST)*, trans. Fathers of the English Dominican Province (1948; reprint, Westminster, MD: Christian Classics, 1981), I, q.13, a.5.
10 *ST* I, q.5, a.3.

접근 방식이다.

그러나 14세기에 둔스 스코투스는 유비적 존재라는 사상이 말이 되지 않는다고 주장했다.[11] 무언가는 존재를 가지고 있거나 그렇지 않거나 둘 중 하나라는 말이다. 하나님이 존재한다고 말하는 것과 창조된 대상들이 존재한다고 말하는 것은 같은 것을 말하는 것이다. 모든 존재는 같은 의미에서 존재다. 철학적으로 말하자면 모든 존재는 속성상 일의적(univocal)이다. 존재의 유비는 창조주와 피조물의 무한한 차이를 뒷받침하는 데 기여한 반면, 스코투스가 주창한 존재의 일의성에서는 존재가 객관적·중립적 범주이며 하나님의 존재와 창조된 존재는 종류가 동일하다면서 반론을 제기했다. 제임스 스미스(James K. A. Smith)의 말처럼, 스코투스에게는 "창조주와 피조물이 같은 방식으로 혹은 같은 의미에서 존재한다. 이제 존재는 하나님께 참여하는 것으로부터 분리된 범주가 되었으며, 하나님과 피조물에게 똑같이 적용되는 더 중립적인 혹은 추상적인 용어가 되었다."[12] 다시 말해서, 존재의 일의성은 자연 세계 안에서 하나님의 실재적·성례전적 임재를 잘라 낸 근대성이라는 가위의 두 날 중 하나로 기능했다. 교리사가들은 스코투스를 이렇게 묘사하는 것이 과연 공정한 일인지 논쟁한다.[13] 하지만 스코투스와 함께 위대한 전통의 성례전적 존재론의 무한한 지평이 처음으로 평평해지기 시작했

11　Louis Dupré, *Passage to Modernity: An Essay in the Hermeneutics of Nature and Culture* (New Haven: Yale University Press, 1993), pp. 167-189를 보라. 또한 Smith, *Introducing Radical Orthodoxy*, pp. 95-103를 보라.
12　Smith, *Introducing Radical Orthodoxy*, p. 97.
13　Robert Sweetman, "Univocity, Analogy, and the Mystery of Being according to John Duns Scotus", in *Radical Orthodoxy and the Reformed Tradition: Creation, Covenant, and Participation*, ed. James K. A. Smith and James H. Olthuis (Grand Rapids: Baker Academic, 2005), pp. 73-87를 보라.

다는 사실은 명백해 보인다. 급진 정통주의 운동 진영의 신학자들은 이 발전에 주목했다. 중세 후기에 "모호하지 않고 순전히 '실존적인' 의미에서, 명제의 대상으로, 하나님을 지칭하지 않고 존재를 이해하는 것"이 가능해졌으며, "나중에는 하나님이 동일한 일의적 방식으로 '존재하신다'고 주장하게 되었다."[14]

존재의 일의성이라는 새로운 주장은 사람들이 하나님과의 관계를 바라보는 방식과 관련해 엄청난 함의를 지니고 있었다. 플라톤주의-기독교적 종합에서는 창조 질서와 영원하신 말씀 사이에 성례전적 연결고리가 존재한다. 피조물과 창조주를 연결하는 성례전적 연결—참여—이 있다는 말이다. 인간과 창조 질서는 하나님의 삶에 참여한다. 이 성례전적 존재론은 스코투스의 존재의 일의성과 모순을 일으키게 된다. 우리가 '존재'라는 말을 **동일한 방식으로** 하나님과 피조물에게 적용할 수 있다면, '존재'는 하나님과 피조물 모두가 공유하는 포괄적 범주를 이룬다. 스코투스에 의해 지상의 사물들과 그것들의 영원한 원형인 로고스 사이의 관계의 성례성을 부인하는 것이 가능해졌다고 말할 수도 있다. 더 이상 [성례전(*sacramentum*)으로서] 지상의 사물들은 하나님의 존재로부터 그들 존재의 실재(*res*)를 받지 않는다는 말이다. 오히려 지상의 사물들은 그들 나름의 존재를 소유한다. 더 이상 감각에 의해 관찰될 수 있는 것 안에 숨어 있는 신비한 실재가 존재하지 않는다. 창조된 대상들의 온전한 실재를 보고 듣고 만지고 냄새 맡고 맛볼 수 있다는 말이다. 유비의 상실은 성례성의 상실을 뜻했다.

스미스는 유비에서 일의성으로의 이 전환은 "이중적 우상 숭배"를 의

14　John Milbank, "Only Theology Overcomes Metaphysics", *New Blackfriars* 76 (1995): p. 334.

미했다고 지적한다.[15] 언뜻 보기에 이 말은 너무 심해 보이지만 일의성으로의 전환이 성례전을 우상으로 대체하는 것을 뜻한다는 점에는 의심의 여지가 없다. 첫째, 일의성은 하나님의 축소를 의미한다. 하나님은 더 높은 차원의 개념, 즉 존재라는 개념에 종속된다. 스코투스에게 하나님은 많은 존재─모두 동일한, 일의적 의미에서 '존재'로 이해되는─중 하나일 뿐이다. 토마스는 그의 플라톤주의적 경향 때문에 하나님이 그저 피조물과 **다른** 존재의 범주(혹은 종류)에 속하시는 것이 아니라 존재의 **모든** 범주를 훌쩍 초월하신다고 확신했다.[16] 그와 대조적으로 새로운 관점에서는 하나님을 많은 범주 중 하나로 분류한다. 둘째로─특히 이 점은 자율적이며 탈성례화된 자연 영역의 기원과 관련해 중요하다─일의성은 사실상 창조 질서를 하나님에게서 독립된 것으로 이해한다. 이제 우리는 하나님에 관해 그분이 존재하신다고 말할 수 있는 것과 똑같이 창조 질서에 관해 그것이 존재한다고 말할 수 있게 되었다. 더 이상 창조된 실존이 참여에 의해서**만** 존재하는 것이 아니라는 뜻이다. 그 대신 창조 질서는 급진적 독립을 주장한다. 그것은 "분리된 세속적 질서"가 되었다.[17] 창조 질서가 성례전적으로 하나님의 존재에 참여하며, 따라서 그 실존을 위해 하나님의 삶에 전적으로 의존한다고 강조하는 플라톤주의-기독교의 태도가 퇴조하고 창조 질서와 하나님의 존재의 완전성을 분리하는 태도가 자리 잡았다. 더 이상 진선미는 신적 말씀의 실재로부터 주어진 것이 아니다. 그 대신 이 보편자들이 천상의 위치에 있는 기독론적 닻이었던 것으로부터 독립을 주장하게 되었다. 이처럼 구체적이

---

15 Smith, *Introducing Radical Orthodoxy*, p. 98.
16 *ST* I, q.5, a.3, reply obj. 2.
17 Smith, *Introducing Radical Orthodoxy*, p. 99.

고 파악 가능하며 마음대로 변형할 수 있는 존재 관념 앞에서 하나님의 무한한 신비는 서서히, 하지만 확실히 시야에서 멀어지게 될 것이다.

하나님의 절대적 능력

만약 창조된 존재가 더 이상 하나님과 실재적·참여적 연관성을 가지고 있지 않다면, 창조주와 피조물—두 구별된 존재로서—의 관계가 다르게 구조화되어야 한다. 성례전적 관계의 실재적 임재가 다른 종류의 관계를 위한 자리를 마련해야 한다. 그 결과 이 관계를 참여적 혹은 실재적 연결이 아니라 외재적 혹은 명목적 연결로 이해하게 되었다. 새롭게 고안된 외재적 연결은 하나님의 의지(voluntas)에 의해 보장되었다. 아퀴나스에게서는 하나님의 결정이 언제나 영원한 진리와 일치했다고 말할 수 있다. 예를 들어, 하나님이 도둑질이나 간음을 정죄하실 때 이는 하나님의 자의적 결정이 아니라 신적 합리성의 진리에 따른 것이었다. 혹은 다른 예를 사용하자면, 하나님이 자선(almsgiving)에 상을 주실 때, 이는 자선이 칭찬받을 만한 행동이라고 그분이 자의적으로 결정하셨기 때문이 아니라 자선이 하나님의 성품이라는 진리와 일치했기 때문이다.

둔스 스코투스는 의지와 이성의, 선과 진리의 급진적 분리를 제안했다. 새로운 주의주의적(voluntarist) 접근 방식에서는 하나님의 의지가 특정 행동의 도덕적 지위를 결정하며 그분의 지성은 단순히 이를 뒤따른다고 주장함으로써 플라톤주의-기독교적 종합에서 이탈했다. 그 결과는 분명했다. 만약 하나님이 무언가를 선한 것으로 만드는 것이 그분의 **의지**이기 때문에 그것이 순전히 선하다면, 하나님은 무엇이든, 가장 끔찍한 행동조차도 선하다고 선언하실 수 있지 않겠는가? 자선 자체를 본래적으로 선한 행위로 만드는 것은 아무것도 없어 보인다. 단지 하나님이 그것이 그분의 의지이고 그렇다고 선언하신 것이다. 하나님이 그저 내키는 대로 인간 행동의 도덕적 지위를 선언하는 자의적 하나님이 되고 말았다는 함의를 피하기 어렵다.

일의성과 주의주의로부터 기인한 신적 자의성은 중세 후기 신학자들이 하나님의 절대적 능력(*potentia absoluta*)과 규정된 능력(*potentia ordinata*)을 구별하는 방식을 통해서 분명히 드러난다.[18] 이런 구별은 중세 스콜라 신학자들 사이에서 흔히 나타난다. 그들은 하나님의 전능하심을 옹호하기 위해 이런 구별을 사용했다. 예를 들어, 아퀴나스는 이런 구별을 활용해 다른 것들이 아니라 어떤 것들을 야기하기 위해 그분의 능력—물론 그 자체로 절대적이며 (비모순율을 제외하면) 한계가 없는—을 특정한 방식으로 사용하기로 정하셨다고 말했다. 하지만 둔스 스코투스는—그리고 그를 이어 옥스퍼드의 학자였던 오컴의 윌리엄(1288?-1347?)은 특히—하나님의 절대적 능력에 훨씬 더 큰 자유를 부여했다.[19] 이 14세기 프란치스코회 신학자들은 하나님이 그분의 절대적 능력을 실제로 **사용**하셔서 규정된 의지 범위 바깥에 있는 일을 하실 수도 있다

---

18 이 단락에서 나는 특히 G. van den Brink, "De absolute en geordineerde macht van God: Opmerkingen bij de ontwikkeling van een onderscheid", *Nederlandisch theologisch tijdschrift* 45 (1991): pp. 205-222에서 도움을 받았다.
19 오컴에 관한 세르베 핑케르(Servais Pinckaers)의 평가를 보라. "그는 하나님의 의지가 전적으로 자유롭다고 생각했다. 그것은 도덕법 자체와 피조물의 모든 법칙을 다스렸다. 하나님이 뜻하시는 바는 바로 그분이 그것을 뜻하셨기 때문에 반드시 정의롭고 선하다. 법과 모든 도덕적 가치나 한계는 이 의지로부터 나왔다. 하나님의 의지는 오직 그 자체에 의해 선악을 확립하기 때문에 우리가 그 명령에 따라, 특히 십계명에 따라 허용되거나 금지되었다고 여기는 바를 언제든지 바꿀 수 있다. 예를 들어, 하나님은 첫째 계명조차 바꾸셔서 그것을 한계까지 밀어붙여 한 사람에게 그분을 미워하라고 명령하시면서 이 미움의 행위가 선한 것이 되게 하실 수도 있다"[*The Sources of Christian Ethics*, trans. Mary Thomas Noble (Edinburgh: T. & T. Clark, 1995), pp. 246-247].

고 암시함으로써 하나님의 규정된 능력과 절대적 능력의 전통적 균형에 변화를 일으켰다. 예를 들어, 오컴은 "사람이 물과 성령으로 나지 아니하면 하나님의 나라에 들어갈 수 없느니라"라는 요한복음 3:5을 가리키면서 '정말 그럴 수 없는가?'라고 묻는다. 하나님의 절대적 능력이 있지 않은가? 하나님의 절대적 능력에 의해 사람들이 물과 성령 없이도 하나님 나라에 들어가는 일이 가능할 수도 있지 않은가? 오컴은 그럴 수 있다고 대답한다.

이와 비슷하게 야곱과 에서를 생각할 때 우리는 둘 사이에서 중요한 도덕적 차이를 전혀 발견하지 못하며, 따라서 하나님의 규정된 능력은 두 사람을 똑같이 다루리라고 기대한다. 하지만 실제로 우리는 성경을 통해 하나님이 야곱을 택하시고 에서를 거부하셨음을 알고 있다. 따라서 오컴은 하나님의 이 선택은 틀림없이 하나님의 절대적 능력을 따라 이뤄진 것이라고 주장한다. 물론 이는 주의주의가 하나님의 절대적 능력을 규정된 능력으로부터 분리하기 시작했고 전자가 후자를 압도할 수 있게 만들었음을 암시한다. 아퀴나스는 그저 두 가지 다른 관점에서 하나님의 능력을 바라보기 위해 이런 구별을 사용한 반면, 중세 후기 신학에서는 이 둘을 분리하기 시작했다. 하나님은 그분의 규정된 능력에 따르면 할 수 없는 일을 행하기 위해 실제로 그분의 절대적 능력을 사용하실 수도 있다는 것이다.

15세기에 둔스 스코투스와 오컴이 주창한 이 주의주의는 후에 튀빙겐 대학교의 교수가 된 가브리엘 비엘(Gabriel Biel, 1425?-1495)의 사상에서 최고조에 이르렀다.[20] 비엘은, 하나님이 그분의 절대적 능력을 통해

---

20 비엘에 관해서는 Heiko A. Oberman, *The Harvest of Medieval Theology: Gabriel Biel and Late Medieval Nominalism* (1983; reprint, Grand Rapids: Baker Academic, 2000)을 보라.

그분이 사랑하시는 누군가를 파괴하실 수도 있고, 인간에게 거짓말을 하실 수도 있으며, 이미 주었던 은총을 파괴하실 수도 있고, 심지어 인류를 다시 한번 죄에 빠뜨리기 위해 인간 본성을 취하셨다가 나중에 그것을 버리실 수도 있다고 주장했다. 하나님의 절대적 능력을 이렇게 급진적으로 사용한 결과는 철저한 회의주의였다. 결국 만약 하나님이 성경 안에서 무언가를 예언하셨다면 그런 예언이 실제로 그분의 능력을 옭아매 이제 그분은 스스로 하겠다고 약속하신 바를 **하셔야** 한다는 말인가? 절대적 능력이 모든 하나님의 활동에 그림자를 드리우기 시작했음을 쉽게 알 수 있다. 하나님의 절대적 자유는 그분이 하신 약속의 안정성을 약화시키는 것처럼 보였다. 따라서 스코투스가 주창한 존재의 일의성으로부터 14세기와 15세기에 주의주의가 출현했으며, 이는 하나님의 심판의 진실성을 잃어 가면서 하나님의 의지의 절대적 자유를 강조하는 것으로 귀결되었다. 세상이 하나님께 실재적·성례전적으로 참여하는 믿음은, 하나님의 의지의 절대적 자유를 통해 하나님이 먼 곳에서 다스리신다는 외재적 관계에 자리를 내주고 말았다. 하나님은 하늘에 계시며 인간은 땅에 있다. 성례전적 참여가 주의주의의 외재주의에 굴복하고 말았다.

스코투스 학파의 주의주의는 중세 후기 신학과 서양 문화의 방향에 심대한 영향을 미쳤다. 루이 뒤프레는 그 영향력을 간결하게 요약한다.

> 피조물이 인간 이성의 법칙을 전적으로 초월하는 하나님의 이해할 수 없는 결정에 의존한다면, 자연은 그 본래적 지성을 상실하고 만다. 또한 은총은 하나님의 작정(divine decree)의 맹목적 결과가 되며, 준비되어 있지 않은 인간 본성에 임의로 분배된다. 합리성에 제약을 받지 않는 하나님의 전능하

심에 대한 강조는 자연의 내재적 합리성과 분리된 '초자연적 질서'로 귀결된다.[21]

이 몇 안 되는 문장에서 뒤프레는 일의성과 주의주의가 초래한 수많은 심각한 결과를 지적한다. 첫째, 이제 이성과 분리된 자연은 근본적으로 이해할 수 없는 것이 되고 말았다. 시간이 흐름에 따라 회의주의는 불가피한 결과가 될 것이다. 둘째, '하나님의 작정'에 대한 중세 후기의 강조는 하나님의 의지와 하나님의 지식 사이의, 하나님의 선하심과 그분의 진리 사이의 연결고리를 끊어 버린 것처럼 보였다. 그 결과는 하나님이 인간의 영원한 구원과 저주에 관해 자의적 결정을 내리시는 것처럼 보이는 예정론을 강조하리라는 것이었다.[22] 셋째, 은총은 이러한 하나님의 작정의 '맹목적 결과'이기 때문에 신학자들은 은총을 자의적·외재적으로 강요된 선물로 이해할 수밖에 없었다. 하나님이 주시는 은총의 선물이 모든 인간 안에 존재하는 자연적 욕망(*desiderium naturale*)과 연결되어 있다는 토마스의 개념은 더 이상 유지할 수 없게 되었다. 마지막으로, 이 모든 것은 구별된 초자연적 질서, 자연적 질서와 엄격히 분리되었다고 간주되는 질서를 암시했다. 앞 장에서 살펴보았듯이 '새로운 신학'에서는 이 분리가 세속적 근대성의 기반을 이루는 기초가 되었다며 애석해한다.

---

21 Louis Dupré, *Religion and the Rise of Modern Culture* (Notre Dame, IN: University of Notre Dame Press, 2008), p. 22.
22 특히 후대의 칼뱅주의자들이 예정론에 대해 지니고 있던 관점을 비판한 나의 *Violence, Hospitality, and the Cross: Reappropriating the Atonement Tradition* (Grand Rapids: Baker Academic, 2004), pp. 53-73를 보라. 『십자가, 폭력인가 환대인가』(기독교문서선교회).

오컴과 유명론의 출현

일의성이 (그 결과로 나타난 주의주의와 더불어) 근대성이라는 가위의 첫 번째 날을 이뤘다면 다른 날은 유명론이었다. 위대한 전통이 플라톤주의에서 빌려 온 중요한 요소 중 하나는 형상 혹은 이데아가 실재적 존재를 지니고 있다는 관념이다. 플라톤주의의 형상은 기독교 신학에 매력적으로 느껴졌다. 이 개념은 기독론 관점에서 쉽게 재해석되고 이로써 다양한 신학적 진리를 철학적으로 뒷받침하는 장치를 제공할 수 있기 때문이다. 플라톤주의적 성향을 지닌 그리스도인들에게 모든 창조된 존재가 닻을 내리고 있는 대상은 영원한 로고스였다. 예를 들어, 이 기독론적 닻 덕분에 인간이 공통된 인간성에 참여하고, 고양이들이 공통된 '묘성'에 참여하며, 개들이 공통된 '견성'에 참여하고 있다는 등의 주장을 할 수 있었다. 또한 이런 보편자(인간성, 묘성, 견성)의 기원을 영원하신 하나님의 말씀에서 찾을 수 있었다. 철학자들은 이런 개념—한 종의 다양한 구성원들이 공통 본질을 공유한다는 생각—을 가리켜 '실재론'(realism)이라고 말한다. 이를 실재론이라고 부르는 것은, 이런 이해에 따르면 보편자(인간성, 견성, 묘성)가 실재적이기 때문이다. 이런 보편자는 그저 상상력의 산물이 아니다. 플라톤주의와의 관련성 때문에 중세 후기 이전의 기독교 전통에서는 대체로 보편자가 실재적이라고 주장했다.

그러나 14세기 철학자 오컴의 윌리엄은 실재하는 보편자가 없어도 괜찮다고 생각했다.[23] 그는 세상 밖에 보편자(플라톤주의적 형상)의 영역이

---

23 이에 관한 유익한 설명은 Richard E. Rubenstein, *Aristotle's Children: How Christians, Muslims, and Jews Rediscovered Ancient Wisdom and Illuminated the Dark Ages* (Orlando, FL: Harcourt, 2003), pp. 251-257를 보라.

존재한다는 관념은 잉여적인 철학적 장치처럼 보인다고 주장했다. 물론 인간은 비슷하게 보이며, 고양이와 개 역시 마찬가지다. 하지만 보편자가 실재적 존재를 지니고 있다는 이상한 전제를 통하지 않고 이런 유사성을 설명할 수 있는 더 쉬운 방법이 존재한다. '오컴의 면도날'이라는 원리는 우리가 가능한 한 적은 수의 전제를 가지고 관찰한 바를 설명해야 한다는 것이다. 면도날을 사용해 모든 불필요한 전제를 깎아 내야 한다는 것이다. 그리고 오컴은 이 면도날을 사용하여 보편자를 거의 다 깎아 냈다. 오컴을 따르는 전통에서는 보편자란 우리가 비슷해 보이는 개별 대상에 적용한 이름(nomina)일 뿐이라고 주장했다. 따라서 보편자가 하나님의 마음 안에 실재적 존재를 가지고 있는 것이 아니라 단지 우리가 특정 대상에 부여한 이름일 뿐이라는 철학적 입장을 '유명론'(nominalism)이라고 부른다.[24] 프레더릭 코플스턴(Frederick Copleston)은 오컴의 사상을 요약하며 이렇게 말한다.

언제나 [오컴의] 핵심 주장은 보편자를 설명하기 위해 마음과 개별 사물 외에 다른 요소를 상정할 필요가 없다는 것이었다. 개별 사물 사이에 다양한 정도의 유사성이 존재하기 때문에 보편적 개념이 생겨날 뿐이다. 소크라테스와 플라톤은 당나귀보다 서로와 더 비슷하며, 이런 경험적 사실이 인간이라는 구체적 개념의 형성에 반영되어 있다. 그러나 이렇게 말할 때 주의를 기울여야 한다. "플라톤과 소크라테스가 무언가 안에서 혹은 어떤 것들 안에서 일치(공유)하지만, 어떤 것들에 의해, 즉 그들 자신에 의해 일치하며(비슷하며), 소크라테스는 무언가 안에서가 아니라 무언가에 의해, 즉 그 자신

---

24 물론 오컴은 우리의 마음 안에 있는 개념으로서 보편자의 존재를 인정했다. 따라서 엄밀히 말하자면 그의 접근 방식은 사실 '유명론'이라기보다는 '개념론'(conceptualism)이다.

에 의해 플라톤과 일치한다(convenit cum)"라고 말해서는 안 된다. 다시 말해서, 소크라테스와 플라톤이 공유하는 본질이 있는 것이 아니며, 그 본질 안에서 두 사람이 함께하거나 공유하거나 일치하는 것이 아니다. 소크라테스라는 본질과 플라톤이라는 본질이 비슷할 뿐이다.²⁵

소크라테스와 플라톤의 유사성은 천상적 참여와는 무관하다. 그들의 유사성은 결코 영원하신 말씀과의 성례전적 관계에 기초하지 않았다.²⁶

만약 소크라테스와 플라톤의 유사성이 공유된 보편자의 결과가 아니라면—실재적인 공통의 인간성이 존재하지 않는다면—왜 그들은 그토록 놀라울 정도로 비슷해 보이는 것인가? 이유는 간단하다. 하나님의 의지 때문이다.²⁷ 이 지점에서 오컴은 자신의 주의주의에 기댄다. 모든 개별 사물이 그런 모습으로 보이는 것은 하나님의 의지 때문이다. 오컴의 면도날에 따르면 보편자는 필요하지 않다. 그는 주변에서 보는 모든 것을 설명하는 데 하나님의 의지면 충분하다고 생각했다. 간단히 말해서, 근대성이라는 가위의 두 날인 일의성과 유명론으로 인해 하나님의 자유를 과도하게 강조하는 태도와 주의주의가 나타났다. 근대성이라는 가위—유비에서 일의성으로, 실재론에서 유명론으로 이끈—는 성례전적 태피스트리를 둘로 잘라 냈으며, 이로써 근대 서양 세계에서 플라톤

---

25 Frederick Copleston, *A History of Philosophy*, 3 vols. (New York: Image/Doubleday, 1963), III: p. 69.
26 크레이그 게이가 인간성에 대해 훨씬 더 강력한 이해를 표현한 것을 보라. "우리의 말이 우리가 하나의 공통된 **세계**를 구축할 수 있게 한다면, 우리가 '우리'라고 말할 수 있게 한다면, 우리의 말이 이 세상 안에서 어떤 열매를 맺을 수 있다면', 이는 우리가 하나님의 말씀의 창조적 능력에 참여할 수 있도록 은혜롭게 허용되었다는 사실을 반영할 뿐이다"[*Dialogue, Catalogue and Monologue: Personal, Impersonal and Depersonalizing Ways to Use Words* (Vancouver: Regent College Publishing, 2008), p. 18].
27 Gay, *Dialogue, Catalogue and Monologue*, p. 70.

주의-기독교적 종합을 쇠퇴하게 했고, 궁극적으로는 거의 붕괴시켰다.

천상적 참여와 인간의 문화

그 결과는 근대성의 탈신성화된 문화였으며, 그 안에서 자연적 질서는 하나님의 삶에 성례전적으로 참여하는 데서 단절되고 말았다. 루이 뒤프레는 이렇게 설명한다.

> 이차적 원인의 독립적 질서라는 관념은 점진적으로 특별한 하나님의 도움 없이도 충분히 행동할 수 있는 자연이라는 관념으로 이어졌다. 하지만 실제 자연적 질서가 그 자체의 목적론에 의해서만 전적으로 통제되는 독립적 실체(entity)로 기능한다면, 은총으로의 높아짐은 자연 영역에 대한 신적 부가물로 간주되어야 했다. 논리적으로 신학은 이 부가적 질서를 자연의 질서와 분리해서 다루어야 했다.[28]

뒤프레가 보기에 근대성의 기본적인 문제는, 이 구별된 두 질서(자연적 질서와 초자연적 질서)의 분리로 인해 자연이 지복의 전망이라는 초자연적 목적에 대한 자연적 욕망을 고려하지 않고서 그 자체의 목적을 추구할 수 있게 되었다는 것이다. 이제 창조 질서의 성례전적 성격을 분별해 내는 것이 불가능해졌다. 천상적 참여를 강조하는 대신 지상적 실재의 자연적 목적을 기리는 태도가 우세해지고 말았다.

그 영향은 관념의 세계에만 국한되지 않았다. 제임스 스미스가 지적

---

[28] Louis Dupré, *Passage to Modernity: An Essay in the Hermeneutics of Nature and Culture* (New Haven: Yale University Press, 1993), p. 177.

하길, 급진 정통주의에서는

> 세상과 사회적 관계에 관해 놀라울 정도로 새롭고 전례 없는 설명을 출현시킨 서양 문화의 패러다임 전환을 분별해 낸다. 이 철학적·신학적 전환은 새로운 사회적 구조, 새로운 정치적 이상, 새로운 경제적 모형, 인간 본성에 대한 새로운 설명을 출현시켰고, 이 모든 것은 자유 민주주의와 자본주의 경제학의 수출을 통해 서서히 전 지구화되었다.[29]

급진 정통주의가 "새로운 정치적 이상, 새로운 경제적 모형"이나 "자유 민주주의와 자본주의 경제학"의 출현을 긍정적 발전으로 평가하지 않음을 분명히 알 수 있을 것이다. 실제로 일의성과 유명론은 피조물(*sacramentum*)과 영원하신 로고스(*res*)의 성례전적 관계를 잘라 냄으로써 원칙적으로 피조물이 하나님 안에 있는 그 생명의 신적 원천으로 돌아간다는 목적론적 의도를 고려하지 않는 사회적 구조를 출현시켰다. 이 근대적 관점은 피조물의 존재(또한 그것의 진선미)를 **그 자체를 목적으로** 누리는 태도로 이어졌다. 이는 그 자체를 목적으로 누려야 할 대상은 하나님뿐이라는 아우구스티누스의 언명에 대한 명백한 위반이다.

아이러니하게도, 피조물을 그 자체로 귀하게 여기고 향유해야 한다는 근대성의 주장은 모든 가치와 향유의 상실을 초래한다. 피조물이 하나님의 존재에 성례전적으로 참여하지 않는다면, 창조된 대상들은 서로와 혹은 하나님과 본래적으로 아무런 관계도 맺고 있지 않다.[30] 그 결과

---

29 Smith, *Introducing Radical Orthodoxy*, p. 91.
30 루이 부이에(Louis Bouyer)의 말을 들어 보라. "오컴의 사상, 일반적으로는 유명론의 본질적 특징은, 모든 존재를 지각할 수 있는 것으로 환원하고, 본질이라는 관념, 존재들 사이의 실재적 관계의 모든 가능성, 모든 존재의 안정적 실존을 제거하여 결국에는 실재적인 것을 이해할 수 있

는 가치와 향유가 영원하신 하나님의 말씀과의 참여적 혹은 실재적 연관성이 아니라 외재적 혹은 명목적 연관성의 결과일 뿐이라고 주장하는 허무주의적 구성주의다.

근대적 세속주의는 우리를 천상적 참여에서 멀어지게 함으로써 우리에게 우리 자신의 진선미를 만들어 내라는 부담을 지웠다. 탈근대적 허무의 경험이 우리에게 무언가를 가르쳐 준다면, 그것은 이 짐이 너무 무거워서 견딜 수 없다는 것이다. 우리 자신의 현실을 구성해야 할 책무는 수많은 정치적·경제적·도덕적 딜레마, 즉 천상적 참여라는 안정성으로 돌아가지 않고서는 해소될 수 없는 딜레마로 귀결된다. 그러므로 현대 신학의 가장 중요한 문화적 책무 중 하나는 위대한 전통의 플라톤주의-기독교적 종합이라는 '원천으로 돌아가기'라고 말할 수 있다.

는 모든 가능성을 부인하고 하나님을 이해 불가능한 프로테우스처럼 변화무쌍한 인물로 간주하게 된 급진적 경험주의가 아니고 무엇이겠는가?"[*The Spirit and Forms of Protestantism*, trans. A. V. Littledale (Princeton, NJ: Scepter, 2001), pp. 184-185].

5장

다시 짜려는 시도
젊은 복음주의자들을 위한 종교개혁

1520년 12월 10일에 마르틴 루터(Martin Luther)가 교황 칙서 『주여, 일어나소서』(Exsurge Domine)를 불태운 사건은 가톨릭교인과 개신교인 사이의 종교적 분열을 돌이킬 수 없게 만들었다. 16세기 내내 재결합을 위한 진지한 시도가 이루어졌지만 분열의 양측은 균열이 그토록 극적으로 표출된 후 이를 바로잡는 데 실패했다. 또한 곧 개신교인들이 스스로 분열하는 가운데—대륙 안에서도 루터, 칼뱅(Calvin), 츠빙글리(Zwingli), 시몬스(Simons)를 따르는 이들 모두가 다양한 교리적 문제를 두고 서로 대립했다—신성 로마 제국의 종교적 일치를 회복하는 것은 점점 더 도저히 실현되기 어려운 이상처럼 보이게 되었다. 이음매 없이 매끈하다고 모두가 고백하는 그리스도의 몸이라는 옷(요 19:23-24)은 믿음과 행위, 성경과 전통, 세례와 성만찬을 둘러싼 논쟁으로 찢어지고 말았다.

부상하고 있던 국민국가의 정치적 계략, 귀족과 도시 상인과 영세 농민의 공포와 좌절, 성직자들과 학자들의 교만, 특히 복음의 진리에 관한 깊은 확신. 이 모든 요인 때문에 16세기에 파편화가 점점 더 심해졌다. 지나고 나서 보면, 위대한 전통의 통일성과 근대 시기의 파편화 사이의 중요한 국면에서 종교개혁이 출현했다. 이는 그저 세속적 근대성의 문제가 종교개혁 탓이라는 말이 아니다. 앞선 두 장에서 분명히 설명했듯이, 자연을 초자연에서 분리하고 그 결과 위대한 전통의 성례전적 태피스트리를 찢어 버린 책임은 중세 후기의 발전 탓이었다. 그럼에도, 진지한 태도로 교회 일치를 위한 대화에 임하기 위해서는 이 중세의 발전과 종교개혁 때 발생한 단절 사이의 연관성을 부인해서는 안 된다. 내가 보기에 종교개혁 때 그리스도의 몸의 옷이 찢어진 것은 성례전적 태피스트리를 해체하고 자른 것과 연관이 있다.

앞서 나는 이 책의 3장과 4장이 가장 실망스러운 내용을 담고 있다고 말했다. 결국 서양 문화의 탈성례화의 원인은 앞선 두 장에서 설명한 발전에서 찾을 수 있다. 하지만 공정을 기하자면, 이번 장은 아마도 복음주의자들에게 가장 큰 도전이 되는 장일 것이다. 첫째, 나는 이번 장에서 종교개혁이 자연과 초자연 사이의 균열을 치유하려고 노력했지만 태피스트리를 다시 짜는 데 성공하지 못했고, 그 결과 문제가 된 중세 후기의 전제들 중 일부가 종교개혁 전통 안에서, 더 나아가 현대 복음주의 안에서 지속되었다고 주장할 것이다. 물론 종교개혁자들이 인간중심주의(anthropocentrism) 및 중세 후기 교회의 타락과 단절해야 함을 강조했던 부분은 높이 평가할 수 있다. 그럼에도, 이번 장에서는 우리가 복음주의자로서 종교개혁을 축하해야 할 무언가가 아니라 애석해해야 할 무언가로 바라보아야 우리의 과거를 정당하게 평가할 수 있다고 주장할 것이다. 둘째, 나는 젊은 복음주의자들 사이에서 나타나는 신비에 대한 갱신된 이해에 공감하기는 하지만, 이번 장에서는 그들이 신비를 탈근대성과 연결하는 것을 비판할 것이다. 나는 탈근대적 회의주의는 근대 이전의 성례전적 신비와는 전혀 다른 무언가라고 확신한다. 복음주의의 미래를 위해서는 이 차이를 분별해 내는 것이 필수다.

찢어진 태피스트리와 옷

16세기 종교개혁이 애석해해야 할 비극이었으며 그것이 근대의 세속주의와 역사적으로 연결된다는 주장은 분명 우리의 과거에 대한 다분히 일방적인 그림을 제시한다. 이런 접근 방식에 대한 반론은 무수히 많다. 중세 교회는 개혁이 절박하게 필요한 상태가 아니었는가? 종교개혁에는 손실뿐만 아니라 이득도 있지 않은가? 그 이득은 상당하지 않았는가? 강력한 성경 강해 설교 및 개인적 차원과 소모임에서 이뤄진 성경 공부를 통해 입증되었던 말씀의 중심성 같은 전형적인 개신교의 강조점, 젊은이 교리 교육, 찬송가의 놀라운 발전, 18세기와 19세기 복음주의 선교의 발전, 인격적 참여와 개인적 헌신에 대한 전반적인 깨달음. 이 모든 것이 종교개혁을 통해 얻은 엄청난 이익이 아닌가?

물론 어떤 이들은 개인적 헌신이 너무 쉽게 개인주의로 대체된다고 지적하며, 우리는 우리의 종교적 헌신을 특징짓는 경우가 많은 파편화나 원자화를 안타까워할지도 모른다. 또한 종교개혁에서 얻은 것 일부가 오늘날에는 더 이상 예전처럼 확실하지 않다고 걱정할지도 모른다. 젊은 복음주의자 일부는 심지어 종교개혁 신학의 균형에 의문을 제기하며, 말씀과 기독교 교리의 중심성이 불필요하게 성만찬의 중요성을 깎아내렸고 성스러운 미술과 다양한 예복, 향냄새와 깜박이는 초를 통해 표현된 예전적 상상력의 불행한 평가절하로 귀결되었다고 생각할 수도 있다. 역사의식을 지니고 있다면, 유구하며 존경받을 만한 위대한 전통의 상실에 당혹스러워할지도 모른다. 즉 이레나이우스와 테르툴리아누스, 안셀무스와 베르나르(Bernard), 토마스와 프란체스코(Francis)가 빌려 온 이야기에, 실은 복음주의자들이 아니라 가톨릭교인들에게 속한 이야기에 속한 것처럼 보일지도 모른다. 그러나 복음주의자들은 이득과 손실을 재 보고 균형을 살펴본 후 종교개혁을 찬성하는 경향이 있다. 손실이 있음에도 우리는 종교개혁을 통해 많은 것을 얻었다. 누가 중세 로마 가톨릭교회의 부패로 돌아가기를 원하겠는가?

나는 이번 장의 해석이 일방적임을 기꺼이 인정한다. 하지만 이번 장에서는 내가 믿기에 꼭 들어 보아야 할 쪽의 이야기를 다루고 있다. 주의를 기울여 듣지 않는다면 우리의 과거를 선택적으로만 판단하게 될 뿐 아니라 문화나 교회 일치에 관련한 미래의 도전에 직면한 상황에서 앞으로 나아갈 수도 없기 때문이다. 나는 많은 경우 복음주의자들 사이에서 관심을 끌지 못하는 종교개혁의 한 측면을 강조함으로써 종교개혁의 이득과 손실을 불가피하게 따지는 균형 잡기를 넘어서기를 바란다. 나는 종교개혁이 이득과 손실 모두를 가져왔다는 데 동의하며, 사람마다 다른 점수를 매기고 있다는 사실을 잘 알고 있다. 하지만 다른 점수라는 것은 경험적 관찰의 총합일 뿐이다. 그런 정신적 활동도 나름대로 가치 있는 일이지만 충분히 깊이 파고들지 못하고 있다. 위대한 전통의 성례전적 태피스트리는 대체로 잠재의식 차원에서 기능했다. 교회의 이야기, 상징, 실천이 조화롭게 짜인 태피스트리 안에 자연과 초자연의 일치를 담아냈다.[1] 의심할 나위 없이 종교개혁은 이득을 가져왔다. 하지만 종교개혁의 긍정적 영향력조차도 중세 후기에 풀리고 잘린 태피스

---

[1] N. T. 라이트는 대체로 잠재의식 차원에서 기능하는 경향이 있는 한 문화의 세계관을 전달하는 이야기, 상징, 실천의 역할을 강조한다[*Christian Origins and the Question of God*, vol. 1, *The New Testament and the People of God* (Minneapolis: Fortress, 1992), pp. 215-243]. 『신약성서와 하나님의 백성』(CH북스).

트리를 고치지는 못했다. 다시 말해서, 종교개혁은 분명히 해결될 필요가 있었던 교리 문제와 교권 남용에 초점을 맞췄지만 그런 개혁의 필요성을 야기했던 근본 문제를 제대로 해결하는 데는 실패했다.

따라서 종교개혁을 축하하기보다 애석해하는 이유는 마르틴 루터나 장 칼뱅을 비판해야 할 필요를 느끼기 때문이 아니다. 그렇게 한다면 이는 분명히 역사적 실수를 저지르는 셈일 것이다. 중세 후기의 남용은 너무도 명백했고, 종교개혁에 기여한 요인들은 너무나도 복합적이어서 모든 책임을(어쩌면 더 나아가 대부분의 책임을) 종교개혁자들에게 돌릴 수는 없었다. 또한 종교개혁 교회들 안에 성령께서 이끄시는 갱신과 성장이 부족했다고 주장하면서 종교개혁이 비극적이었다고 말할 수도 없다. 이미 지적했듯이 강해 설교, 성경 공부, 찬송가, 복음주의의 선교 모두를 하나님이 그분 나라의 성장을 위해 사용하셨다. 종교개혁이 비극인 것은, 교회의 일치를 분열시켰으며 동시에 플라톤주의-기독교적 종합의 쇠락이라는 문제를 해결하는 데 실패했기 때문이다. 다시 말해서, 종교개혁은 성례전적 태피스트리의 해체를 지속시켰을 뿐 아니라 그리스도의 몸이라는 이른바 이음매 없는 옷을 찢고 말았다.

이 둘—찢어진 태피스트리와 찢어진 옷—은 결코 무관하지 않았다. 앞 장에서 설명한 몇몇 역사적 발전은 교회의 일치에 직접 영향을 미쳤다. 첫째, 중세 성기에 성만찬과 교회의 성례전적 일치를 유지하기가 더 어려워졌다는 드 뤼박의 지적은 이 문제와 관련이 있다. 성만찬과 교회의 밀접한 연결고리는 교회의 일치에 강력하게 초점을 맞추는 것을 암시했다. 성만찬을 더 이상 교회의 일치라는 신비를 구성하는 것으로 보지 않게 되었을 때, 일치와 진리를 서로 대립시키는 것이 가능해졌다. 예를 들어, 야코포 사돌레토(James Sadolet) 추기경이 교회의 일치를 저버렸다고 칼뱅을 비난했을 때, 이 종교개혁자는 일치를 향한 사랑과 진리를 위한 열심이 균형을 이루어야 할 필요가 있다고 대답했다. 칼뱅은 하나님 앞에서 자신을 변호하면서 이렇게 말했다. "나의 양심이 말하고 있습니다. 진리가 일치를 이루게 하는 끈이 되었다면 주님의 교회의 일치를 위한 나의 열심이 얼마나 강하게 불타올랐겠습니까!"[2] 칼뱅은 여전히 교회의 일치를 소중히 여겼지만, 일치를 성만찬 집례에 기인하는 심오한 성례전적 실재로 보는 신학적 접근 방식에서는 일치와 진리를 그렇게 균형 잡으려는 태도를 상상하기 어렵다.

둘째, 성례전적 태피스트리를 찢는 것과 분열 가능성의 직접적 연결은 중세 후기 성경의 권위와 교회의 권위의 분리에 관한 콩가르의 논평을 통해서도 확인할 수 있다. 종교개혁은 이 두 권위의 점증하는 분리와 궤를 같이했다. 대항종교개혁에서 교회의 형식적 권위를 지나치게 강조했을 가능성이 있듯이, 종교개혁에서도 자기변호를 위해 '오직 성경으로'(sola Scriptura)라는 원리를 심각하게 문제 있는 방식으로, 마치 현재 살아 있는 전통이 성경의 계속되는 시의성을 매개하지 못하는 것처럼, 또한 교회가 성경 해석과 관련해 적절한 한계를 설정하는 의무를 지니고 있지 않은 것처럼 표현한 것이 사실이다. 종교개혁의 후예 중 다수가, 특히 급진 종교개혁자들은 성경의 질료적 충족성(material sufficiency, 성경이 모든 기독교 교리를 담고 있다는 생각)에 만족하지 못하고 성경의 형식적 충족성(formal sufficiency, 성경을 바르게 해석하기 위해서는 성경만 필요하다는 관념)을 당연하게 여겼다. 다시 말해서, 종교개혁 전통에서는 성경이 교

---

[2] John Calvin, "Reply by John Calvin to Letter by Cardinal Sadolet to the Senate and People of Geneva", in *Tracts Relating to the Reformation*, vol. 1, trans. Henry Beveridge (Edinburgh: Calvin Translation Society, 1844), p. 60. "사돌레토에게 주는 답신", 『칼뱅 작품 선집 3』(총신대학교출판부).

회 안에서 **유일한** 권위라고 주장함으로써 단지 모든 기독교 교리가 성경 안에 담겨 있다고 말하는 것을 넘어서는 경우가 많았다. 이전의 성례전적 관점에서는 성령께서 성경과 교회 모두에 살아 임재하신다고 주장한 반면, 중세 후기에 사람들은 그 신뢰성(혹은 정확성)이 측정 가능하고 관리 가능한 권위의 형식적 원천에 점점 더 매혹되기 시작했다. 성경의 형식적 권위에 엄격히 초점을 맞추는 태도가 이렇게 새로 나타나지 않았다면 종교개혁은 움트기 어려웠을 것이다.

셋째로, 가장 중요한 의미에서 종교개혁에 의한 교회의 파편화를 가능하게 만든 것은 중세 후기 유명론이었다. 비록 유명론은 그리스도인이 계속해서 창조주이신 동시에 구속주이신 삼위일체 하나님을 믿는 것을 가능하게 했지만, 더 이상 중세적 태피스트리의 급진적인 기독론적 일치를 허용하지 않았다. 유명론은 인간의 수직적·수평적 관계에 깊이 영향을 미쳤다. 위대한 전통의 기독론적 닻은 하나님과 인류 사이의 수직적 연결고리를 보장했다. 인간들은 영원하신 로고스에 참여함으로써 그들의 존재를 받았다. 하나님의 말씀과의 이 수직적 연결고리는, 다시 모든 인간이 수평적으로 서로 관련되어 있음을 뜻했다. 그들 모두가 공통된 인간성에 참여했다. 플라톤주의-기독교적 존재론의 실재론은 인간들을 하나로 묶는 것이 그들을 나누는 것보다 훨씬 더 중요함을 뜻했다. 로고스에 대한 그들의 공통적 참여는 일치를 제공했고 파편화를 막았다.

교회 안에서는 이러한 성례전적 일치를 특히 강하게 느낄 수 있었다. 결국 교회의 말씀과 성만찬은 사람들을 그들의 공통적 인간성과 더불어 주어진 자연적 일치를 크게 능가하는 참된 일치 안에서 그리스도께 연합시켰다. 유명론은 일치의 이 중세적 감각을 전복했다. 이 새로운 철학적 접근 방식이, 말하자면 각 사람이 자존적 실체(entity)이며 그들의 존재가 원칙적으로 다른 사람의 존재와 무관하다는 관념에 의존하고 있었기 때문이다. 다시 말해서, 유명론은 근대적 개인주의의 모판이었다. 유명론자가 실재론자에 비해 교회의 일치에 관심을 기울이기 훨씬 더 어렵다는 점은 쉽게 이해할 수 있다. 파편화가 유명론적 존재론의 핵심에 자리 잡고 있다. 그러므로 종교개혁의 분열은 중세 후기의 발전에 의해 가능해졌다고 말할 수 있다. 그리스도의 옷으로서 교회의 일치의 찢어짐은 플라톤주의-기독교적 종합이라는 성례전적 태피스트리의 찢어짐과 직결되어 있다.

루터, 칼뱅, 중세 후기 유명론

우리는 종교개혁과 중세 후기의 발전을 연결하는 방식에 주의할 필요가 있다. 종교개혁과 중세의 연속성과 불연속성 문제는 교리사가 사이에서 논의가 많이 이뤄지고 있는 주제이며, 종교개혁의 각 분파와 연관이 있고 종교개혁 시대에 논란이 된 각각의 교리에도 영향을 미치는 주제다.[3] 칼뱅에 비해 루터가 초기에 유명론 교수들에게 영향받았다는 사실은 훨씬 더 분명하지만, 루터와 칼뱅이 유명론 교사들과 직접 연결되는지는 전적으로 명백하지 않다.[4] 더 나아가 중세 후기 유명론에 익숙하

---

3 Heiko Oberman, *Forerunners of the Reformation: The Shape of Late Medieval Thought Illustrated by Key Documents*, 2nd ed. (Philadelphia: Fortress, 1981)을 보라. 또한 Alister E. McGrath, "Forerunners of the Reformation? Critical Examination of the Evidence for the Precursors of the Reformation Doctrines of Justification", *Harvard Theological Review* 75 (1982): pp. 219-242를 보라.

4 참고. Alister E. McGrath, "John Calvin and Late Mediaeval Thought", *Archiv für Reformationsgeschichte* 77 (1986): pp. 58-78, McGrath, *Luther's Theology of the Cross:*

고 그와 연관이 있다고 해서 종교개혁자들이 그 가르침을 무비판적으로 채택했다는 뜻은 아니다. 그와 반대로 루터의 경우 오직 믿음으로 말미암는(sola fide) 칭의에 관한 그의 가르침은 에르푸르트에서 그가 받은 유명론의 가르침에 대한 거부의 직접적 결과였다.[5] 또한 칼뱅의 글에는 소르본의 스콜라 신학자들을 지칭하는 '궤변가들'(sophists)에 대한 언급이 가득하다.

또한 종교개혁자들이 자연과 초자연의 관계를 재구조화하려고 시도했음을 지적하는 것도 중요하다. 루터는 중세 신학자들이 자연에, 또한 그에 상응하는 인간 이성의 주장에 과도한 역할을 부여한다고 보았으며 이를 문제 삼았다. 그의 항의를, 적어도 부분적으로는 12세기 자연의 발견 이후 서양 문화 속으로 침투하고 있던 자연주의에 맞서려 했던 시도로 보는 것도 그르지 않다. 결국 아리스토텔레스는 토마스가 인간 이성과 더불어 자연 영역에 상대적 독립과 자율성의 지위를 부여할 수 있게 해 주었다. 루터는 특히 아리스토텔레스 철학이 신학 분야 자체까지 침범한 것을 문제 삼았다. 그는 아리스토텔레스 철학의 개념과 사고방식이 기독교 신학에 영향을 미치는 것을 비난했다. 비텐베르크의 종교개혁자는 이교도 철학자의 영향력을 논평하면서 이렇게 설명했다. "아리스토텔레스의 모든 것과 신학의 관계는 그림자와 빛의 관계와 같다."[6]

Martin Luther's Theological Breakthrough (Oxford: Blackwell, 1985, 『루터의 십자가 신학』, 컨콜디아사), pp. 27-92, Thomas M. Osborne, "Faith, Philosophy, and the Nominalist Background to Luther's Defense of the Real Presence", Journal of the History of Ideas 63 (2002): pp. 63-82.

5 McGrath, Luther's Theology of the Cross, pp. 128-136.
6 Heiko A. Oberman, Luther: Man Between God and the Devil, trans. Eileen Walliser-Schwartzbart (1990; reprint, New York: Image/Doubleday, 1992), p. 160에서 재인용. 『루터』(한국신학연구소). 루터의 아리스토텔레스 비판에 관한 자세한 논의는 McGrath, Luther's Theology of the Cross, pp. 136-141를 보라.

루터의 개혁 기획은 철학이—그리고 특히 아리스토텔레스주의적 자연주의가—신학에 미치고 있던 부정적 영향력을 제거해 신학을 순수하게 만들려는 시도였다. 따라서 루터는 중세 성기에 자연의 자율성의 대두와 연관된 문제를 바로잡으려고 노력했다.

하지만 그렇다고 해서 루터가 위대한 전통의 성례전적 태피스트리를 복원하려고 노력했다는 뜻은 아니다. 그는 철학과 신학, 혹은 이성과 신앙 사이의 균열이 점점 커지는 것보다는 신학에 대한 철학의 외래적 영향력을 훨씬 더 많이 우려했다. 만약 유명론이 그의 사상에 미친 영향력이 있다면, 그것은 그가 이성과 신앙을 최대한 구별된 것으로 유지하려는 성향을 지녔다는 점이다. 하이코 오버만(Heiko Oberman)은 루터의 입장을 요약하면서 유명론이 루터에게 미친 영향력을 이렇게 포착해 낸다. "신앙의 문제는 하나님의 말씀을 통해서 해결되어야 하며, 그렇지 않다면 전혀 해결될 수 없다. 인간의 말을 거룩하게 만들고 그것을 믿고자 하는 유혹—혹은 충동—은 사탄적이다. 하나님이 침묵하실 때 인간이 말해서는 안 된다. 그리고 하나님이 나누신 것, 즉 하늘과 땅을 인간이 결합하려고 해서는 안 된다."[7] 루터의 입장은 하늘과 땅의 유명론적 분리가 이전의 플라톤주의-기독교적 종합을 특징지었던 이 둘의 성례전적 통합을 역행한다는 어려움에 직면한다. 철학에 대한 그의 의심은 신앙과 이성을, 자연과 초자연을, 하늘과 땅을 분리한 결과였다. 루터는 유명론적 방식으로 신앙이 자연 철학의 과잉이라는 찌꺼기와 섞이지 않기를 바랐다. 불행히도 그는 자연과 초자연의 유명론적 분리가 궁극적으로는 근대성의 세속주의로 귀결됨을 알지 못했다.

---

7   Oberman, *Luther*, p. 160.

칼뱅은 자연과 초자연의 유명론적 분리를 훨씬 더 효과적으로 무너뜨린 것처럼 보였다. 루이 뒤프레는 인문주의의 영향 때문에 칼뱅이 하나님의 거울로서의 자연 영역과 비그리스도인의 성취 모두를 매우 높이 평가했다고 바르게 지적한다. 뒤프레는 칼뱅이 "자연의 질서(*ordo naturae*)가 계속해서 하나님의 임재와 인도하심을 나타낸다는 것을 전혀 의심하지 않는다"고 말한다. "칼뱅이 인간 정신의 자연적 특성과 우주의 아름다움을 예찬할 때 그의 신학의 참된 의도가 가장 분명히 드러난다. 은총 덕분에 자연은 그 실존적 불충분성을 극복하고 자연의 최종적 운명을 이룰 수 있게 된다. 하지만 자연은 계속해서 구속의 기초를 이루고 있다."⁸ 은총이 자연의 불충분함을 극복하며 자연은 여전히 구속의 기초를 이루고 있다는 칼뱅의 견해는 위대한 전통의 통합된 우주와 어울릴 것이다.

하지만 하나님이 자연 안에 임재하시고 자연을 통해 인도하신다는 것에 관한 이 긍정적 관점은 칼뱅 사상의 다른 요소들과는 잘 어울리지 않았다.⁹ 칼뱅이 인간의 죄가 만연함을, 하나님의 은총에 대한 인간 의지의 철저한 의존을, 특히 이중 예정 교리를 강조했다는 것은, 그가 인간이 지복의 전망에 대한 자연적 욕망을 지니고 있다는 위대한 전통의 견해를 공유하지 않았음을 의미한다. 칼뱅에 따르면 타락은 인간의 의

---

8 Dupré, *Passage to Modernity: An Essay in the Hermeneutics of Nature and Culture* (New Haven: Yale University Press, 1993), pp. 209-211.
9 데니스 탬버렐로(Dennis E. Tamburello)는 흥미로운 한 논문에서 칼뱅의 신학이 매우 뚜렷한 성례성의 요소를 지니고 있다고 주장한다["Calvin and Sacramentality: A Catholic Perspective", *John Calvin and Roman Catholicism: Critique and Engagement, Then and Now*, ed. Randall C. Zachman (Grand Rapids: Baker Academic, 2008), pp. 193-215)]. 궁극적으로 이 주장은 그다지 설득력이 없는데, 칼뱅이 피조물 안에서 하나님의 **나타나심**(manifestation)에 관해 한 언급과 피조물 안에 하나님의 **임재하심**(presence)에 관해 한 언급을 구별하지 않기 때문이다. (참여나 성례성을 요구하지 않는) 전자에 대한 언급은 많지만 후자는 드물다.

지를 철저히 무력한 것으로 만들고 말았다.¹⁰ 그 결과 인간의 무능함과 하나님의 은총이 대립된다고 보았으며, 결국 칼뱅은—그에게 최선의 인문주의적 의도가 있었음에도—자연 대신 은총을 택하고 말았다. 칼뱅의 신학은 중세 후기 유명론 철학에서 시작된 자연의 탈성례화를 피할 수 없었다. 뒤프레는 이렇게 말한다. "안타까운 아이러니에 의해⋯개혁파 신학에서는 자연을 전적으로 타락한(*totaliter corrupta*) 것으로 평가절하함으로써 실제로는 근대 유럽 전역에서 이미 시작된 무제한의 자연주의의 개선 행진에 저항할 수 있는 힘을 약화시키고 말았다."¹¹ 뒤프레의 평가가 많은 복음주의자에게는 삼키기 어려운 알약일 수도 있다. 그럼에도 하늘과 땅의, 자연과 초자연의 급진적 대립에 기인한 근대와 탈근대의 딜레마는 우리에게 칼뱅주의 종교개혁의 일부 핵심 교의를 재평가하는 갱신된 노력을 요구한다.

루터교와 칼뱅주의에 미친 유명론의 영향은 하나님-인간 관계를—참여적 혹은 실재적 관점보다는—외재적 혹은 명목적 관점에서 해석하는 경향을 통해 특히 전면으로 부각되었다. 오직 믿음으로 말미암는 (*sola fide*) 칭의라는 종교개혁의 가르침은 유명론 전통과 연속성이 크다는 것을 보여 주는 예다. 이 연속성의 핵심은 그리스도의 의의 전가 (imputation)다. 전가—종교개혁자들에 따르면 법정적(forensic) 선언—는 본질상 외재적 혹은 명목적이다. 신자가 의인인 동시에 죄인이라는 (*simul iustus et peccator*) 루터의 관념은 구원의 명목적 성격을 보여 주는

---

10 John Calvin, *Institutes of the Christian Religion*, ed. John T. McNeill, trans. Ford Lewis Battles, The Library of Christian Classics, vol. 20 (Philadelphia: Westminster, 1960), II.iii를 보라.
11 Dupré, *Passage to Modernity*, p. 215.

강한 증거다.¹² 신자들은 그리스도 안에서 의롭지만 자신 안에서는 죄인으로 남아 있다. 루터의 비방자들이 이런 질문을 던졌던 이유를 충분히 이해할 수 있다. "하지만 하나님의 은총은 내적으로 신자들을 변화시키지 않는가?" 루터는 그리스도의 의의 전가를 룻을 덮어 준 보아스의 겉옷과 병아리를 품는 어미 닭의 날개에 비유했지만 이런 외재적 은유는 그를 반대하는 가톨릭교인들의 불안을 덜어 주지 못했다.¹³ 물론 루터는 선행의 필요성을 잘 알고 있었으며, 특히 나중에는 요한 아그리콜라(Johann Agricola) 같은 동료 루터교인들의 무모한 율법폐기론(antinomianism)에 분명히 반대했다.¹⁴ 그럼에도 칭의에 관한 루터 자신의 가르침이 일부 그의 추종자에게 이런 이상한 견해를 표현할 빌미를 제공한 것은 아닌지 의문을 가져 볼 만하다.

루터만큼이나 칼뱅도 칭의를 인간의 행위와 분리하려고 했다. 이를 위해서 그 역시 칭의는 성령께서 이루시는 내적 변화라기보다 명목적이거나 외재적인 사법적 선언이라고 주장했다.¹⁵ 전가를 대단히 강조하는 종교개혁 교리의 근본 구조는 중세 후기의 유명론적 발전이 없었다면 불가능했을 것이다.

이것이 종교개혁자들, 특히 칼뱅이 성령이 주시는 성화의 은총을 강조했음을 부인하는 것은 아니다. 분명히 칼뱅은 의의 전가뿐만 아니라 의의 분여(impartation)도 알고 있었다.¹⁶ 칼뱅은 이른바 율법의 세 번째

---

12 Matthew Myer Boulton, *God against Religion: Rethinking Christian Theology through Worship* (Grand Rapids: Eerdmans, 2008), pp. 138-144를 보라.
13 Boulton, *God against Religion*, pp. 139-140.
14 Timothy J. Wengert, *Law and Gospel: Philip Melanchthon's Debate with John Agricola of Eisleben over Poenitentia* (Grand Rapids: Baker, 1997)를 보라.
15 Calvin, *Institutes*, III.xi.13-23.
16 심지어 칼뱅은 이신칭의를 뒤따르는 복음적 "행위의 의"(works righteousness)에 관해서 이야

용법(tertium usus legis)을 강조했으며, 이에 따르면 율법은 한 사람이 그리스도인으로 사는 삶의 도덕적 지침 역할을 한다. 칼뱅은 이 "세 번째 용법"이 필수라고 이해했다.[17] 그는 오직 믿음으로 말미암는(sola fide) 구원을 고수하는 동시에, 칭의(명목적 요소)와 성화(실재적 요소)를 결코 분리할 수 없음을 대단히 강조했다. 성화 없이 칭의를 지니는 것은 불가능하다.[18] 따라서 신자는 참으로 하나님의 은총에 참여한다. 사실 칼뱅에게 구원은 (특히 신자가 그리스도와 연합함을 강조하는 그의 가르침이 보여 주듯이) 너무나도 '실재적'이어서 오늘날 일부 학자들은 최근 들어 칼뱅의 신학 안에 나타난 신화(deification) 교리에 관해 이야기하기 시작했다.[19] 나는 이렇게 칼뱅을 동방 교회로 돌리려는 시도를 전적으로 납득하지는 않음을 고백할 수밖에 없지만, 칼뱅의 법정적 칭의가 선행의 절박한 필요성뿐 아니라 참여적 존재론을 약화시킨다는 가톨릭의 비판을 칼뱅의 참여적 언어가 크게 둔화시켰다는 데는 동의한다.

나는 우리가 종교개혁의 발전을 되돌아볼 때 양가적 결과를 얻게 된다고 믿는다. 한편으로, 종교개혁자들은 중세의 스콜라주의와 유명론에 조정이 필요함을 예리하게 인식했다. 또한 종교개혁의 신학적 재구조화에는 이전의 우주적 태피스트리를 이루는 실들을 적어도 어떤 의미에서는 다시 연결하려는 시도도 포함되어 있었다. 다른 한편으로, 종교개혁자들은 중세 성기와 후기의 몇몇 잘못된 발전을 계속 이어 나갔다. 특

기할 정도였다(*Institutes*, III.xvii.9-10. 참고. III.iii.20; III.xiv.21).
17 *Institutes*, II.vii.12.
18 *Institutes*, III.xi.6; III.xvi.1.
19 Carl Mosser, "The Greatest Possible Blessing: Calvin and Deification", *Scottish Journal of Theology* 55 (2002): pp. 36-57. 또한 J. Todd Billings, *Calvin, Participation, and the Gift: The Activity of Believers in Union with Christ* (Oxford: Oxford University Press, 2007)를 보라. 『칼뱅, 참여, 그리고 선물』(이레서원).

히 그들은 이전 두 세기의 유명론적 전환에 의해 시작된 탈성례화와 단절하지 못했다. 태피스트리를 성공적으로 다시 짜기 위해서 종교개혁자들은 이교도 철학에 대한 방향을 잘못 설정한 루터의 비판과 자연과 은총을 대립시키는 칼뱅의 태도를 넘어섰어야 했다. 가장 근본적으로 그들은 종교개혁 이전 적어도 몇 세기까지 서양 신학을 특징지었던 성례전적 혹은 참여적 존재론을 재천명했어야 했다. 종교개혁자들이 태피스트리를 다시 짜지 못했던 것은 이해할 만하지만 비극적인 분열로 이어졌고, 이는 여전히 서양의 그리스도인들을 괴롭히고 있다. 그 줄들을 다시 연결하는 데 성공한다면 이는 분열된 그리스도인들 사이에서 참된 재연결로 이어질 수도 있다.

라쉬키와 제2의 종교개혁

탈성례화된 세계관에 기인한 유명론적 원자화와 파편화를 '심각한 문제'라고 명명할 필요가 있다. 이 문제를 지목해야 하는 것은 특히 이른바 젊은 복음주의자들이—때로는 종교개혁 자체를 근거로 삼아—파편화를 받아들이며 심지어는 이를 어느 정도 기뻐하는 것처럼 보이기 때문이다. 종교개혁의 경우와 마찬가지로 젊은 복음주의자들의 파편화 역시 그 자체로 충분히 이해할 만하다. 많은 이가 이전 세대 복음주의자들의 주지주의를 경계하며 신비로의 새로운 전환을 음미하고 있다. 그러므로 탈근대성의 '겸손한' 진리 주장을 이전의 (근대적) 복음주의자들이 받아들였던 명제주의를 극복하는 데 도움을 줄 수 있는 접근 방식으로 추켜세운다. 나는 그런 파편화의 (다분히 극단적인) 한 예를 제시하고자 한다. 흥미롭게도 이 사례에서는 마르틴 루터를 근거로 삼아 파편화를 옹호한다. 나는 덴버 대학교의 종교학 교수인 칼 라쉬키(Carl Raschke)가 쓴 『제2의 종교개혁: 복음주의자들이 탈근대성을 받아들여야 하는 이유』(The Next Reformation: Why Evangelicals Must Embrace Postmodernity, 2004)를 염두에 두고 있다. 여기서 라쉬키는 종교개혁의 핵심 교의 중 세 가지, 즉 '오직 믿음으로', '오직 성경으로', '모든 신자의 제사장직'에 호소한다.[20] 실제로 라쉬키의 책에서는 몇 가지 점에서 루터를 영웅으로 제시한다.

라쉬키는 루터의 '오직 믿음으로'가 두 가지를 암시한다고 생각한다. 첫째, 이것은 인간 이성의 주장에 대한 무조건적 거부를 뜻한다. 라쉬키는 이교도 철학에 대한 루터의 거부를 급진화하면서, 사도들이 주장한 바가 "본질적으로 어리석었다"고 주장한다(p. 169). "탈근대주의는 나에게 하나님이 특이한 것을 사랑하신다는 것을 깨달으라는 소명을 준다. 성육신은 특이하다. 주의 만찬은 정말 특이하다"(p. 169). 기독교는 인간 이성이 아니라 성육신이라는 "부조리"에 근거를 두고 있다(p. 19).[21] 라쉬키는 탈근대적 '루터교의' 유명론적 신앙지상주의(fideism) 때문에 신학에 대한 놀라운 불신을 드러낸다. 라쉬키는 신학을 하나님에 대한 우상숭배적 "명명"으로 보는 탈근대 철학자 자크 데리다(Jacques Derrida)를 끌어들여 "모든 이름 위에 뛰어난 이름을 가지신 분은 건전하며 일관된 신학이 아니라 통회하며 겸손한 마음으로 경배해야 한다"고 주장한다(p. 114).[22] 이는 니사의 그레고리오스, 아우구스티누스, 안셀무스의 겸손

---

20 Carl A. Raschke, *The Next Reformation: Why Evangelicals Must Embrace Postmodernity* (Grand Rapids: Baker Academic, 2004), p. 26. 이후에 이 책을 인용할 때는 페이지를 본문에 괄호로 표기했다.
21 라쉬키의 책에서 두 번째 영웅은 테르툴리아누스다. 그가 예루살렘을 아테네와 대립시키기 때문이다(pp. 19, 129, 152, 169).
22 비슷한 의미에서 라쉬키는 "신학의 종말"을 주장한다(p. 211).

을 떠올리게 하는 모호한 메아리처럼 들리지만, 라쉬키가 전혀 다른 접근 방식, 즉 신학과 영성 사이의 연결고리를 제거하는 접근 방식을 취하고 있다는 사실을 숨길 수는 없다. 라쉬키는, 신학 교육에 관해 안타까운 점은 그것이 "파편화를 막으려 한다는 것으로…아테네와 예루살렘이 서로 복잡하게 얽혀 있으며 치명적으로 혼동되고 있다"고 말한다(p. 169). 라쉬키에게 '오직 믿음으로'는 인간 이성의 주장에 대한 거부이며 탈근대적 파편화로의 의도적 추락이다.

둘째, '오직 믿음으로'는 도덕과 거룩한 삶에 대한 깊은 불신을 뜻한다. 라쉬키는 막달라 마리아가 "아무것도 기대하지 않았고 '종교'에 관해 아무것도 하지 않았다"고 주장한다. "그녀는 그저 자신을 위해 죽고 무덤에서 부활하신 분을 믿었을 뿐이다"(p. 162; 참고. pp. 109-110). 모든 도덕주의와 율법주의를 두려워하는 라쉬키가 주창하는 제2의 종교개혁은 "은총이 전부다. 이것은 **은총의 혁명**이다. 루터는 자신을 따르는 이들에게 '대담하게 죄를 지으라'고 권면한 것으로 알려져 있다. 대체로 맥락과 상관없이 인용되는 말이다. 하지만 이 말은 루터-바울처럼 '은총'의 '계시'에 전적으로 사로잡힐 때까지 참된 그리스도인의 삶을 살 수 없었던-가 암묵적으로 만들어 낸 바를 강조한다"(p. 178).[23] 나는 루터와 칼뱅이 언젠가 라쉬키가 그들이 주창한 '오직 믿음으로'를 어떻게 전유할지 조금이라도 눈치챘다면 가톨릭 대항종교개혁 진영에서 표하는 우려를 새롭게 이해할 수 있었으리라 생각한다. 라쉬키는 비합리주의와 율법폐기론에 빠져 이성뿐만 아니라 거룩함을, 진리뿐만 아니라 선을 거부했다. 하지만 기독교 전통 전체-종교개혁을 포함해-에서는 둘 모

---

23 물론 라쉬키도 "값싼 은총"에 대해 경고한다(p. 167). 하지만 그의 주장의 전반적 시야는 은총을 드높이고 도덕주의와 율법주의에 대해 경고하는 것이다.

두를 기독교 신앙에서 없어서는 안 될 필수 요소로 간주했다.

모든 신자의 제사장직이라는 루터의 원리에 관한 한, 라쉬키가 모든 형태의 권위와 위계에 강한 반감을 가지고 있음이 금세 분명해진다. 라쉬키는 루터가 주창한 "그리스도인의 자유"에 호소하며 모든 신자의 제사장직은 "하나님이 은총을 베푸심에 있어서 모든 교회적 서열의 평탄화를 의미한다. 심판대에서 신자는 하나님 앞에 서서 그분께, 오직 그분께만 심판을 받아야 한다"라는 급진적인 (또한 근거 없는) 해석을 한다 (p. 26). 그러나 라쉬키의 평등주의는 루터가 주창한 "모든 신자의 제사장직"보다는 탈근대적 지평의 평탄화—우주의 유명론적 탈성례화의 궁극적 결과—와 관계있다. 라쉬키는 탈근대 이론가 미셸 푸코(Michel Foucault)의 "수평적[평평한, 내재적인] 주권"에 호소하면서(p. 149), 수직적 권위 구조에 강하게 반대하며 "문화의 '내재'로서 사회 안에서, 사회를 통해" 이뤄지는 관계의 상호성에 찬성한다(p. 151). 라쉬키는 종교개혁이 성직자의 권위를 탈중앙화했음에도 "종교개혁자들이 추구하고자 했던 원시 교회 혹은 1세기 교회로의 복귀"를 이루지 못했기 때문에 충분한 개혁을 이루지 못했다고 주장한다(pp. 155-156). 라쉬키가 『제2의 종교개혁』에서 제시하는 것보다 더 대담하게 교회와 전통을 거부하는 것을 상상하기는 어려워 보인다.

내가 라쉬키를 언급한 것은 그의 접근 방식이 젊은 복음주의자 사이에 나타나는 더 광범위한—대개는 훨씬 더 온건하게 표현되기는 하지만—경향을 반향하기 때문이다. 그것은 태피스트리를 다시 짜려고 노력하기보다는 여전히 남아 있는 마지막 조각까지 찢어 버리겠다고 위협하는 경향성이다. 비록 젊은 복음주의자들은 일반적으로 스스로를 훨씬 더 교회 일치를 위해 노력하는 사람이라고 생각하지만—흔히 교파 분열을 우리가 가능한 한 무시해야 할 과거로부터 전해 내려온 유해한 장애물로 취급하면서-현실은 전혀 다르다. 새로운 세대의 젊은 복음주의자들은 이미 존재하는 교회의 파편화를 심화하려는 생각이 전혀 없음에도 정확히 그런 위험을 자초한다. '오직 믿음으로', '오직 성경으로', '모든 신자의 제사장직'에 대한 급진적 호소는 종교개혁이 초래한 분열의 비극적 상처를 전혀 치유하지 못하며 오히려 이를 더 깊게 만들 뿐이다. 라쉬키의 의도적인 탈근대적 파편화는 우주의 성례전적 재통합에 정면으로 역행한다. 내가 라쉬키의 주장에서 강조했던 세 요소-인간 이성에 대한 불신, 기독교 도덕에 대한 반대, 인간 구조의 평탄화 혹은 내재화-는 좋은 열매를 맺을 가능성이 있는 복음주의자들과 가톨릭교인들의 대화를 훨씬 더 어렵게 만들 뿐이다. 우리는 복음주의자로서 개신교와 가톨릭의 오랜 분열이 서서히, 하지만 확실히 치유되고 있다고 느낄지도 모른다. 내가 만난 복음주의자 학생 중 일부는, 칭의와 은총에 관한 16세기의 논쟁이 많은 부분에서 과거 세대를 무시하는 한 사례이며 우리의 탈교파적인 이머징 교회들(emerging churches)은 마침내 극복해 낼 수 있는 무언가라는 선입관을 가지고 종교개혁이라는 주제에 접근한다. 이 학생들에게 "함께하는 복음주의자와 가톨릭교인"(Evangelical and Catholics Together, ECT)의 대화는 우리의 오랜 분열이 시효를 상실했음을 인정하는 방향으로 나아가는 디딤돌일 뿐이다. 결국 그들은 마크 놀(Mark Noll)과 캐롤린 나이스트롬(Carolyn Nystrom)이 그들의 최근 책 『종교개혁은 끝났는가?』(Is the Reformation Over?)의 제목과 같이 제기한 물음에 긍정적으로 답할 준비가 기꺼이 되어 있을 것이다.[24]

---

[24] Mark A. Noll and Carolyn Nystrom, *Is the Reformation Over? An Evangelical Assessment of Contemporary Roman Catholicism* (Grand Rapids: Baker Academic, 2005). 『종교개혁은

나는 이런 낙관론이 착각일 뿐이라고 점점 더 확신하게 되었다. 분명 놀과 나이스트롬은 가톨릭과 복음주의의 따뜻한 관계를 낙관적으로 (또한 진실하게) 그리고 있으며, 30-40년 전만 해도 이런 그림을 그리는 것은 불가능했을 것이다. ECT의 다양한 성명은, 여전히 차이가 남아 있음에도 몇몇 중요한 문제, 특히 칼뱅이 "종교 자체를 좌우하는 경첩"[25]이라고 여겼던 이신칭의에 관해 진정한 수렴이 가능해졌음을 보여 준다. 그러나 놀과 나이스트롬이 수집해 놓은 모든 긍정적 신호에도 불구하고 나는 아직 종교개혁이 정말로 끝났다고 확신하지 않는다. 내가 ECT를 높이 평가하는 점 중 하나는, 내가 최근 들었던 표현을 빌리자면 그것이 "감상적인 아가페"(sloppy agape)가 아니라는 것이다.[26] ECT에서는 가능한 곳에서 수렴을 찾으려고 노력하지만, 동시에 차이가 여전히 존재하는 곳에서는 그 차이를 명명하기를 원한다. ECT에서 처음 발표한 몇몇 문서에서는 복음주의자들과 가톨릭교인들이 놀라울 정도로 공유하는 전선을 제시했지만 '오직 성경으로'를 다룬 2002년 성명은 속성상 전혀 달랐다. 1994년의 첫 성명을 특징지었던 고무적인 부제들—"우리는 함께 소망한다", "우리는 함께 찾는다", "우리는 함께 주장한다", "우리는 함께 증언한다"—은 사라졌다. 성경과 전통에 관한 2002년 문서에서 대화에 참여한 이들은 같은 목소리로 이야기하는 데 어려움이 있었다. 그 대신 그들은 각자의 공동체의 입장을 요약하는 편을 택했다. 최근에 발표된 마리아론(Mariology)에 관한 문서도 비슷한 합의 결여를 보

끝났는가?』(기독교문서선교회).
25 Calvin, *Institutes*, III.xi.1.
26 2009년 1월 16일 브리티시컬럼비아주 랭리에 있는 트리니티 웨스턴 대학교에서 열린 "가톨릭의 사회적 전망과 교회 일치를 위한 대화"(The Catholic Social Vision and Ecumenical Dialogue)에 관한 강연에서 키스 푸르니에(Keith Fournier) 부제가 사용한 표현.

여 주고 있다.[27]

ECT가 기세를 잃어버리고 있는 것처럼 보이는 것은 단지 이 대화의 나이 든 '지도자들'이 새로운 세대에게 바통을 넘겨주었기 때문이 아니다. 오히려 나는 ECT가 교리상의 어려운 신학적 논점에 관해 정말로 의견을 달리하는 지점을 발견했기 때문이라고 생각한다. 이런 어려움 근간에 자리 잡고 있는 문제는 성례전적 태피스트리를 다시 짜지 못하고 있는 것이라고 생각한다. 라쉬키 같은 탈근대적 복음주의자들은 그 실들을 다시 연결하는 것을 훨씬 더 어렵게 만들고 있다. 사실 그들은 이전 세대의 복음주의적 명제주의자들보다 교회 일치를 위한 진보를 훨씬 더 방해하고 있다. 나는 탈근대주의가 근대성의 자연스러운 결과일 뿐이며, 이 둘 모두가 탈성례화된 우주를 기초로 삼고 있다고 확신한다. 그리고 우리의 문제에 대한 해법은 복음주의가 동시대의 문화적 경향에 순응하는 데 있지 않다고 생각한다. 오히려 개신교인으로서 우리는 성례전적 눈으로 세상을 바라보는 법을 다시 배워야 한다.

리처드 마우는 (서론에서 언급했던) 앤드루 그릴리의 책 『가톨릭의 상상력』을 다루면서 "그가 만물보다 먼저 계시고 만물이 그 안에 함께 섰느니라"라는 골로새서 1장의 말씀을 언급한다. 그런 다음 마우는 이렇게 말한다. "현대의 삶이 점점 더 파편화된 성격을 띠고 있음을 감안할 때 예수 그리스도의 위격과 사역에서 이처럼 '함께 서게 하심'의 의미를 탐구하라는 도전은 시급하면서도 매력적이다."[28] 나는 마우의 말이 옳다고 생각한다. 우리는 우리의 유명론적·(탈)근대적 파편화를 종식하고

---

27 "Do Whatever He Tells You: The Blessed Virgin Mary in Christian Faith and Life", *First Things* 197 (Nov. 2009): pp. 49-58.
28 Richard J. Mouw, "Restless Hearts in Search of Meaning", 미출간 논문, 2008.

재통합과 일치를 위해 노력해야 한다. 이는 교회 일치 운동이 우리 스스로 관리할 수 있는 인간의 기획이라는 뜻이 아니다. 오히려 이것은 기도와 회심의 기획이다. 교황 요한 바오로 2세(Pope John Paul II)가 말했듯이 "교회 일치에 대한 헌신은 마음의 회심과 기도에 기초를 두어야 하며, 이는 또한 **과거 기억의 필수적 정화**로 이어질 것이다."[29] 나는 이 회심 과정의 한 부분은 종교개혁이 그리스도의 옷을 찢음으로써 궁극적으로 태피스트리를 다시 짤 수 없었음을 인정하는 것이라고 믿는다. 종교개혁은 플라톤주의-기독교적 종합의 파편화라는 흐름을 저지할 수 없었다. 우리 시대의 일차적 요구를, 즉 영원하신 하나님의 말씀에 천상적으로 참여하기를 기리는 것을 분별해 낼 수 있는 복음주의자들과 가톨릭 교인들이 필요하다. 하늘을 향한 마음을 품은 기독교 신앙만이 우리에게 지상적 선을 줄 수 있을 것이다.

---

[29] John Paul II, "*Ut unum sint*: On Commitment to Ecumenism", no. 2, May 25, 1995 (www.vatican.va). "하나 되게 하소서", 『가톨릭 교회의 가르침 2호』(한국천주교중앙협의회).

2부

돌아가다

실 다시 연결하기

천상적 참여의 신학은 우리에게 중세적 플라톤주의-기독교적 종합의 실들을 다시 연결하기를 요구한다. 2부에서는 교부들과 중세의 성례전적 존재론을 되찾기 위해서는 신학의 모든 영역에서 기독론에 초점을 맞춰야 한다고 주장할 것이다. 교회는 성만찬을 통해 그리스도의 충만함의 성례전이 된다(6장). 전통은 예수 그리스도 안에서 성육신하신 하나님의 말씀의 드러남이다(7장). 성경은 성육신이라는 신비의 빛 안에서 성례전적으로 해석되어야 한다(8장). 진리 주장은 결국 영원하신 하나님의 말씀에 성례전적으로 참여하는 것이다(9장). 신학이라는 분과는 하나님의 아들에 신화적으로(divinizing) 참여하기를 시작하는 입문이다(10장). 각 장에서는 복음주의 신학을 위한 성례전적 접근 방식을 회복하기 위해 20세기 중엽의 가톨릭 갱신 운동인 '새로운 신학'으로 눈을 돌릴 것이다.

6장
성례전적 식사로서의 성만찬

위대한 전통의 플라톤주의-기독교적 종합을 회복하려는 시도는 단편적인 경우가 많았다. 서양 문화의 사회적 경향의 방향 전환을 이루는 데 성공하지 못했다. '새로운 신학'(nouvelle théologie)이라고 불린 20세기 프랑스의 갱신 운동은, 교부들과 중세에서 짠 성례전적 태피스트리라는 '원천으로 돌아가기'(ressourcement)를 통해 바로 그런 문화적 방향 전환을 이루려는 시도였다. '새로운 신학'이 어느 정도까지 현대 문화에 영향을 미쳤는지를 판단하기는 아직 이르다고 볼 수도 있지만, 이 운동이 제2차 바티칸 공의회와 현대의 가톨릭 사상 전반에 엄청난 영향을 미쳤음은 분명하다. 따라서 이 책 2부에서 나는 태피스트리의 실들을 다시 연결하는 데 특히 도움이 되리라고 생각하는 '새로운 신학자들'을 살펴볼 것이다.

그러나 그들의 작업을 논하기 전에 먼저 경고의 말을 해 두고자 한다. '새로운 신학'을 활용하자는 제안은, 이들 프랑스 신학자들의 글을 읽어야만 위대한 전통의 성례전적 존재론을 회복할 수 있다는 뜻이 아니니다. 랜슬럿 앤드루스(Lancelot Andrewes, 1555-1626), 윌리엄 로드(William

Laud, 1573-1645), 제러미 테일러(Jeremy Taylor, 1613-1667), 허버트 손다이크(Herbert Thorndike, 1598-1672) 같은 17세기 찰스 1, 2세 재위기 신학자들(Caroline divines)의 글을 통해서 근대성이 소외시킨 성례전적 전망이 융성했음을 발견할 수도 있다. 콜리지(Coleridge, 1772-1834)와 T. S. 엘리엇(Eliot, 1888-1965) 같은 유명한 문인들 역시 성례전적 존재론의 재발견에 큰 관심을 기울였다. 옥스퍼드 운동(Oxford Movement)과 존 헨리 뉴먼(John Henry Newman, 1801-1890) 역시 위대한 전통을 특징지었던 성례전적 전망을 재전유했음은 거의 말할 필요도 없다. 또한 동방 기독교 전통 전체-'새로운 신학자들'이 매우 큰 관심을 기울였던-는 교부들의 성례전적 세계관을 결코 포기한 적이 없다. 따라서 성례전적 존재론이라는 '원천으로 돌아가기'는 '새로운 신학자들'의 독점적 특권이 아니다.

성례전적 존재론을 회복하려는 가톨릭의 '원천으로 돌아가기' 운동은 상당수의 반대자를 불러일으켰다. 가톨릭교회 안의 많은 사람은 신학을 대하는 자신들의 신토마스주의적 접근 방식이 실제로는 세속적이며 탈신성화된 문화의 초래를 부추기고 있음을 깨닫지 못한 채 두 구별된 영역-자연 영역과 초자연 영역-의 분리를 당연하게 여겼다. '새로운 신학'에서는 초자연이, 분리된 실재의 질서가 아니라 성례전적 은총의 수단-자연으로 하여금 하나님이 정해 두신 그 목적, 즉 신적 삶에 영원히 참여하는 것(신화)을 이룰 수 있도록 해 주는-을 가리킨다고 보았던 근대 이전의 시기를 다시 가리켰다.[1] 이 '원천으로 돌아가기' 시도는 플라톤주의-기독교적 종합에서 멀어져 가는 다섯 단계에 대한 날카

---

1 신화의 신학에 관한 논의는 Norman Russell, *The Doctrine of Deification in the Greek Patristic Tradition* (Oxford: Oxford University Press, 2004)과 Daniel A. Keating, *Deification and Grace* (Naples, FL: Sapientia Press of Ave Maria University, 2007)를 보라.

로운 비판(앞선 3장)과 가톨릭 신학 안에 파고든 일의성과 유명론에 대한 비판(4장)을 암시한다.

중세 스콜라주의의 발전에 대한 '새로운 신학'의 비판은 신토마스주의 가톨릭 사상을 겨냥했지만, 앞 장에서 살펴보았듯이 이 프랑스 신학자들의 기획은 현대 복음주의자들에 대한 도전을 암시하기도 한다. 결국 종교개혁은 우주에 대한 유명론적 관점으로 기우는 전반적 경향에서 벗어나지 못했다. 나는 종교개혁을 플라톤주의-기독교적 사고방식의 해체로 빚어진 (아무리 이해할 만하더라도) 비극적 결과라고 묘사함으로써 종교개혁에 대한 재평가 및 복음주의가 신학적으로 나아가야 할 방향에 대한 재평가를 분명히 요청한다. 이 책 2부는 근대 이전의 성례전적 존재론의 해체에 대한 비판을 넘어선다. 이어지는 내용에서 나는 플라톤주의-기독교적 종합을 우리의 진입 지점으로 삼을 때 복음주의자들 앞에 어떤 책무가 놓이는지 긍정적으로 논하고자 한다. 놀랄 것도 없이, 나는 '새로운 신학'이 복음주의 신학을 올바른 방향으로 인도할 수많은 중요한 표지판을 제공하리라고 주장할 것이다.

위대한 전통이라는 '원천으로 돌아가기'는 교회론에 대한 재평가와 더불어 시작해야 한다. 교회에 관한 교리는 비가시적 교회에 대한 개신교의 강조와 특히 복음주의자들 사이에서 흔히 나타나는 위계적 구조에 대한 반제도주의적 두려움 때문에 만성적으로 어려움을 겪어 왔다. 물론 변화의 징조는 존재한다. 일부 복음주의자는 개신교 내에 성만찬과 교회를 상대적으로 무시하는 고질적 본성이 있음을 인식하고 있다.[2] 하

---

2 예를 들면 나는 Barry Harvey, *Can These Bones Live? A Catholic Baptist Engagement with Ecclesiology, Hermeneutics, and Social Theory* (Grand Rapids: Brazos, 2008)를 염두에 두고 있다.

지만 복음주의자들의 전반적 태도에서는 여전히 성만찬과 교회를 그리스도인의 삶의 본질(very being, *esse*)이라기보다 행복(well-being, *bene esse*)에 속하는 문제로 이해한다. 지금까지 나의 분석에 비춰 볼 때 이런 입장을 취하는 이유는 매우 명백해 보인다. 만약 하나님과 우리의 연결이 실재적 혹은 참여적인 것이 아니라 일차적으로 외재적 혹은 명목적인 것이라면 전통적 신학에서 성례전이나 은총의 수단이라고 불렀던 것을 위한 여지가 거의 없을 것이다. 그런 이해에 따른다면, 성만찬을 우리의 공동체적 삶을 규제하는 하나님의 '규례'(ordinance)이기 때문에 행할 수는 있겠지만, 성만찬을 그리스도의 삶에 참여하는 성례전으로, 따라서 우리에게 삼위일체 하나님의 삶을 매개해 주는 무언가로 이해하지는 않을 것이다.

더 나아가 플라톤주의-기독교적 종합과 그것이 암시하는 성례전적 존재론에 매력을 느끼는 복음주의자들조차도 이 책 2부가 교회에 관한 장으로 시작된다는 사실에 불쾌함을 느낄지도 모른다. 성례성에 대한 복음주의의 접근 방식은 교회가 아니라 성경에서 시작해야 하지 않은가? 나는 그런 반론을 충분히 이해하며, 이 물음이 암시하는 성경의 권위를 높이 평가하는 태도에 깊이 공감한다. 하지만 이 책 1부를 주의 깊게 읽었다면 나의 선택에 놀라지 않을 것이다. 우리가 살펴보았듯이 이브 콩가르가 중세에 관해 지적했던 문제 중 하나는 성경과 교회의 분리였다.[3] 성경을 택하든(복음주의자들) 교회를 택하든(가톨릭교인들) 콩가르에게는 어느 경우나 잘못된 해법이다. 게다가 내가 7장에서 분명히 밝혀내기를 바라는 대로, 역사적으로 정경의 권위는 **교회 안에서** 인정되었

---

3 앞선 3장에서 소제목 "성경, 교회, 전통" 이하를 보라.

다. 그러므로 성경을 교회와 분리된 것으로 이해하고 성경 해석을 개별 신자나 학자들에게 맡겨 두는 것은 상상조차 할 수 없는 일이다. 성경은 무엇보다도 먼저 교회의 책이다. 따라서 성경 자체는 모든 페이지에 걸쳐 우리에게 진리의 살아 있는 구현체로서 교회를 가리킨다. 성경이 아니라 교회가 "진리의 기둥과 터"다(딤전 3:15). 물론 성경의 중심성, 즉 성경이 교회 내 오류를 판단할 능력을 가지고 있음을 결코 무시해서는 안 된다. 결국 성경은 "하나님의 감동으로 된 것으로 교훈과 책망과 바르게 함과 의로 교육하기에 유익"하다(딤후 3:16). 우리는 결코 디모데에게 보낸 한 편지를 다른 편지와 대립시키려고 해서는 안 된다. 그럼에도 성경이 교회를 세우는 성례전적 수단이지 교회가 성경을 세우는 성례전적 수단이 아니다. 따라서 참으로 복음주의적인 관점은 복음주의적 '원천으로 돌아가기'의 일차 대상인 교회에서 시작해야 한다.

나는 '새로운 신학자' 중에서 앙리 드 뤼박이 가장 뛰어나다고 생각한다. 드 뤼박만큼 자료를 세심하게 다루는 신학자가 없다고 생각한다. 드 뤼박만큼 자신에게 발언권 박탈의 징계를 내린 교회에 대한 사랑을 유지할 수 있는 신학자가 없다고 생각한다. 드 뤼박만큼 평생 성례전적 접근 방식을 일관되게 유지한 신학자가 없다고 생각한다.[4] 드 뤼박만큼 진정으로 성례전적 성경 해석의 회복을 위해 많은 노력을 한 사람이 거의 없다고 생각한다.[5] 그러므로 나는 지난 여러 해 동안 이 위대한 예수회 교부학자의 신학에 관한 연구가 활발하게 이루어지는 것을 바라보면서 개인적으로 매우 기뻤다. 존 밀뱅크, 데이비드 그러밋

---

[4] 나는 "Sacramental Ontology: Nature and the Supernatural in the Ecclesiology of Henri de Lubac", *New Blackfriars* 88 (2007): pp. 242-273에서 이렇게 주장했다.
[5] 뒤의 8장을 보라.

(David Grumett), 루돌프 포더홀처(Rudolf Voderholzer), 브라이언 할런(Bryan Hollon)은 모두 드 뤼박의 신학을 되찾는 작업에 기여했다.[6] 약간의 과장만 보탠다면, 참된 드 뤼박 부흥이 이제 막 시작된 것처럼 보인다고 말해도 될 것이다. 드 뤼박의 재발견은 특히 중요하다. 그는 자신의 시대에 가톨릭교인으로서 오늘날 젊은 복음주의자들이 반대하는 바로 그 계몽주의 사상의 유해한 유산과 맞서 싸웠기 때문이다. 하지만 드 뤼박은 우리를 중세 전통의 전근대적인 성례전적 전망의 직관으로 인도함으로써 근대성—또한 덧붙이자면, 탈근대성—의 평평한 문화적 지평 너머로 나아가는 길을 가리켰다. 그는 오늘날 많은 이가 "성만찬 교회론"(communion ecclesiology)이라고 부르는 것을 회복함으로써 가장 예리하게 이를 수행했다고 말할 수 있다.[7]

드 뤼박의 두 반대자

드 뤼박이 추구했던 바를 예증하기 위해 나는 『신비로운 몸: 중세의 성만찬과 교회』(*Corpus Mysticum: The Eucharist and the Church in the Middle Ages*, 1944)를 살펴볼 것이다. 이 책이 최근에 번역되었다는 사실은 드 뤼박을 다룬 저술이 활발하게 출간되고 있음을 보여 주는 또 하나의 지표다. 중세 성만찬 신학의 발전에 관한 연구를 결론 내리면서 드 뤼박은

---

6 John Milbank, *The Suspended Middle: Henri de Lubac and the Debate concerning the Supernatural* (Grand Rapids: Eerdmans, 2005), David Grumett, *Henri de Lubac: A Guide for the Perplexed* (London: T. & T. Clark/Continuum, 2007), Rudolf Voderholzer, *Meet Henri de Lubac* (San Francisco: Ignatius, 2008), Bryan C. Hollon, *Everything Is Sacred: Spiritual Exegesis in the Political Theology of Henri de Lubac* (Eugene, OR: Cascade/Wipf and Stock, 2008).

7 Dennis M. Doyle, *Communion Ecclesiology* (Maryknoll, NY: Orbis, 2000)를 보라.

극단이라고 생각하는 두 반대자 사이에 자신을 자리매김한다. 한 반대자는 개신교다. 그는 개신교가 성만찬과 교회에 관한 교리를 약화시켰다고 애석해하며, 특히 칼뱅을 지목하여 그가 성만찬에서의 그리스도 임재의 실재성과 교회가 그리스도의 몸이라는 전통적 사상 둘 다를 '희석시켰다고' 비판한다. 드 뤼박은 이 둘이 반드시 함께 가게 되어 있다고 주장한다. 성례전에서 그리스도의 '사실상의 임재'(virtual presence)만을 받아들인다면 교회 안에서도 그리스도의 '사실상의 임재'만을 주장할 수밖에 없다.[8] (여담이지만, 칼뱅을 읽어 본 사람들은, 오늘날 많은 복음주의자와 비교하면 칼뱅이 실제로 성만찬과 교회를 **매우** 중시하는 관점을 지니고 있었음을 깨닫게 될 것이다. 하지만 그 문제를 다루지는 않을 것이다. 아마도 드 뤼박이 주장하는 그리스도의 '실재적 임재'와 비교하면 칼뱅이 성만찬과 교회에서 그리스도의 '사실상의 임재'만을 주장했다는 것이 사실일 것이다.)

그러나 드 뤼박의 『신비로운 몸』에서 주된 적수는 개신교 반대자가 아니다. 그는 다른 반대자, 즉 신학적 스펙트럼의 다른 극단에 위치한 반대자에게 훨씬 더 많은 시간과 관심을 할애한다. 이미 여러 차례 언급한 신토마스주의 혹은 신스콜라주의다. 성만찬과 교회에 대한 드 뤼박의 접근 방식을 이해하고자 할 때 신토마스주의의 두 가지 특징이 특히 중요하다. 첫째, 신스콜라주의는 중세 후기에 도입된 자연과 초자연의 엄격한 분리에 근거를 두고 있었다. 이 분리는 철학과 신학의 분리와 짝을 이루었다. 철학은 인간 이성이 단순히 자연 세계를 바라봄으로써 접근할 수 있는 진리를 입증하는 역할을 했다. 자연적 진리라는 철학적 토

---

[8] Henri de Lubac, *Corpus Mysticum: The Eucharist and the Church in the Middle Ages: Historical Survey*, trans. Gemma Simmonds with Richard Price and Christopher Stephens, ed. Laurence Paul Hemming and Susan Frank Parsons (London: SCM, 2006), p. 252.

대가 확립된 후에야 교회의 가르침인 신학이 등장했다. 초자연적·신적 은총은 자연 영역에 '덧붙은' 무언가였다. 은총은 자연 자체에 이미 존재하는 무언가 위에 세워질 수 없었다. 초자연적인 은총의 세계는 자연의 세계에 대해 전적으로 외재적 혹은 이질적일 뿐이었다. 은총은 자연에 덧붙었을 때도 자연 영역에 대해 여전히 외재적이었다. 실재에 관한 이 외재적 관점이 신토마스주의적 스콜라주의의 초석이었으며, 특히 드 뤼박이 자신의 신학 경력을 시작했던 시기에 가톨릭교회를 지배하고 있었다.

신토마스주의의 두 번째 특징은 첫 번째 특징에 기초하고 있었다. 그것은 성경과 기독교 사상사 모두에 대한 합리주의적인 변증적 접근 방식이었다. 다소 부정적으로 (그리고 어쩌면 공정하지 않게) 표현하자면, 성경과 전통을 살펴보는 목적은 가톨릭 신앙의 진리에 대한 확증을 찾기 위함이라는 것이다. 혹시라도 내가 부당한 방식으로 가톨릭 사상을 가혹하게 대하고 있다고 생각하는 독자들을 위해, 이 합리주의적인 변증적 접근 방식은 가톨릭 사상에 국한되지 않는다고 생각한다는 점을 강조하고자 한다. 종교개혁자들 이후, 개신교 스콜라 신학에서도 같은 일을 했다. 합리주의적 변증학은 복음주의 신학에도 대단히 강력한 영향력을 미쳤다.[9] 이것은 많은 수의 젊은 복음주의자들이 거부 반응을 보이고 있는 복음주의 유산의 한 양상이기도 하다. 이처럼 변증을 위해 성경과 전통을 사용할 때 나타나는 가장 심각한 문제 중 하나는—드 뤼박 및 다른 이들이 보기에—역사적 자료를 쥐어짜서 자신이 이미 믿고 있

---

9 아마도 전형적인 예는 Josh McDowell, *Evidence That Demands a Verdict: Historical Evidences for the Christian Faith* (San Bernardino, CA: Campus Crusade for Christ, 1972)일 것이다. 『기독교의 역사적 증거들』(여운사).

는 바를 말하게 하려는 유혹이다. 한 가지 예만 들어 보자. 만약 한 사람이 화체설[transubstantiation, (아리스토텔레스의 범주론에 의거해 실체와 우유를 구별하면서—옮긴이) 성만찬에서 빵과 포도주의 실체(substance)가 그리스도의 몸과 피의 실체로 변화한다는 가르침]을 믿는다면, 신토마스주의적인 합리적 변증론에서는 성경과 전통이라는 긍정적 혹은 역사적 자료 안에서 이러한 '실재적 임재'를 뒷받침하는 증거를 찾기 위해 성경과 전통을 샅샅이 뒤질 것이다.

아우구스티누스의 '우의화된' 본문

『신비로운 몸』의 결론부에서 드 뤼박은 자신의 신토마스주의 반대자들과 그들의 선구자인 17세기 스콜라주의자들과 대결한다. 그는 이들 모두가 토마스 아퀴나스의 신학을 경직화해 합리주의적 체계로 만들었다고 믿는다. 드 뤼박은 특히 대항종교개혁의 두 저명한 추기경인 로베르토 벨라르미노(1542-1621)와 자크 뒤 페롱(Jacques du Perron, 1556-1618)에게 이의를 제기한다. 언제나 교부학자였으며 위대한 전통의 회복에 관심을 기울였던 드 뤼박은 이 신학자들이 성 아우구스티누스를 잘못 해석했다고 비판한다. 그들은 아우구스티누스의 저작에서 화체설 교리를 발견할 수 없었다. 교회 안에서 오랜 시간에 걸쳐 발전되었고 결국 교회의 공식 교리가 된 "실재적 임재"를 5세기 북아프리카 주교의 글에서 찾을 수가 없었다. 드 뤼박에 따르면, 이런 어려움 때문에 그들은 그들의 아우구스티누스 해석에서 정신적 곡예를 시작했다.

특히나 유명한 한 설교(설교 227)에서 아우구스티누스는 그리스도의 몸의 '일치', 교회의 '일치'에 관해 거듭 이야기한다. 그는 이 일치가 성

만찬의 집례에 기인한다고 믿었다. 한 매혹적인 단락에서 그는 이렇게
말한다.

> 이 빵 덩어리를 통해 당신은 일치를 얼마나 사랑해야 하는지를 분명히 이
> 해할 수 있다. 이 빵 덩어리를 낱알 하나로 만들었는가? 수많은 밀알이 있
> 지 않았는가? 하지만 그 덩어리 안으로 들어오기 전에 그 밀알들은 모두
> 분리되어 있었다. 한참 동안 찧고 빻은 다음 물을 통해 그것들이 결합했
> 다. 결국 밀을 갈고 거기에 물을 더하지 않는다면 빵이라고 부르는 이런
> 모양으로 변하지 않았을 것이다. 마찬가지로 금식을 통한 낮아짐과 구마
> (exorcism)의 성례전은 말하자면 당신을 찧고 빻는다. 그런 다음 세례를 통
> 해, 비유하자면 당신을 빵의 모양으로 바꾸기 위해 물이 더해진다. 하지만
> 그것을 불로 굽지 않으면 아직 빵이 아니다. 그렇다면 불은 무엇을 상징할
> 까? 그것은 성유, 기름 부음이다. 불타오르게 하는 연료인 기름은 성령의
> 성례전이다.[10]

가톨릭교인은 이런 글을 어떻게 해석하는가? 여기서는 화체설은커녕
실재적 임재에 관해 아무런 언급도 하지 않는다. 이 글은 신자의 일치,
신자의 사귐 혹은 친교에 초점을 맞추고 있는 것으로 보이며, 이는 수많
은 낱알이 빵 덩어리 안에서 결합된 결과다. 아우구스티누스는 낱알들
이 결합해 빵 덩어리가 되는 것과 신자들이 그리스도의 몸 안으로 모이
는 것을 자의적 방식으로 우의적으로(allegorical) 비교하는 것처럼 보인

---

10 Augustine, "Sermon 227", *Sermons (184-229Z) on the Liturgical Seasons*, vol. III/6 of *The Works of Saint Augustine*, trans. Edmund Hill, ed. John E. Rotelle (New Rochelle, NY: New City, 1993), p. 254.

다. 벨라르미노와 뒤 페롱 같은 16세기 스콜라 신학자들이 몸의 일치에 관해 이야기하면서 비현실적 우의화를 사용했던 교부를 어떻게 활용할 수 있었는가?

드 뤼박은 (벨라르미노와 뒤 페롱 등) 대항종교개혁의 스콜라주의적 가톨릭 신학자들이 아우구스티누스가 기록한 이런 종류의 우의적 글을 제대로 다루지 못한다고 비판한다. 사실 이 프랑스의 예수회 학자는 한 걸음 더 나아가 스콜라 신학이 아우구스티누스를 완전히 잃어버릴 위험에 처해 있었다고 주장한다. "그들은 성만찬과 관련한 [성 아우구스티누스 및 다른 이들에게서 온] 고대의 문헌을 두 부류로 나누었다. 첫 번째 부류는 '실재론적' 본문으로 구성되었으며, 반면 '우의화된' 본문으로 일괄한 두 번째 부류는 아예 포기했다." 여기서 잠시 멈춰 드 뤼박이 말하는 바를 분석해 볼 필요가 있다. 아우구스티누스의 설교 227에 등장하는 이 단락이 '실재적 임재'를 의미하지 않으며, 드 뤼박의 분류에 따르면 '실재론적' 본문이 아니라는 점은 분명하다. 오히려 아우구스티누스의 설교 227은 '우의화된' 본문이다. 빵의 일치는 교회의 일치를 묘사하는 우의로서 기능한다.

드 뤼박에 따르면 대항종교개혁을 따르는 스콜라주의적 신학에서는 이런 '우의화된' 본문을 어떻게 해석해야 할지 몰랐다. 그 결과 그들은 그 본문을 무시하고 포기했다. 그러나 '우의화된' 본문만 잃어버린 것이 아니었다. 드 뤼박은 문제가 이른바 '실재론적' 본문에까지 확장된다고 설명한다. "하지만 이른바 '실재론적' 본문이 이 역사가들이 우리에게 믿으라고 말하는 것만큼 언제나 실재론적이지는 않다." 다시 말해서, 드 뤼박은 사람들이 성만찬에 관한 후대의 가톨릭 교리를 아우구스티누스 안에서 전혀 명시적으로 발견하지 못할 수도 있다고 주장한다. 드 뤼박에 따르면 과거에 대한 스콜라주의적 접근 방식은 아이러니로 가득 차 있다. "이런 '우의화된 본문'을 포기함으로써 그들은 이따금 우리에게서 진정한 실재론에 대한 가장 효과적인 증언을 박탈하기 때문이다."[11] 해석하자면, 드 뤼박은 신토마스주의자들이 아우구스티누스를 완전히 놓치고 있다고 믿었다는 뜻이다. 그들은 '실재론적' 본문을 찾지 못하면 '우의화된 본문'을 무시해 버렸다.

이는 우리를 드 뤼박이 특히 성만찬과 교회에 관해 회복하려고 노력했던 성례전적 전망으로 이끈다. 드 뤼박에 따르면 신토마스주의적 접근 방식, '실재론적' 본문을 헛되이 추구하는 것, 아울러 '우의화된' 본문을 포기하는 것 배후에 자리 잡고 있는 것은 "상징주의에 대한 두려움"이었다. 신토마스주의자들은 개신교의 상징주의를 두려워한 나머지 아우구스티누스 및 다른 근대 이전 신학자들을 바르게 이해할 수 없었다. 물론 드 뤼박은 성만찬에 관한 개신교의 관점에 문제가 있다는 점에 관해서는 신스콜라주의자들에게 동의했다. 개신교의 관점은 충분히 성례전적이지 못했다. (적어도 드 뤼박의 이해에 따르면) 칼뱅의 '사실상의 임재'는 성만찬 안의 그리스도의 실재적 임재를 인식하지 못한 것처럼 보였고, 따라서 이를 단순한 상징으로 축소했다. 그래서 드 뤼박은 신토마스주의자들과 함께 단순히 상징적인 성만찬 이해에 기꺼이 반대하려 했다. 하지만 그는 개신교의 상징주의를 두려워하는 것이 아우구스티누스에 대한 신토마스주의적 해석을 받아들여야 할 충분한 이유가 된다고 생각하지 않았다.

드 뤼박은 신토마스주의적 접근 방식을 추동하는 두 전제, 즉 (1)

---

11 De Lubac, *Corpus Mysticum*, p. 255.

자연과 초자연의, 철학과 신학의 분리와 (2) 신학의 작동 방식(*modus operandi*)으로서 기능하는 합리주의적 변증론을 거부했다. 대조적으로 실재에 대한 드 뤼박의 성례전적 접근 방식에서는 자연의 세계를 초자연과 분리된 것이 아니라 창조주의 은혜로운 선물로 본다. 드 뤼박에게 자연의 세계는 결코 하나님의 임재 없는 공간이 아니다. 실재에 대한 성례전적 접근 방식은 신학에서 **시작한다.** 우리 주변에서 보는 것이 창조주-구속주 하나님의 선물이라는 전제에서 시작한다. 신학의 이런 출발점은 초자연을 자기충족적 자연 세계에 자의적으로 부과된 것으로 간주하는 신토마스주의적 외재주의와 충돌했다.

드 뤼박의 성례전적 존재론은 자연과 초자연을 분리하는 신스콜라주의뿐만 아니라 신스콜라주의의 합리주의적 변증론과도 충돌했다. 성 아우구스티누스는-또한 그와 더불어 중세의 많은 사람은-창조된 세계를 상징으로 가득한 세계로 보았다. 이는 단지 상징 X가 이와는 전혀 다르며 동떨어져 있는 Y라는 실재와 연관 있다는 의미에서의 상징이 아니었다. 상징과 실재는 엄격하게 분리된 두 실체(entity)가 아니었다. 그 대신 이 상징들은 성례전으로서 기능했다. 그리고 이미 살펴보았듯이 성례전(*sacramentum*)은 그것이 가리키는 실재(*res*)에 참여한다. 이런 이해에 따르면, 상징은 상징 자체보다 훨씬 더 큰 실재를 가리키며 그 안에 참여한다. 플라톤주의-기독교적 종합에서는 상징이 그것을 떠받치는 위대한 성례전적 실재를 그저 어렴풋이 암시할 뿐이라고 보았다. 드 뤼박이 보기에 신토마스주의적 합리주의 신학의 문제점은 그 신학의 '실재론'이 상징과 실재를 전적으로 혹은 일의적으로 동일시한다는 것이었다. 상징과 실재가 똑같이 직접적인 방식으로 존재를 지닌다는 것이다. 그러므로 신스콜라주의적 합리주의자들에게 '실재적 임재'는 우의의 사용을 배척한다. 우의는 비현실적인 신비주의로의 도피를 표상하는 것처럼 보이기 때문이다. 실재적 임재와 우의는 서로 정반대로 대립한다. 다시 말해서, 스콜라주의적 가톨릭의 접근 방식에서는 일단 사람들이 상징을 파악하면 그리스도의 몸 자체도 온전히 이해할 수 있다고 주장했다. 상징 안에는 가치가 더해진 신비가 전혀 숨어 있지 않았다. 인간의 상징 너머에 가 닿는 성례전적 실재는 존재하지 않았다.

삼중적 몸

성례전과 실재 사이의 참여적 연결고리에 관한 이야기가 복음주의자들에게 어려운 것 중 하나는 이런 이야기가 종교개혁기의 성만찬 논쟁으로 거슬러 올라가기 때문이다. 나는 성례전적 존재론이 성만찬과 교회를 이해하는 방식에 중요한 함의를 갖고 있지 않다면 복음주의자들이 성례전적 존재론에 개방된 태도를 보일지도 모른다고 생각한다. 이런 함의를 우려했기 때문에 나 역시 개인적으로 꽤 오랫동안 참여적 존재론에 주저하는 태도를 가지고 있었다. 이 점에서 나에게 큰 도움이 되었던 책은 J.-M.-R. 틸러드(Tillard)의 『교회의 몸, 그리스도의 몸』(*Flesh of the Church, Flesh of Christ*)이다.[12] 틸러드는 이 책에서 교부들의 고린도전서 10:16-17 석의를 추적한다. 틸러드는 위대한 전통의 공통된 관점은 이 구절을 참여적 혹은 성례전적 방식으로 해석하는 것이었음을 분명히 보여 준다. 틸러드의 책을 읽은 후 바울 서신의 이 부분을 다시 보면서 나는 전에는 내가 성례전적 연결을 이해하지 못하지 못했다는 사

---

[12] J.-M.-R. Tillard, *Flesh of the Church, Flesh of Christ: At the Source of the Ecclesiology of Communion*, trans. Madeleine Beaumont (Collegeville, MN: Liturgical, 2000).

실에 놀랐다. 최근에 내가 읽은 책에서 개혁파 바르트학자 조지 헌싱어(George Hunsinger) 역시 비슷한 경험을 이야기한다.

돌아보면, 전환점은 1995년에 내가 속한 지역 교회 모임에서 사순절 성경 공부를 하는 동안이었던 것 같다. 원래부터 그다지 좋지는 않았지만 신약 그리스어 실력이 날이 갈수록 약해지고 있다는 느낌이 들어서 나는 성경 공부 시간에 원어 대조(interlinear) 성경을 들고 갔다. 놀랍게도 고린도전서 10:16에 '코이노니아'(*koinonia*)[사귐, 참여]라는 단어가 등장했다. 나는 '빵과 그리스도의 몸의 관계가 상호 내주(mutual indwelling)의 관계 아닐까?' 하고 생각했다. 시간이 흐름에 따라 나의 직감은 루터에 의해 강화되었고, 베르밀리(Vermigli)에 의해 확증되었으며, 케제만(Käsemann)에 의해 검증되었다.[13]

헌싱어는 성경 해석의 역사에서 핵심적이었던 바울 서신의 본문을 발견한 덕분에 성만찬에 관한 더 강력하게 참여적인 혹은 성례전적인 관점을 받아들일 수 있게 되었다.

그렇다면 위대한 전통에서는 고린도전서 10장의 내용을 어떻게 해석했는가? 이 물음에 분명한 답을 제시하는 것은 드 뤼박이 『신비로운 몸』에서 언급한 "세 몸"을 소개하는 것일 수도 있다. 그리스도의 세 몸은 역사적 몸(historical body, 동정녀에게서 나신 몸), 성만찬의 몸(eucharistic body, 빵과 포도주가 뜻하는 몸), 교회의 몸(ecclesial body, 교회라는 몸)이다. 드 뤼박의 책은 본질적으로 이 세 몸의 관계가 중세에 어떻게 발전했는지에 관한 개관이다. 어떤 식으로든 이 세 몸을 구별해야 한다는 점은 명

---

13 George Hunsinger, *The Eucharist and Ecumenism: Let Us Keep the Feast* (Cambridge: Cambridge University Press, 2008), pp. viii-ix.

백해 보인다. 우리가 역사적 몸, 성만찬의 몸, 교회의 몸에 관해 이야기할 수 있다는 사실 자체가 이 셋을 구별할 수 있음을 뜻한다. 하지만 '이 셋이 **얼마나 많이** 구별되는가?'라는―드 뤼박은 이 책에서 이 물음의 역사를 추적한다―질문이 남는다. 아마도 더 효과적인 방식으로는 이렇게 물을 수 있을 것이다. 이 세 몸이 맺는 관계의 **본질**은 무엇인가?

중세에 대한 드 뤼박의 해석을 이해하기 위해서는, 그가 한편으로는 성만찬의 빵을 동떨어진 실재 Y를 가리키는 자의적인 상징 X일 뿐이라고 간주하는 개신교의 상징주의라는 스킬라(Scylla)와, 다른 한편으로는 실재적 임재에 초점을 맞춰 영적 실재가 상징을 전혀 초월하지 않을 정도로 상징 X와 실재 Y를 동일시하는 엄격한 신스콜라주의라는 카리브디스(Charybdis) 사이를 항해하려고 한다는 것을 기억해야 한다(스킬라와 카리브디스는 그리스 신화에 나오는 바다 괴물로, 양쪽 해협에 서서 오디세우스를 곤란에 빠뜨린다. 즉, '스킬라와 카리브디스 사이'는 진퇴양난의 상황을 말한다―옮긴이). 어떻게 아우구스티누스는 상징주의에 대한 다양한 접근 방식 사이에서 자신을 자리매김했을까? 설교 227에서 가장 흥미로운 구절 중 하나에서는 그리스도의 몸과 피를 먹음에 관해 이렇게 말한다. "당신이 그것을 잘 받는다면 당신 스스로가 당신이 받은 그것이 된다. 사도는 '떡이 하나요 많은 우리가 한 몸이니'라고 말한다(고전 10:17)."[14] 이 말은 그다지 특별하게 들리지 않지만 두 가지 매혹적 요소를 포함하고 있다. 첫째, 화체설에 관해 이야기할 때 우리는 빵이 그리스도의 몸이 되는 가르침을 생각한다. 아우구스티누스는 전혀 다른 무언가를 말한다. 즉, **당신**이 그리스도의 몸이 된다. **당신**은 당신이 먹은 바가 된다. 어쩌면―다소

---

14 Augustine, "Sermon 227", p. 254.

시대착오적으로—아우구스티누스에게 화체설은 성령께서 **우리의** 실체(substance)를 그리스도의 몸으로 변화시키시는 것을 뜻했다고 말할 수도 있다.

이것은 성만찬에 관한 독특한 이해처럼 보일 수도 있다. 아우구스티누스는 어떤 의미로 "당신은 당신이 먹은 바가 된다"라고 말했는가? 이 물음에 대한 답을 찾기 위해 우리는 아우구스티누스의 말의 두 번째 매혹적 요소에 주목할 필요가 있다. 두 번째 부분에서 이 히포의 주교는 "떡이 하나요 많은 우리가 한 몸이니"라는 사도 바울의 말을 인용한다. 이는 고린도전서 10:17을 인용한 것이다. 16절 하반절과 17절 말씀은 다음과 같다. "우리가 떼는 떡은 그리스도의 몸에 참여함이 아니냐? 떡이 하나요 많은 우리가 한 몸이니 이는 우리가 다 한 떡에 참여함이라." 여기서 '몸'이라는 단어가 두 번 등장한다. 첫 번째 경우에는 성만찬의 몸을 가리킨다("우리가 떼는 떡은 그리스도의 몸에 참여함이 아니냐?"). 두 번째 경우에는 교회의 몸을 가리킨다("떡이 하나요 많은 우리가 한 몸이니"). 위대한 전통에서 자주 이야기하는 세 몸(역사적, 성만찬의, 교회의) 중에서 바울은 뒤의 둘을 가져와 바로 옆에 나란히 배치한다. 사실 그는 이 둘을 나란히 두는 것 이상의 무언가를 하고 있다. 그는 이 둘을 연결하고 있다. 그는 믿음으로 우리가 한 성만찬의 몸에 참여할 때 성령께서 우리를 한 교회의 몸으로 만드신다고 주장한다. 아우구스티누스의 말처럼 우리는 우리가 받는 그것이 된다. 혹은 드 뤼박의 유명한 말처럼, 성만찬이 교회를 만든다.

이것이 바로 화체설과 실재적 임재를 강력히 주장하는 신토마스주의자들에 대한 드 뤼박의 반론이다. 사실상 드 뤼박은 이렇게 말하며 반대하는 것이다. 당신들은 무엇이 합당한 성만찬을 만드는가에 지나치게 초점을 맞추며 성만찬의 몸에만 일방적으로 집중한 나머지 성만찬의 몸의 **성례전적** 목적이 교회의 몸을 만들어 내는 것임을 잊어버리고 말았다. 그 텔로스(*telos*, 목적)는 친교(communion)다. [그래서 현대 가톨릭에서는 이제 "친교 교회론"(communion ecclesiology)을 자주 이야기한다.] 또한 드 뤼박에게 성만찬의 몸이 가리키며 참여하는 성례전적 실재는 교회의 교회적 일치(ecclesial unity)라고 말할 수도 있다. 따라서 실제로 세 몸이 존재하는 것이 아니라 오직 한 몸—한 삼중적 몸(*corpus triforme*)—만이 존재하며, 이는 서로 성례전적으로 연결되어 있는 다양한 양상이다. 아우구스티누스에게 또한 중세에 그리스도의 한 몸은 속성상 역사적·성만찬적·교회적이었다. 이 셋은 다르게 나타나지만 성례전적으로 서로 연결되어 있다.

드 뤼박은 이미 우리가 살펴본 내용을 설명함으로써 『신비로운 몸』을 시작한다. 즉, 아우구스티누스는, 또한 중세 교회 대부분에서는 성만찬과 교회가 밀접하게 연결되어 있다고 보았다는 것이다. "원인과 결과, 수단과 목적, 기호와 실재처럼 성만찬과 교회는 짝을 이룬다."[15] 성만찬 집례의 목적은 교회의 일치 혹은 친교다. 사도신경 마지막 부분에서 우리는 '성도의 교제'(communion of saints)에 대한 우리의 믿음을 고백한다. 적어도 우리는 그렇게 번역한다. 하지만 라틴어에서는 모호하다. '상크토룸 코무니오'(*sanctorum communio*)는 '거룩한 이들의 교제'라고 번역할 수도 있고 '거룩한 것들의 교제'라고 번역할 수도 있다. 중세 전통에서 이것은 양자택일 문제가 아니었다. 거룩한 것들의 교제—즉, 그리스도의 몸과 피를 통한 교제—는 거룩한 이들의 교제와 연결되어 있다. 하

---

15 De Lubac, *Corpus Mysticum*, p. 13. 이후에 이 책을 인용할 때는 페이지를 본문에 괄호로 표기했다.

나가 다른 하나를 야기하며 성례전적 방식으로 연결되어 있다. 드 뤼박은 이렇게 말한다. "성례전적 교제(몸과 피 안에서의 교제)가 언제나 동시에 교회의 교제(교회 안에서의, 교회의, 교회를 위한…교제)인 것과 마찬가지로 교회의 교제는 그것이 온전히 이뤄질 때 언제나 성례전적 교제를 포함한다. 누군가와 교제 안에 있다는 것은 그들과 주의 몸을 받음을 뜻한다"(p. 21, 강조는 원문의 것). 특유의 화려한 문체로 드 뤼박은 성만찬이 교회를 만든다는 핵심 주장을 되풀이하고 있을 뿐이다. 중세 신학자들은 그리스도의 한 몸의 일치를 한결같이 강조했다. 그들은 삼중적 몸의 세 양상(역사적, 성례전의, 교회의)을 구별할 때조차도 이 일치에 초점을 맞췄다. 성례전과 교회는 하나이자 동일한 것으로 간주되었다.

드 뤼박의 설명에 따르면, 9세기에는 신비로운 몸(*corpus mysticum*)을 성만찬의 몸을 지칭하는 전문 용어로 사용하면서 그것을 '동정녀에게서 나신 몸'이나 '교회라는 몸'과 구별하면서도, 동시에 이 셋을 계속해서 밀접하게 연결시켰다. 중세 신학자들은 성만찬의 '신비로운 몸'과 성만찬의 '신비'에 관해 이야기했으며, 이는 성만찬이 다른 무언가를 가리키는 기호임을 말하면서도 성만찬 안에 숨겨진 다 이해할 수 없는 깊이를 지칭하고자 함이었다. 교회의 몸은 성만찬이 가리키며 참여하는 성례전적 실재다. 그러므로 성례전에서 성례전의 신비로운 실재로, 성만찬의 몸에서 교회의 몸으로 나아가는, 성령께서 이끄시는 움직임이 존재한다. 성례전은 정태적이지 않고 역동적인 무언가다. 혹은 드 뤼박의 말처럼 "신비는, 그 말의 옛 의미에 따르면, 사물이라기보다 행동이다"(p. 49). 드 뤼박은, 중세에 사용했던 '신비'라는 용어의 이 활동적 함의가 자신의 시대에 흔히 통용되는 관점, 곧 성만찬을 교회의 삶과 연결되지 않은 채 위로부터 자의적·초자연적으로 개입하는 것으로 보는 관점과 대립한다고 생각했다. 따라서 드 뤼박의 꼼꼼한 역사적 연구의 목적은, 성만찬을 교회의 교제와 무관하거나 교회의 교제에 대해 외재적인 것으로 취급하는 신토마스주의자들의 외재주의를 극복하는 것이다. 드 뤼박은 사람들에게 위대한 전통 전반에 걸쳐 성만찬은 교회의 일치를 만들어 내는 활동으로 간주되었음을 보여 주기 원했다.

전환되는 몸

드 뤼박에 따르면, 어떤 이들—특히 개신교인들—은 몸의 성례전적 목적, 성례전이 의도하는 실재(그것의 *res*)로서의 교회의 친교나 일치에 엄격하게 초점을 맞추면서 이 실재가 성만찬의 몸 안에 있는 그 기원과 직결되어 있음을 잊어버린다. 반면에 다른 이들—특히 가톨릭교인들—은 요소들 안에 임하시는 그리스도의 성례전적 임재(*sacramentum*)에 엄격하게 초점을 맞추면서 이 실재적 임재가 참여를 통해 교회의 몸 안에 있는 그 목적과 직결되어 있음을 잊어버린다. 이 책의 전반적 논지와 관련해 드 뤼박의 주장은 중요하다. 드 뤼박은 플라톤주의-기독교적 종합이 상실된 책임을 전적으로 개신교인들(혹은 복음주의자들)에게 돌리는 것으로는 문제가 해결되지 않음을 인정한다. 드 뤼박의 분석이 옳다면—내게는 이를 의심할 이유가 없다—개신교인과 가톨릭교인 **모두가** 성례전적 존재론을 상실한 상태다.

3장에서 나는 중세의 성례전적 태피스트리를 해체한 다섯 단계 중 하나로 11세기의 베렝가르 논쟁을 둘러싼 발전을 간략히 언급했다.[16]

---

[16] 앞선 3장에서 소제목 "자연의 발견" 이하를 보라.

이 지점에서 이 논쟁을 조금 더 자세히 들여다보고 세 몸 사이의 참여적 관계에 무슨 일이 일어났는지 알아볼 필요가 있다. 드 뤼박은 (도표 2에 제시된 것처럼) 중요한 언어적 전환이 일어났다고 지적한다. 중세 성기에 '참된'(verum)이라는 말은 교회의 몸에서 성만찬의 몸으로 점점 이동했다. 성만찬에서 그리스도의 몸을 '참된 몸'으로 보게 되었다. 동시에 '신비적인'(mysticum)이라는 말은 성만찬의 몸에서 교회의 몸으로 이동했다. 그리스도의 몸인 교회를 '신비적 몸'으로 간주하게 되었다.[17] 물론 드 뤼박은 교회를 묘사하기 위해 '신비적 몸'이라는 용어를 사용하는 것을 문제 삼지는 않는다. 하지만 그는 **전반적인** 용어의 전환─'참된'이라는 말이 성만찬의 몸을 표현하는 데 사용되고 '신비적인'이라는 용어가 교회의 몸만을 한정적으로 표현하게 된 것─이 문제가 된다고 믿는다. 드 뤼박은 이런 언어적 전환이 (1) 성만찬에서 실재적 임재(그리스도의 '참된' 몸)에 점점 더 초점을 맞추는 경향과 (2) 그리스도의 성만찬의 몸과 그리스도의 교회의 몸의 성례전적 연결이 상실된 것을 반영한다고 주장한다.

	중세 초기	중세 성기
성만찬의 몸	신비적인 ➡	참된
교회의 몸	참된 ➡	신비적인

도표 2. 전환되는 몸

---

17 이 언어적 전환에 대한 자세한 분석은 de Lubac, *Corpus Mysticum*, pp. 75-119, 143-167를 보라. 또한 Susan K. Wood, *Spiritual Exegesis and the Church in the Theology of Henri de Lubac* (Grand Rapids: Eerdmans, 1998), pp. 63-68를 보라.

앞서 언급했듯이 드 뤼박은 변화의 주된 원인은 11세기와 12세기에 발생했다고 보았다. 11세기에 투르의 베렝가르와 연관된, 성만찬에 관한 첨예한 논쟁이 벌어졌다. 논점을 단순히 표현하자면 베렝가르는 11세기 칼뱅주의자와 비슷한 인물이었다고 할 수 있다. 그는 영적 먹기와 육적 먹기(eating)를 대조하면서 우리가 그리스도의 실제 몸을 먹지는 않지만 성만찬에서 그리스도를 먹는 것이 영적 먹기라고 주장했다. 이렇게 영적 먹기와 육적 먹기를 대조하는 주장은 커다란 충격을 불러 일으켰다. 리에주의 알제르(Alger of Liège, 1055-1131) 및 다른 이들은 강하게 반발하면서 그리스도의 육적 먹기(consumption)를 주장했다. 그리고 드 뤼박은 이렇게 덧붙인다. "육적 받기에 대한 주장은 그 함의에 의해 육적 임재에 대한 주장으로 이어진다"(p. 155). 그 결과 "'영적 임재와 연관된'(spiritualist) 어휘는 점차 억제되지는 않더라도 적어도 드물어진" 반면, 그리스도의 성만찬의 몸의 실재적 임재를 전적으로 강조하게 되었다(pp. 161-162). 삼중적 몸의 이론이 금세 이중적 몸, 즉 "역사적-성례전적 몸과 교회의 몸"의 이론으로 바뀌었다(p. 162).

육적 먹이기(feeding)와 성만찬에서의 실재적 임재를 새롭게 강조하게 되었다는 것은, 교회의 몸이 더 이상 '참된 몸'(*corpus verum*)으로 간주되지 않았음을 뜻한다. 베렝가르 논쟁 이전에는 교회의 몸을 '참된 몸'이라고 부르는 것이 합당해 보였다. 성만찬 집례의 성례전적 목적은 '그리스도의 충만함'[아우구스티누스가 말하는 전체 그리스도(totus Christus)]으로서의 교회였으며, 따라서 이 교회적 목적을 성만찬의 '진리'(*veritas*)라고 표현하는 것이 적합하다고 여겨졌다. 하지만 12세기에 교회의 몸에서 성만찬의 몸으로 강조점이 이동하자 이렇게 교회의 일치를 '참된 몸'과 동일시하기가 어려워졌다. 교회의 일치 대신 성만찬의 요소들이 참된 몸(*corpus verum*) 자리를 차지하기 시작했다. 그 결과 12세기 무렵에는 성만찬이 곧 그리스도의 '참된 몸'이 되었다.

거의 같은 시기에 교회 자체는 '신비로운 몸'(*corpus mysticum*)이 되었다. 드 뤼박은 피에르 롱바르(Peter Lombard, 1095?-1164?)를 지목한다. 많은 후대의 중세 해석자가 12세기의 유명 신학자였던 그의 저작을 자신의 신학적 성찰의 출발점으로 삼았다. 롱바르와 더불어 성만찬은 '고유한 살'(*caro propria*)이 된 반면, 교회는 '신비로운 살'(*caro mystica*) 혹은 '영적 살'(*caro spiritualis*)이 되었다(p. 102). 롱바르와 중세 성기의 위대한 스콜라 신학자들은 성만찬의 몸과 교회의 몸을 날카롭게 구별했다. 이것은 첫 단계였을 뿐이다. '신비로운 살'이라는 표현이 교회를 지칭하는 데 사용되었기 때문에, 신학자들은 곧 '신비로운 몸'이라는 표현도 성만찬이 아니라 교회를 지칭하는 데 사용하게 될 것이었다.

드 뤼박이 행하는, 중세라는 '원천으로 돌아가기'의 가장 매력적인 요소 중 하나는, 그의 성례전적 접근 방식이 한편으로는 기호와 실재의 완전한 **분리**(복음주의적 유혹)와 다른 한편으로는 기호와 실재의 엄격한 **동일시**(가톨릭적 유혹) 사이에 중도가 존재함을 보여 주고 있다는 사실이다. 이 중도는 아우구스티누스와 중세 신학에 의해 처음으로 제시되었고, 성만찬과 교회 사이의 성례전적 연결고리, 즉 위대한 전통에서 보기에 고린도전서 10장에서 이 둘을 연결하는 성 바울에게 반영되어 있던 연결고리에 근거를 두고 있었다. 복음주의자들은 이것을 성경에 대한 바른 이해와 조화를 이루지 않는 것으로 보고 거부하기 위해서 이따금 너무 빨리 가톨릭의 화체설 개념에 집중하는 것일지도 모른다. 우리는 드 뤼박의 중도적 견해가 가톨릭교회 안에서 엄청난 영향력을 미치고 있으며, 이는 '친교 교회론'이 널리 수용되고 있다는 사실을 통해서 확인할 수 있음을 명심해야 한다. 이 명칭을 사용하는 이유는, 드 뤼박에게 친교 혹은 참여(*koinônia*)가 성만찬 집례에서 목적으로 삼는 성례전적 실재에 도달하기 위한 수단이기 때문이다. 1960년대 제2차 바티칸 공의회에서는 되돌릴 수 없는 방식으로 이 친교 교회론을 로마 가톨릭 교회의 공식 가르침으로 인정했다. 이처럼 가톨릭 안에서 드 뤼박의 관점이 널리 받아들여지고 있다는 사실은 유익한 대화를 위한 새로운 전망을 제시한다. 가톨릭교회에서 교회 공동체의 친교에 더 강력히 초점을 맞추기 시작한 것처럼, 나는 이제 복음주의자들이 성만찬에서 그리스도의 실재적 임재를 훨씬 더 분명하게 강조해야 할 때가 되었다고 주장하고자 한다.

7장
성례전적 시간으로서의 전통

지난 몇십 년 동안 가톨릭교인들과 복음주의자들의 관계가 점점 더 우호적으로 변함에 따라 복음주의자들은 불가피하게 이런 물음에 직면하게 되었다. 우리는 가톨릭교인들—적어도 일부 가톨릭교인들—을 복음주의적이라고 생각할 수 있는가? 다시 말해서, '가톨릭 복음주의자'라고 부를 수 있는 부류가 존재하는가?[1] 나는 많은 복음주의자가 가톨릭 복음주의자에 관해 말할 수 있다고 인정하기를 주저하는 주된 이유 중 하나가, 가톨릭교인들이 복음주의자들처럼 교회를 위한 권위의 한 궁극적 원천인 성경에 초점을 맞추지 않는다고 믿기 때문이라고 생각한다. 가톨릭교인들은 권위의 두 원천, 즉 **성경**과 **전통**을 고수한다[가톨릭교인

---

[1] 이것은 그저 학문적 질문이 아니다. 복음주의 대학과 대학교들이 그들의 정체성을 유지하는 데 진지한 관심을 기울이고 있다면 이 문제를 피할 수 없을 것이다. 개별 가톨릭 학자들은 이따금 복음주의 기관에서 작성한 신앙 진술서에 기꺼이 서명하며, 마찬가지로 기꺼이 자신을 복음주의자라고 부르기도 할 것이다. 존 앨런(John L. Allen)은 "복음주의적 가톨릭"(evangelical Catholicism)이 현재 가톨릭계 안에서 명백히 나타나는 흐름 중 하나라고 주장한다[*The Future Church: How Ten Trends Are Revolutionizing the Catholic Church* (New York: Doubleday, 2009)]. 또한 Bill Portier, "Here Come the Evangelical Catholics", *Communio* 31 (2004): pp. 35-66를 보라.

들은 전통을 대문자로('Tradition') 표기하는 경향이 있지만 대부분의 복음주의자는 그렇게 하기를 꺼린다]. 그리고 전통은 엄연히 하나님이 주신 성경에 대한 인간의 해석이며 작업이기 때문에 가톨릭교인들은 복음주의자들처럼 성경의 중심성에 관심이 없는 것처럼 보인다. 따라서 가톨릭교인들을 그리스도 안에서 형제자매로 기꺼이 인정하는 복음주의자들조차도, 가톨릭교인들을 '복음주의자'로 인정한다면 '복음주의자'라는 용어가 무의미해지리라 생각하는 경향이 있다.

나는 이런 주장이 잘못된 것이라고 믿는다. 가톨릭 복음주의자들이 **정말** 존재한다. 그럼에도 '가톨릭 복음주의자'라는 개념이 형용 모순이라고 확신하는 이들은 나도 따뜻하게 박수를 보내는 근본 전제를 가지고 움직인다. 즉, 복음주의자들이 자신의 정체성을 지켜 내야 한다는 것이다. 그러므로 나의 주장은, 복음주의가 그저 긴장을 조금 풀고 다른 전통에 속한 사람들이 자신들의 부류에 참여할 수 있게 해야 한다는 게 아니다. 내 주장은 정반대다. 나에게는 현대 복음주의가 복음주의자들이 이따금 생각하는 것만큼 정체성을 강하게 지키지 않고 있는 것처럼 보인다. 나는 "급진적·탈근대적 상대주의가 미국 사회에 만연해 있을 뿐 아니라 복음주의 교회 안에서 다수가 받아들이는 인식이 되었다"는 데이비드 웰스(David Wells)의 주장에 대체로 수긍한다.[2] 그러므로 복음주의자들이 더 이상 자신들의 정체성을 제대로 진술할 수 없기 때문에 가톨릭교인들에게 개방적 태도를 취하고 있다면 교회 일치를 위한 노력은 실패할 수밖에 없다. 나의 주장은, 우리의 복음주의적 정체성을 유지하고 강화하기 위해서, 복음주의자인 우리에게 가톨릭의 목소리가 필

---

2 David F. Wells, *Above All Earthly Pow'rs: Christ in a Postmodern World* (Grand Rapids: Eerdmans, 2005), p. 169. 『위대하신 그리스도』(부흥과개혁사).

요하다는 것이다.

하지만 어떤 이들은 이것이 바로 쟁점이라고 반문할 수도 있다. 참으로 복음주의적인 가톨릭이 정말로 존재하는가? 제2차 바티칸 공의회가 가톨릭 개혁을 이루었다고 생각하는 지나치게 평화적인 복음주의자들은 신적 계시에 관한 공의회의 선언문인 『하느님의 말씀』(Dei Verbum)을 읽어 보아야 하지 않겠는가? 이 헌장에서는 명시적으로 '성경과 전통'을 가리켜 계시의 두 원천이라고 말하며 이 둘 모두를 동일한 신심과 존경의 마음으로 받아들여야 한다고 말하지 않는가?

그러므로 성전(sacred Tradition)과 성경(sacred Scripture)은 서로 긴밀히 연결되고 또 상통한다. 이 둘은 동일한 신적 원천에서 솟아 나와 어떤 방식으로든 하나를 이루며 같은 목적을 지향하고 있기 때문이다. 실상 성경은 성령의 감도(感導)로 기록되었으므로 하느님의 말씀이다. 곧 그리스도와 성령께서 사도들에게 맡기신 하느님의 말씀은 성전으로 그들의 후계자들에게 온전히 전달되는데, 후계자들은 진리의 성령에게서 빛을 받아 자신의 설교로 그 말씀을 충실히 보존하고 해설하며 널리 전파할 수 있게 되는 것이다. 따라서 교회는 오로지 성경으로만 모든 계시 진리에 대한 확실성에 이르게 되는 것은 아니다. 이런 이유로 이 둘을 **똑같이 경건한 애정과 존경으로써** 받아들이고 공경해야 한다.[3]

이 헌장은 가톨릭 복음주의자라는 관념이 막연한 바람에 근거한 것임

---

3 "Dogmatic Constitution on Divine Revelation" (Dei Verbum), *Vatican Council II, vol. 1, The Conciliar and Postconciliar Documents*, rev. ed., ed. Austin Flannery (Northport, NY: Costello, 1975), 755 (no. 9)(강조는 추가됨). 『제2차 바티칸 공의회 문헌』(한국천주교중앙협의회).

을 뜻하는 것처럼 보인다. 실제로 강조 표기한 구절은 트리엔트 공의회 (Council of Trent, 1545-1563) 문헌을 그대로 인용한 표현이며, 이 헌장은 '오직 성경으로'라는 관념을 명시적으로 거부하는 것처럼 보인다.

상황에 나에게 매우 불리해 보이지만 나는 '가톨릭 복음주의자'라는 개념이 용어상 모순이 아니라고 주장할 것이다. 정말로 처음부터 나의 경우를 방어할 수 없는 것처럼 보이도록 만들 수 있는 위험을 무릅쓰면서 나의 주장을 한계까지 밀어붙일 것이다. 우리는 많은 가톨릭교인이 복음주의적이라고 생각해야 할 뿐 아니라 그 반대로도 생각해야 한다. 즉, 우리는 많은 복음주의자를 향해, 복음주의적이라는 자신들의 주장에 충실하려면 그들이 가톨릭(물론 소문자 catholic, 공교회적)이어야 한다고 촉구해야 한다. 이 지점에서 의아하게 여기는 독자들을 위해서, 여기서 내가 교묘한 장난을 하려는 것이 아니라고 분명히 말해 두고 싶다. 나의 주장은, 많은 가톨릭교인이 성경과 전통의 관계에 관한 복음주의적 이해를 고수하고 있으며, 다른 한편으로 정말로 복음주의적이기를 원한다면 많은 복음주의자도 전통의 역할을 회복해야 한다는 것이다. 이브 콩가르와 앙리 드 뤼박을 근거 삼아, 나는 전통이 영원하신 하나님의 말씀에 닻을 내리게 함으로써 우리가 앞으로 나아갈 수 있다고 주장할 것이다. 영원한 기독론적 닻에 참여하는 것은 인간의 모든 성경 해석에 보증을 제공한다.

성례전적 시간에 관한 콩가르와 아우구스티누스의 견해

이 주장을 하기 위해 먼저 복음주의의 반대에 대한 가톨릭의 전통적 반론을 살펴보자. 가톨릭의 주장은, 가르치는 권위(magisterium)가 없다면 성경의 권위는 누구든지 마음대로 해석할 수 있는 것(nose of wax)이 되고 만다는 것이다. 만약 모든 사람이 그저 개인적 통찰에 따라 성경을 해석할 수 있다면 어떤 종류의 교리적 일관성도 유지하기가 어려울지도, 어쩌면 불가능할지도 모른다. 그리고 가톨릭교인들은 당연히 개신교와 복음주의 교단의 극심한 분열을 지적한다. 이런 주장의 기원은 2세기로 거슬러 올라간다. 영지주의적 성경 해석에 맞서 이레나이우스는 수많은 모자이크 조각을 맞춰 하나의 작품으로 만드는 과정을 예로 들었다. 필요한 수량에 따라 각각의 명암과 색상을 지닌 수많은 모자이크 조각을 모자이크를 설치할 건물로 옮겨 오고, 수많은 조각을 조각들과 함께 제공될 이미지의 양식에 따라 노련하게 맞출 것이다. 이레나이우스는 발렌티누스주의(Valentinian) 영지주의자들의 성경 해석을 언급하며 이렇게 비판한다.

> 그들의 행동 방식은, 마치 귀한 보석으로 노련한 예술가가 왕의 아름다운 이미지를 만들었을 때, 한 사람이 이 이미지의 모든 조각을 떼내고, 보석을 재배열하여 개나 여우의 모습으로, 그나마도 형편없게 만드는 것과 같다. 그런 다음 그는 처음에 예술가가 왕의 이미지를 만들 때 탁월하게 맞추어 놓았던 보석들을 가리키며 **이것**이 노련한 예술가가 만든 왕의 아름다운 이미지라고 주장하고 선언한다. 하지만 그 사람 때문에 보석은 개의 모습이 되고 말았고, 그는 보석을 보여 주면서 왕이 어떤 모습인지 본 적이 없는 무지한 사람들을 속여 그들로 하여금 이 형편없는 여우의 모습이 왕의 아름다운 이미지라고 믿게 한다.[4]

---

4 Irenaeus, *Against Heresies*, *Ante-Nicene Fathers*, vol. 1, ed. Alexander Roberts and James Donaldson (1885; reprint, Peabody, MA: Hendrickson, 1994), VIII.1.

이레나이우스에 따르면, 왕의 이미지가 개나 여우의 모습으로 재배열될 수 있는 가능성은, 성경을 바르게 해석하기 위해 사용해야 할 렌즈 기능을 하는 교회의 핵심적 고백—이른바 '신앙의 규칙'—을 따르기를 거부하는 태도에 기인한다. 이레나이우스는 성경이 교회의 책을 형성함을 깨닫고 성경의 해석을 개별 신자나 학자에게 맡겨 두기를 거부했다. 본문의 의미를 이해하기 위해서는 교회의 전통이 필요하다.

이레나이우스의 유비는 설득력이 있지만 모든 논란을 해소하지는 못한다. 성경/전통 관계에 관한 수많은 질문이 남아 있다. 20세기 중엽의 '새로운 신학자들'을 통해 나는 성례전적 접근 방식이—성경과 전통에 관한 문제에 관해서도—교회 일치를 위한 해법을 제시할 뿐 아니라 교의적으로도 충실한 해결책을 제시해 줄 수 있음을 배웠다. 콩가르가 시간이 속성상 성례전적이라고 명시적으로 말하고, 반면에 드 뤼박은 의도적으로 전통이(따라서 교리의 발전이) "예수 안에서 현금화된다"고 말하면서 그리스도 안에 닻을 내리게 한다는 점이 내게는 대단히 매력적으로 다가왔다. 만약 우리가 이런 성례전적·기독론적 출발점을 진지하게 받아들인다면 적어도 성경/전통 관계를 논할 적합한 틀을 갖게 되리라고 생각한다.

콩가르는 역사와 발전의 기능을 논하면서 그가 "성례전적 존재론"(*ontologie sacramentelle*)이라고 부르는 것을 논한다. 그는 하나님이 "만유의 주로서 만유 안에" 계시리라는 성 바울의 말을 근거로 삼는다(고전 15:28).[5] 콩가르는 아퀴나스를 평하며 성례전은 삼중적 의미를 갖는다고

---

5 Yves M.-J. Congar, *Tradition and Traditions: The Biblical, Historical, and Theological Evidence for Catholic Teaching on Tradition*, trans. Michael Naseby and Thomas Rainborough (San Diego: Basilica, 1966), p. 259. 이후에 이 책을 인용할 때는 페이지를 본문에 괄호로 표기했다.

말한다. 즉, 성례전은 성례전 안에서 효력을 발휘하는 그리스도의 구속 행위(과거적 의미), 성례전의 목적인 영생(미래적 의미), 성례전이 우리 삶에 발휘하는 효과(현재적 의미)를 뜻한다. 그런 다음 콩가르는 기독교적 이해에 따라 시간 자체가 속성상 성례전적이라고 믿는다고 분명히 말한다.

> 따라서 성례전은 독특한 시간적 지속성을 지니며, 그 안에서는 연대기적 시간처럼 과거, 현재, 미래가 상호 배타적이지 않다. 성례전적 시간, 교회의 시간은, 역사적으로 유일무이하며 멀리 떨어진 시점에 발생한 사건 안에서 수세기를 통과해 서로를 따르는 사람들에 의한 공유를 가능하게 한다. 이러한 공유는 내가 플라톤의 사상이나 소크라테스의 죽음을 공유하는 것처럼 단지 지적 차원에서만 이뤄지지 않고 구원의 신비의 임재와 활동 안에서 이뤄진다. (p. 260)

콩가르에게 '성례전적 시간'이나 '교회의 시간'은 과거, 현재, 미래가 공존할 수 있음을 뜻한다.[6] 그 결과 역사적으로 다른 시대에 속한 사람들이 같은 사건에 참여하거나 함께할 수 있다. 콩가르는 이렇게 일상적인 시간적 한계를 초월할 수 있게 하시는 분은 바로 성령이시라고 주장한다. "그들을 분리하는 한계와 거리에도 불구하고 실재들 사이의 교통을 가능하게 하시는 것이 성령의 특징적 사역이다…"(p. 261). 따라서 말하자면 연대기적 시간이 개방될 때 종말론적 실재들이 그 안으로 진입할 수 있다. 콩가르에 따르면,

---

6 '교회의 시간'을 다룬 또 다른 글은 Yves M.-J. Congar, *La Foi et la théologie* (Tournai: Desclée, 1962), pp. 43, 99, 105-106를 보라.

살아계신 하나님이—단지 그분의 일반적 섭리를 통해서가 아니라 구원 역사의 또 다른 요소, '신비'를 이루기 위해 행동하심으로써—역사적 사건의 주체이실 때 그분은 시간 안에서 발생하는 행동에 지상의 시간의 조건을 뛰어넘는 특정한 가능성과 밀도를 부여하신다. 그런 행동은 성령께서 그 원리가 되시는 실존의 다른 영역, 종말론적 질서 안에 삽입된다. (p. 261)

콩가르는 하나님이 구원의 역사 안에서 '신비'를 이루기 위해 행동하신 다고 말함으로써 전통적인 성례전적 언어를 사용하고 있다. 이미 살펴 보았듯이 위대한 전통에서 '신비'는 성례전이 가리키고 참여하는 실재 (res)다. 그러므로 콩가르는 하나님이 '신비'의 차원을 지상적 사건들 안에 끼워 넣으실 수 있다고 주장한다. 그 결과 이런 사건들은 종말 안으로 들어간다. 지상적 사건은 종말론적 신비의 성례전이 된다. 그 성례 전적 차원 덕분에 지상적 사건은 과거와 현재의 다른 사건에 참여할 수 있게 된다.[7]

어쩌면 근대성이 우리가 전통에 대해 어떤 종류의 권위 있는 역할도 인정할 수 없게 만든 가장 중요한 이유는, 우리가 플라톤주의-기독교적 종합이 유지된 천 년 동안 사람들이 역사를 해석하는 방식과는 전혀 다른 방식으로 역사를 바라본다는 것이다. 우리는 유명론적 방식으로, 시간을 서로 관련 없는 구별된 순간들의 단순한 연속으로 보는 경향이 있다. 우리는 10년 전에 발생한 사건 X를 더 이상 존재하지 않는 것으로, 따라서 원칙적으로 오늘날 일어나고 있는 사건 Y와 연결되어 있지 않

---

[7] '성례전적 시간'이라는 콩가르의 참여적 관념이 성만찬에서 '실재적 임재'를 뒷받침하는 데 기여 할 수 있다는 것을 이해하기는 어렵지 않다. 콩가르는 "성만찬을 봉헌할 때마다 그리스도와 성령 의 임재의 능력뿐 아니라 마지막 만찬의 최초이고 독특하며 역사적인 봉헌의 능력까지도 그 효 력을 발휘한다"라고 설명한다(p. 260n2).

다고 여긴다. 이것은 우리가 역사적인 원인과 영향을 부정한다는 말이 아니다. 우리는 추적할 수 있는 수많은 역사적 원인을 통해 사건 X가 사건 Y를 야기했음을 인식한다. 하지만 핵심은 우리가 두 사건을 분리된 것으로 간주한다는 것이다. 유비와 일의성에 관한 논의로 돌아가 우리가 두 사건을 시간 안에서 일의적 순간들로 바라본다고 말할 수도 있다. 두 사건은 동일한 종류의 실재 혹은 존재를 가지고 있으며, 어떤 참된 의미에서도 서로 얽혀 있지 않다.[8] 찰스 테일러(Charles Taylor)의 말처럼, "우리는 단일한, 일의적인 세속적 시간 안에서 살아가는 환경을 구축했다. 그리고 일을 해내기 위해 우리는 그 시간을 측정하고 통제하려고 노력한다."[9] 일의적 시간은 근대성의 세속성 안에서 우리가 바라는 통제를 우리에게 부여한다.

'성례전적 시간'에 관한 콩가르의 성찰은 시간을 단순히 역사적으로 구별된 순간들의 연속으로 보는 일의적 시간관을 약화시킨다. 그렇게 함으로써 그는 자신을 유구한 플라톤주의-기독교의 전통 안에 자리매김한다. 아우구스티누스는 『고백록』 11권에서 이 전통의 시간관을 심오한 방식으로 표현한 바 있다. 아우구스티누스는 과거, 현재, 미래가 단순히 연속적 순간들로 이뤄진 세속적 혹은 일의적 시간이 아니라고 말한다. 그의 성례전적 사고방식 덕분에 그는 "세 시간—과거, 현재, 미래—을 말하는 것은 부정확한 언어"임을 깨달았다.[10] 아우구스티누스에 따르면, 그것은 이 세 시간이 인간의 마음 안에서 공존하며, 그보다 훨

---

8 앞선 4장에서 소제목 "스코투스와 존재의 일의성" 이하를 보라.
9 Charles Taylor, *A Secular Age* (Cambridge, MA: Belknap/Harvard University Press, 2007), p. 59.
10 Augustine, *Confessions*, trans. Henry Chadwick (Oxford: Oxford University Press, 1991), p. 235 (XI.20).

씬 중요한 의미에서는, 하나님의 영원성 안에서 동일하기 때문이다. 이는 이 히포의 주교가 시간의 세계는 이데아 영역의 영원성을 불완전하게 반영한 것일 뿐이라는 엄격히 플라톤주의적인 입장을 채택했다는 뜻이 아니다. 아우구스티누스의 시간관은 성례전적이다. 시간은 하나님의 삶의 영원성에 **참여하며**, 이 참여 덕분에 과거, 현재, 미래가 모여 하나를 이룰 수 있다.[11]

테일러는 이삭을 제물로 바친 사건과 그리스도의 십자가 죽음을 예로 들어 설명한다. "이 두 사건은 하나님의 계획 안에서 바로 옆에 붙어 있기 때문에 서로 연결되어 있다. 두 사건은 몇 세기(즉, 'aeons' 혹은 'saeculua', 각각 그리스어와 라틴어로 '시대들'을 뜻한다―옮긴이)가 떨어져 있음에도 영원 안에서는 동일성에 근접한다. 하나님의 시간 안에서는 희생과 십자가 죽음 사이에 일종의 동시성이 존재한다."[12] 아우구스티누스와 콩가르의 '성례전적 시간'은 한 역사적 사건이 다른 역사적 사건에 성례전적으로 참여할 수 있게 한다. 이삭의 희생과 그리스도의 십자가 죽음은 두 개의 일의적이며 분리된 사건이 아니다. 오히려 이삭의 희생은 성례전적으로 그리스도의 십자가 죽음에 참여한다.

이삭의 희생과 그리스도의 십자가 죽음이라는 예는 그저 임의의 예가 아니다. 위대한 전통에 따르면, 일상적 혹은 연속적 시간이 가장 온전하고 영광스럽게 하나님의 영원한 시간에 참여하는 것은 바로 그리스도 안에서다. 우리는 그리스도를 그 위대한 성례전, 최고의 신비라고 말할 수 있다. 그분 안에서 영원하신 말씀이 사건들의 시간적 연쇄 안으

---

[11] 여기서는 "플라톤의 영원성"과 "하나님의 영원성"을 구별하는 테일러를 원용하고 있다(*Secular Age*, p. 57).
[12] Taylor, *Secular Age*, p. 55.

로 들어오셨으며, 따라서 시간이 영원에 성례전적으로 참여할 수 있게 되었다. 따라서 인간 역사의 일상적 시간 안에서 일어나는 다른 모든 세속적 사건은 위대한 그리스도 사건으로부터 그 존재와 의미를 부여받는다. 세속적 사건들은 성육신하신 로고스, 예수 그리스도와의 성례전적 연관성—테일러의 말처럼 '동시성'—때문에 의미를 지닌다.

교리의 발전에 관한 드 뤼박의 견해

시간에 관한 이 성례전적 관점에 깊이 영향받은 앙리 드 뤼박은 기독교 교리가 전통을 통해 발전해 온 방식에 어떤 함의를 갖는지 깨달았다. 그는 그리스도께서 하나님의 위대한 성례전이심을 인식했다.[13] 그리스도께서 하나님의 계시의 충만함이시라면 기독교 교리의 미래적 발전은 절대로 그 위대한 성례전을 추월할 수 없다. 교리의 발전은 언제나 그리스도와 연결되어 있어야 한다. 결코 그리스도께 덧붙일 수 없으며, 그분의 충만함이 드러나는 것이 될 수 있을 뿐이다. 드 뤼박은 "교의의 전체"(le Tout du Dogme)가 그리스도 자신의 구속 행위 안에 나타나 있다고 주장한다.[14] 어떤 것도 그리스도께 덧붙일 수 없다. 그리스도를 뒤따르는 모든 교리적 발전은 그리스도의 보고(treasury)의 충만함을 "현금화"(monnayer Jésus)하는 것일 뿐이다. 이 플라톤주의-기독교적 이해에 따르면, 그리스도까지의 모든 역사는 성육신에 대한 성례전적 기대였고, 이어지는 교회의 전통은 그리스도 사건의 성례전적 기념이다. 예수

---

13 Henri de Lubac, *The Splendor of the Church*, trans. Michael Mason (1956; reprint, San Francisco: Ignatius, 1999), p. 202.
14 Henri de Lubac, "The Problem of the Development of Dogma", *Theology in History*, trans. Anne Englund Nash (San Francisco: Ignatius, 1996), p. 274.

그리스도의 인격 안에 과거와 미래의 실재적 참여가 존재한다.

전통이 최고의 성례전이신 예수 그리스도의 '현금화'라는 견해는 드 뤼박 같은 가톨릭교인들에게 국한되지 않는다. 칼 바르트는 『교회 교의학』(Church Dogmatics)에서 비슷한 생각을 표현했다.[15] 바르트에게 계시는 성례전을 뜻한다. 따라서 그리스도 안에 나타난 하나님의 계시는 "그분 계시의 성례전적 실재의 기본적 실재(reality)이자 실체(substance)"다. 바르트는 그리스도의 인성을 "첫 번째 성례전"으로 묘사한다. 이 스위스의 신학자는 이것이 역사와 전통에 대한 이해에 함의를 갖는다고 말한다. 그가 주장하길, 성육신은 분명 유일무이한 사건이었지만 "그것이 인간 예수의 실존을 통해 입증된 후 이를 시작으로 계속되는 일들이 존재한다. 성례전적 연속성은 뒤로는 그분이 그들의 메시아가 되시는 이스라엘 백성의 실존으로 확장되고, 앞으로는 사도들과 사도들 위에 세워진 교회의 실존으로 확장된다."[16] 바르트는 그리스도의 성례전적 임재가 앞뒤로 뻗어 나가 과거, 현재, 미래를 하나로 묶는다고 이해한다. 물론 바르트는 계시의 이 성례전적 성격을 본질상 참여적인 것으로 이해한다고 말하지 않는다. 다시 말해서, 과거와 미래의 사건 안에서 그리스도께서 실재적으로 임재하신다고 명시적으로 선언하지 않는다. 나는 이 추가적 움직임이 위대한 전통의 플라톤주의-기독교적 종합에서 필수라고 믿는다. 그럼에도 바르트는 그리스도 사건이 그 이전과 이후에 일어난 모든 것에 의미를 부여하는 위대한 성례전임을 바르게 인식하고 있다.

---

15 나에게 바르트의 Church Dogmatics의 이 부분에 주목하라고 알려 준 조교 알렉스 아베시나 (Alex Abecina)에게 감사의 마음을 전한다.
16 Karl Barth, Church Dogmatics, vol. II/1, The Doctrine of God, trans. T. H. L. Parker et al., ed. G. W. Bromiley and T. F. Torrance (London: T. & T. Clark/Continuum, 2004), p. 53. 『교회 교의학 2/1』(대한기독교서회).

시간과 역사에 대한 성례전적 접근 방식과 기독론적 접근 방식의 조합은 교회 일치에 관한 전망을 제시한다. 플라톤주의-기독교적 시간관으로의 회귀가 도전장을 내놓는 것도 사실이다. 콩가르와 드 뤼박은 그들의 관점이 대체로 합리적·명제적 계시관을 고수하는 신토마스주의 신학자들에게 제기하는 도전을 잘 알고 있었다. 이 스콜라주의자들에 따르면, 교회가 할 일은 성경의 명제가 정말로 뜻하는 바를 알아내는 것이다. 그들은 현재 교회의 신념 전부가 처음부터 교회 안에 존재했어야 한다고—적어도 우리가 최초의 계시로부터 도출하는 합리적·논리적 논증을 통해 현재의 교리를 입증해 낼 수 있어야 한다고—확신했다. 이런 관점이 지닌 어려움은, 이런 관점에서는 시간이 지나면서 이뤄지는 모든 종류의 교리적 발전을 의심스럽게 여긴다는 것이다. 어떻게 4세기의 삼위일체 교리부터 19세기의 마리아에 관한 가르침까지 교회가 후대에 가르치기 시작한 모든 교리를 성경으로부터 결정적으로 증명해 낼 수 있단 말인가? 이런 어려움에도 불구하고 신스콜라주의자들은 계시와 교리적 발전에 관한 주지주의적 관점을 고수했고, 콩가르나 드 뤼박 같은 '새로운 신학자들'이 제기한 성례전적·기독론적 도전을 진지하게 반박했다.[17]

마찬가지로 복음주의자들도 '새로운 신학'의 플라톤주의-기독교적 관점을 심각한 도전으로 받아들일 것이다. 물론 복음주의자들은 드 뤼박이 기독론적 초점을 명시적으로 옹호한다는 점이 고무적이라고 생각할 것이다. 전통을 예수의 '현금화'로 보는 관점은 분명히 복음주의자들

17　유익한 전반적 설명을 위해서는 Aidan Nichols, *From Newman to Congar: The Idea of Doctrinal Development from the Victorians to the Second Vatican Council* (Edinburgh: T. & T. Clark, 1990)을 보라.

이 공감할 수 있는 부분이다. 그럼에도 플라톤주의-기독교적 시간관―과거, 현재, 미래가 어떻게든 서로 안에 함께 내재하는―은 근대적 역사관에 대한 거부일 뿐 아니라 복음주의자들에게 이 근대적 접근 방식에 대한 충성을 포기하기를 요구한다. 복음주의자들은 (많은 가톨릭교인이 그랬듯이) 대체로 성례전적 시간관을 버렸으며, 이 탈성례화는 우리가 교리적 문제에 관한 결정을 내리는 방식에도 영향을 미쳤다. 우리는 성경 저자의 시대와 해 아래에서 살아가는 우리의 짧은 순간을 종류상 (일의적으로) 동일한 두 개의 구별되는 혹은 별개의 순간으로 간주하는 경향이 있기 때문에, 우리가 할 일은 성경 저자가 주어진 성경 본문 안에서 의미했던 바를 정확히 알아낸 다음 그것을 권위 있는 것으로 선언하는 것이라고 믿는다. 따라서 우리는 오늘날 교회의 신학적 혹은 교리적 가르침을 확립하기 위해 그저 우리의 현재 시간 Y에서 성경의 시간 X로 돌아갈 뿐이다. 그리고 우리의 문화적 맥락과 성경 시대의 문화적 맥락 사이에 불일치가 존재하는 경우 우리는 어느 정도까지 우리의 현재 상황에 맞게 적응시키거나 조정해야 하는지 협상하려 한다.

플라톤주의-기독교적 종합의 성례전적 이해는 이런 근대적인 복음주의적 모형을 뒤흔든다. 교회 전통의 다양한 역사적 순간들이 그리스도 사건 안에서, 그 사건을 통해 성례전적으로 서로에게 참여한다면, 기독교적 과거의 신학적 혹은 교리적 확신은 그리스도인들이 역사 속에서 성경 본문을 다뤄 온 흥미로운 방식에 그치지 않고 그보다 훨씬 더 많은 의미를 지니게 된다. 만약 오늘날 교회가 실재적 참여를 통해 이전의 교회 전통에 참여한다면, 그 이전의 전통은 참으로 우리 안에서 계속 살아 있게 되고 우리는 그 전통에 대해 거룩한 책임을 져야 한다. 기독교 전통의 이전 시기와 현재 우리의 시대는 함께 영원하신 하나님의 말씀에 성례전적으로 참여함으로써 서로 연결되어 있다.

   탈성례화된 시간관에서는 교리적 결정의 책임을 온전히 현재의 순간에 부여하는 경향이 있다. 나에게 할당된 짧은 순간 속에서 나는 하나님 앞에서 바른 신학적(또한 도덕적) 선택을 해야 할 책임이 있다. 그러한 부담감은 너무나도 거대해서 목회적으로 처참한 결과를 낳을 수도 있다. 더 나아가 그리스도인으로서 우리가 세속적 서양 문화에 사로잡혀 있는 한 이 세속적 문화가 교회의 의제를 설정하게 될 가능성이 높다. 만약 우리 자신이 전통과(따라서 그리스도와) 성례전적으로 연결되어 있음을 깨닫지 못한다면, 우리는 전통에 대해 아무런 책임감도 느끼지 않을 것이고, 무엇이든지 우리 문화가 우리에게 요구하는 것에 순응하고 굴복할 가능성이 높다. 그와 대조적으로, 우리가 신학적·도덕적 난제에 부딪혔을 때 전통에 대한 참여적 접근 방식에서는 언제나 모든 시간과 공간에서 공교회적 혹은 보편적 교회가 이 문제를 어떻게 다뤘는지 물을 것이다. 기독교적 신념과 도덕이 중요한 정도로 가변적이라는 널리 퍼진 전제는 근대적이고 탈신성화된 시간관에 근거를 두고 있다.

성경과 전통에 관한 콩가르와 밴후저의 견해

위대한 전통에서 성례전에 초점을 맞추는 것은 전통이 그리스도 안에 닻을 내리고 있다고 말하는 또 다른 방법일 뿐이라는 사실을 이해한다면, 복음주의자들은 성례전적 시간 이해에 대한 불편함을 극복할 수 있을 것이다. 실제로 복음주의자들에게 그리스도에 초점을 맞추는 교리적 발전에 대한 접근 방식보다 더 할 만한 것이 어디 있겠는가? 실제로 드 뤼박과 콩가르에게 예수를 '현금화'한다는 것이 정확히 무엇을 뜻하는지 묻는다면, 우리는 큰 공통점을 발견할 수 있을 것이다. 따라서 이번 장의 나머지 부분에서 나는 전통(혹은 교리적 발전)이 예수를 '현금화' 한다는 것이 무엇을 뜻하는지 묻고자 한다. 이를 위해 나는 이브 콩가르의 『전통과 전통들』(La Tradition et les traditions)과 케빈 밴후저(Kevin Vanhoozer)의 『교리의 드라마』(The Drama of Doctrine)를 간략히 비교할 것이다.[18] 이 비교를 통해, 성경과 전통의 관계에 관해 입장의 차이가 여전히 존재하지만 이 두 학자―한 사람은 가톨릭교인이며 한 사람은 복음주의자다―가 놀라울 정도의 수렴을 보여 주고 있음을 예증할 것이다.

복음주의 학계를 이끄는 학자 케빈 밴후저와 작고한 '새로운 신학자' 이브 콩가르는 빌립이 에티오피아 내시를 만난 사건(행 8:26-40)을 통해 성경/전통 관계에 대한 자신의 관점을 설명한다. 내시는 이사야 53:7-8을 읽었지만 본문의 의미를 파악하지 못하고 빌립에게 묻는다. "선지자가 이 말한 것이 누구를 가리킴이냐? 자기를 가리킴이냐 타인을 가리킴이냐?"(행 8:34)[19] 빌립이 "예수에 관한 복음"에 비추어(8:35) 구약의 예언을 설명했음을 논하면서 콩가르는 이렇게 말한다. "예수께서 사도들에게 그렇게 하셨듯이, 빌립은 그에게 예수에 관해 설교하며 이 본문이 그분을 주제로 다룬다고 설명한다. 성경의 의미를 부여한다는 것은 하나님의 계획에 비추어 성경을 설명하는 것을 뜻하며, 이 계획의 초점은 예

---

18 더 자세한 비교와 분석은 Boersma, "On Baking Pumpkin Pie: Kevin Vanhoozer and Yves Congar on Tradition", *Calvin Theological Journal* 42 (2007): pp. 237-255를 보라.
19 행 8장과 사 53장의 관계에 관한 성경신학적 논의는 Morna D. Hooker, "Did the Use of Isaiah 53 to Interpret His Mission Begin with Jesus?" in *Jesus and the Suffering Servant: Isaiah 53 and Christian Origins*, ed. William H. Bellinger and William R. Farmer (Harrisburg, PA: Trinity Press International, 1998), pp. 88-103; Mikeal C. Parsons, "Isaiah 53 in Acts 8: A Reply to Professor Morna Hooker", in Bellinger and Farmer, pp. 104-119; Morna D. Hooker, "Response to Mikeal Parsons", in Bellinger and Farmer, pp. 120-124를 보라.

수 그리스도다."[20] 사실 콩가르는 그리스도에 비추어 성경을 해석하는 것이 전통의 주요한 구성 요소라고 보았다. 따라서 그는 즉시 "사도들의 설교와 전통이 실제로 그 핵심인 그리스도와의 관계 속에서 구원 경륜의 전체 구조를 드러내며, 다른 모든 것이 그분을 중심으로 배치되고 형성되며 그 의미를 취한다"고 덧붙인다.[21] 콩가르에게 전통이란 그리스도 사건에 비추어 성경을 해석하는 것이다.

밴후저도 마찬가지로 에티오피아 내시의 내러티브를 전통의 본성을 다루는 성경적 예로 본다. 그는 "빌립은 기독교적 이해의 기원, 따라서 **전통의 본성**을 표상한다"고 언급한다. 그런 다음 밴후저는 빌립의 역할에 대한, 따라서 기독교 전통의 본성에 대한 더 깊은 통찰을 얻는 네 가지 방법이 존재한다고 설명한다.[22] 첫째, 본문에서는 빌립에게 수레로 가라고 명하시고 그를 이끄셨던 성령의 역할을 강조한다(행 8:29, 39). 둘째, 빌립을 사도적 전승이라는 사슬 속의 한 고리로 볼 때 이 본문을 통해 사도적 전승의 역할을 엿볼 수 있다. 셋째, 내시가 교회의 권위라는 '외적 수단'을 통해 성경을 바르게 읽게 되었다고 볼 때 우리는 빌립을 교회의 대리자로 간주할 수 있다. 마지막으로, 이사야 53장이라는 정경적 본문의 필수 불가결한 역할이 존재하며, 이 말씀은 기독론적으로 읽을 때만 올바르게 이해될 수 있다. "그리스도 사건이라는 유리한 관점에서 바라볼 때, 모든 것이 똑같지만 다르다."[23]

---

20 Yves Congar, *The Meaning of Tradition*, trans. A. N. Woodrow (San Francisco: Ignatius, 2004), p. 86.
21 Congar, *The Meaning of Tradition*, p. 86. 참고. Congar, *Tradition and Traditions*, p. 68.
22 Kevin J. Vanhoozer, *The Drama of Doctrine: A Canonical-Linguistic Approach to Christian Theology* (Louisville: Westminster John Knox, 2005), pp. 117-120(강조는 원문의 것). 『교리의 드라마』(부흥과개혁사).
23 Vanhoozer, *Drama of Doctrine*, p. 119. 밴후저는 여기서 '비유적' 혹은 '예표론적' 해석을 주

밴후저는 사도행전 8장에 대한 자신의 주석을 통해 기독교 전통의 본성에 대한 포괄적 해설을 제시하려고 하지는 않는다. 그럼에도 그의 예비적 논의는 희망적이다. 교회가 성령의 인도하심 아래서 사도적 권위로 그리스도에 비추어 성경을 해석하고 이를 전수할 때 이를 기독교 전통이라고 본다는 점에서 밴후저가 콩가르와 같은 의견이라는 것은 분명하다. 다시 말해서, 콩가르와 밴후저 모두 전통이 그리스도 안에 닻을 내리고 있다는 데 동의한다. 더 나아가 콩가르와 밴후저는 이 출발점에서 도출되는 몇 가지 결론에도 동의한다. 첫째, 전통은 본질적으로 그리스도 사건에 비추어 이뤄진 성경 해석이다. 밴후저 같은 복음주의자가 전통을 성경 해석으로 간주하는 것은 놀랍지 않을지도 모른다. 하지만 콩가르가—또한 내가 생각하기에 오늘날 대부분의 가톨릭교인들도—이에 기꺼이 동의한다. 예를 들어, 콩가르는 "성경 자체와 구별되는 한, 전통의 교리적 내용이 성경의 의미다"라고 말한다.[24]

다시 말해서, 콩가르와 밴후저 모두 기독교 교리에 도달하기 위해서 성경의 내용이면 충분하다고 확신한다. 이 점을 복음주의자들이 반드시 이해해야 한다. 복음주의자들은 흔히 가톨릭교인들이 진리에 관한 '두 원천' 이론을 고수하여 마치 교회가 그 신념 중 일부는 성경에서, 일부는 전통에서 끌어온다고 생각한다. 이것이 한때는 가톨릭교인 사이에서, 특히 트리엔트 공의회(1545-1563) 직후의 시기에 널리 퍼진 관점이기는 했지만, 이제는 거의 보편적으로 폐기되었다.[25] 콩가르 같은 가톨릭교인들은 성경과 전통이 서로 내주하며 성경만으로도 기독교 교리를

장한다. 이에 관해서는 8장에서 다시 논할 것이다.
24　Congar, *Tradition and Traditions*, p. 32.
25　Congar, *Tradition and Traditions*, pp. 64, 167, 286, 414를 보라. 참고. Congar, *Meaning of Tradition*, p. 37.

구축하기에 충분하다고 생각한다. 이 점을 인정하는 가톨릭의 태도는 성경 해석의 출발점이자 지속되는 닻인 그리스도 사건의 중심성에 기인했다.

둘째, 그리스도께서 모든 기독교 교리의 닻이시라면 어느 하나의 성경 해석이 그 의미를 완전히 담아내기는 불가능하다. 전통은 오랜 시간에 걸쳐 이뤄진 성경 해석으로서 교회가 상상력을 통해 그리스도 사건의 무한한 함의를 탐구하는 특정 궤적을 따른다. 콩가르는 이렇게 설명한다.

> 교부들, 공의회, 중세 초기 신학자들, 스콜라주의 전반에서 계시에 관한 점진적 이해는 하나님이 가능한 한 가장 온전하게 드러나심을 뜻한다. 즉, 교회는 성령의 영향력 아래에서 신앙의 예금(deposit)이 갖는 함의를 점차 끌어낸다. 따라서 사도들에게서 물려받은 예금 안에 들어 있는 것이 발전되고 펼쳐진다는 의미에서 어느 정도의 성장이 일어난다.[26]

콩가르는 기독론적 예금—그리스도라는 닻—이 교회의 전통을 거치며 현금화되어야 하기 때문에 시간이 흐름에 따라 교리가 발전한다고 주장한다.

복음주의자들은 교리가 발전한다는 개념에 대해 불안해할지도 모른다. 곧장 마리아의 무염시태나 승천 같은 가톨릭 교리가 그런 예로 떠오른다. 교리의 발전이 불가피하게 인도한 결과가 이것 아닌가? 그러나 교리적 발전을 거부하기 전에 밴후저가 이에 관해 했던 말에 귀 기울일

---

26 Congar, *Tradition and Traditions*, p. 267.

필요가 있다. 그의 이해는 콩가르의 이해와 다르지 않다. 밴후저는 콩가르처럼 명백히 기독론을 발전의 근거로 삼지는 않지만 나는 그가 기독론적 기초에 관해 콩가르와 같은 의견을 갖고 있으리라 생각한다. 밴후저는 성경 본문의 '잠재적 의미'에 관해 매우 자유롭게 이야기하며 이렇게 지적한다. "구약의 잠재력이 정경의 '위대한 시간'에 걸쳐 실현되는 것처럼, 정경의 잠재력은 교회사의 '위대한 시간'에 걸쳐 실현된다." 밴후저는 성경 본문의 잠재적 의미가 이렇게 펼쳐지는 것을 설명하기 위해 "교리의 발전"이라는 말을 명시적으로 사용한다. "따라서 교리의 발전은 **정경적 각본에 따라 변주하는 것**이라고 말할 수 있다."[27] 사실 밴후저의 표현은 어떤 점에서 콩가르의 설명보다 발전을 더 강하게 강조한다. 우리는 밴후저의 글에서 "상상력"뿐 아니라 "변주", "즉흥성", "창의적 이해" 같은 연관된 용어들을 반복해서 마주친다. 밴후저는 교리의 발전이 성경 본문에 대한 교회의 창의적 변주에 근거한다고 이해한다.[28]

하지만 종교개혁에서 주창한 '오직 성경으로'는 어떻게 이해해야 하는가? 또한 특히 마리아론처럼 복음주의자들이 보기에 실제 성경 본문과 크게 동떨어진 교리적 발전은 어떻게 바라보아야 하는가? 첫째, 우리는 콩가르가 모든 교회의 가르침이 성경 자체에서 그 기원을 찾을 수 있으며 찾아야 한다는 데 동의함을 이미 살펴보았다. 성경은 질료적 충족성을 지니고 있다. 이를 근거로 가톨릭 신학자 토머스 구아리노

27　Vanhoozer, *Drama of Doctrine*, pp. 352-353(강조는 원문의 것).
28　물론 밴후저는 새로움이나 발명을 경계한다(*Drama of Doctrine*, pp. 162, 424). 또한 Vanhoozer, "Into the Great 'Beyond': A Theologian's Response to the Marshall Plan", in *Beyond the Bible: Moving from Scripture to Theology*, ed. I. Howard Marshall, Kevin J. Vanhoozer, and Stanley E. Porter (Grand Rapids: Baker Academic, 2004), pp. 81-95를 보라.

(Thomas Guarino)는 이렇게 말한다. "대부분의 가톨릭 신학자들은 '오직 성경으로'라는 구절을 받아들인다. 또한 성경이 '파생된 규범이 아니라 원래의 규범'(*norma normans non normata*), 기독교 신앙을 위한 궁극적 시금석이라는 주장을 받아들인다."[29]

콩가르 같은 '새로운 신학자들'이 제2차 바티칸 공의회에, 또한 이후의 가톨릭 전통에 영향을 미쳐 왔기 때문에 성경의 질료적 충족성에 관해서는 이견이 거의 혹은 전혀 남아 있지 않다. 물론 일부 복음주의자는 '오직 성경으로'를 더욱 밀어붙이면서 성경을 해석하기 위해 전통이 필요하지 않으며 따라서 교리의 발전이라는 관념을 폐기해야 한다고 주장하는 경향이 있다. 하지만 밴후저 같은 저명한 복음주의 신학자에게 그런 관점은 호소력이 없음을 이미 살펴보았다. 더 중요한 의미에서, 그런 관점은 성례전적 시간관을 포기한 근대적 관점에 기초하고 있으며, 그리스도 사건의 해석을 그 역사적 기원으로 제한한다. 나는 위대한 전통의 성례전적·기독론적 합의를 따르는 편이 훨씬 더 안전하다고 믿는다.

둘째, 성경/전통 관계에 대한 콩가르의 접근 방식으로 인해 복음주의자들은 (이번 장 도입부에서 인용한) 제2차 바티칸 공의회의 『하느님의 말씀』에 등장하는 진술을 신중히 읽게 될 것이다. 콩가르는 자신과 비슷한 관점을 견지하는 다른 이들과 더불어 제2차 바티칸 공의회 문서를 작성하는 데 큰 영향을 미쳤다. 더 나아가 콩가르와 구아리노는 『하느님의 말씀』을 훨씬 더 복음주의적인 방식으로 해석하는 대다수의 가톨

---

[29] Thomas G. Guarino, "Catholic Reflections on Discerning the Truth of Sacred Scripture", *Your Word Is Truth: A Project of Evangelicals and Catholics Together*, ed. Charles Colson and Richard John Neuhaus (Grand Rapids: Eerdmans, 2002), p. 96.

릭교인들과 명백히 입장을 같이한다. 그리고 그렇게 해석할 이유는 넘친다. 이 조항은 전통과 성경이 "서로 긴밀히 연결되고 또 상통하며" "동일한 신적 원천에서" 솟아나고 "한데 모여" "하나를 이루며" "같은 목적을 지향하고 있다"는 선언으로 시작한다. 인용한 모든 구절은 계시의 두 원천 이론이 들어간 관을 봉하는 못 역할을 한다. 제2차 바티칸 공의회에 따르면 전통과 성경은 두 개의 분리된 원천이 **아니다**. 이 둘은 하나로 묶여 있다. 복음주의자들은 이 공식적 인정을 놀라울 정도로 고무적인 소식으로 받아들여야 한다. 이 문서에서 "교회는 오로지 성경으로만 모든 계시된 진리에 대한 확실성에 이르게 되는 것은 아니다"라고 말하고 있는 것도 사실이다. 심지어 성경과 전통을 "똑같이 경건한 애정과 존경으로써 받아들이고 공경해야 한다"라고 결론지음으로써 트리엔트 공의회를 인용하기도 한다. 특히 마지막 문장에 관한 의견 불일치는 여전히 남아 있겠지만, 이런 말이 두 원천 이론을 암시하지는 않는다. 만약 우리가 최선의 빛에 비추어 『하느님의 말씀』을 읽는다면, 이 문서를 성경과 전통 모두가 예수 그리스도—친히 하나님의 위대한 계시적 성례전이신—안에 성례전적으로 참여한다고 말하는 것으로 해석할 수 있을 것이다.

셋째, 나는 성경과 전통에 관해 논함으로써 복음주의자들과 가톨릭교인들 사이에 완전한 합의가 이뤄졌다고 주장하려는 게 아니다. 비록 복음주의자들과 가톨릭교인들 사이에 전통이라는 주제에 관해 우리가 흔히 생각하는 것보다 훨씬 더 많은 공통점을 발견할 수 있지만, 차이는 여전히—콩가르와 밴후저 사이에도 그러한 것처럼—남아 있다.[30] 성

---

30 어떤 의미에서 콩가르가 밴후저보다 기독교의 예금을 더 잘 지켜 내고 있다. 나는 밴후저가 변주를 강하게 강조하는 점을 우려한다. 변주라는 관념은 올바르게 이를 안내해 줄 교회에 관한

례전적 시간관에 근거해 전통이 규범적임을 당연하게 여긴다고 하더라도, 핵심적인 역사적 순간으로서 그리스도 사건이 이를테면 시간 안의 다른 모든 순간을 흡수한다고 생각하더라도, 여전히 우리는 그리스도 사건을 올바르게 펼쳐 내는 것이 무엇이며 그렇지 않은 것은 무엇인지에 관해 서로 의견을 달리할 수도 있다. 예를 들어, 나는 가톨릭의 마리아 교의가 기독론적 닻을 올바르게 해설한 것이라고 생각하지 않는다. 하지만 여기서도 우리의 이견을 표현하는 방식을 조심할 필요가 있다. 마리아론을 논할 때 우리는 (1) 가톨릭교인들이 모든 교리가 성경 해석의 문제라는 복음주의의 주장을 받아들이며, (2) 복음주의자들(적어도 밴후저나 나 같은 이들)은 모든 교리가 발전의 문제라는 가톨릭의 주장을 받아들인다는 점을 기억할 필요가 있다. 이는 마리아론에 관한 우리의 의견 차이는 무엇이 바른 성경 해석을 구성하는가에 관한 의견 차이임을 뜻한다. 다시 말해서, 오늘날의 가톨릭교인들에게 마리아 교의는 **성경 해석으로서의** 교리의 발전에 기인한 것이다. 가톨릭교인들과 복음주의자들 사이에 마리아에 관한 의견 차이는 여전히 심각한 걸림돌이기는 하지만 실제로는 **주석적** 의견 차이가 되었다. 이를 인정하는 것만으로도 가톨릭과 복음주의의 대화에서 놀라운 진전을 이룬 것이라고 말할 수 있다.

결론적으로, 의견 차이가 여전히 존재하지만 전통에 대한 가톨릭의 전반적 접근 방식은 대체로 복음주의적이다. 올바르게 복음주의적인 입장에서, 전통(교회에 의해 이뤄진 성경 해석의 발전)은 그것이 성육신하신 하

강력한 교리에 의해 뒷받침되어야 한다. 또한 밴후저는 교리의 발전을 수용함에도, 본문과 우리 자신의 맥락 사이의 간격을 어떻게 극복할 수 있는가를 논하면서 전통을 언급하지 않는다 (*Drama of Doctrine*, p. 331).

나님의 말씀에 성례전적으로 참여하기 때문에 권위 있는 자리를 차지할 자격이 있다. 그러므로 나는 복음주의자들이 참으로 복음주의적이기를 바란다면 밴후저 같은 신학자들을 따라 교리가 오랜 시간에 걸쳐 발전한다는 관념을 받아들여야 한다고 생각한다. 복음주의자들이 교리에서 여전히 복음주의적이기를 바란다면 그들에게 전통이 없어서는 안 된다. 플라톤주의-기독교적인 성례전적 시간관을 수용하고 전통이 그리스도 안에 있는 하나님의 계시가 성례전적으로 펼쳐지는 것임을 인정할 때, 복음주의의 정체성은 헤아릴 수 없을 정도로 강화될 것이다.

8장

성례전적 실천으로서의 성경 해석

복음주의자들은 성경에 높은 권위를 부여하는 것으로 알려져 있다. 이따금 무오성과 축자 영감 등과 같은 문제에 관해 내부적 논쟁이 불타오르기도 하지만, 이런 차이가 있음에도 복음주의의 주된 특징 중 하나가 성경을 중심으로 삼는 태도라는 사실은 명백하다.[1] 복음주의적이라는 것은 곧 성경적이라는 뜻이다. 물론 그렇다고 해서 대단히 중요한 다음 질문을 놓쳐서는 안 된다. **어떤 의미에서** 성경은 핵심적인가? 성경은 어떻게 **기능하는가** 혹은 어떻게 **기능해야** 하는가? 우리는 성경을 어떻게 읽어야 하는가? 앞선 장들은 이런 질문을 다루는 데 도움을 주는 몇 가지 실마리를 제공한다. 신학이 성례전(*sacramentum*)으로부터 실재(*res*)로의 움직임을 용이하게 해 주는 분과라면, 성경 자체는 교회가 사

---

[1] 데이비드 베빙턴(David Bebbington)은 회심주의, 행동주의, 성경주의, 십자가 중심주의를 복음주의의 특징으로 꼽으며 사중적으로 정의한 것으로 유명하다. David W. Bebbington, *Evangelicalism in Modern Britain: A History from the 1730s to the 1980s* (London: Unwin Hyman, 1989), pp. 1-19를 보라. 『영국의 복음주의 1730-1980』(한들). 참고. John G. Stackhouse, "Defining 'Evangelical'", *Church and Faith Trends* 1, no. 1 (Oct. 2007): pp. 1-5.

람들을 그리스도께 온전히 참여하도록 이끌기 위해 사용하는, 하나님이 규정하신 수단이다. 매우 단도직입적인 이 진술은 우리가 성경을 대하는 방식에 관해 중요한 함의를 지닌다. 한 가지 함의는 성경이 교회에 속한다는 것이다. 성경은 신학의 성례전적 목적과 밀접하게 연결되어 있는 영적 목적을 지니고 있기 때문에, 성경이 거하는 집은 불려 나온 공동체(ekklēsia)이며 성경은 그 공동체의 목적(들)을 염두에 두고 읽혀야 한다.² 교회가 궁극적인 초자연적 목적에 대한 지복의 전망을 지니고 있듯이 성경은 이 목적에 이바지한다.

우리는 앞 장에서 성경 자체가, 영원하신 하나님의 말씀에 참여하고 이 말씀이 우리에게 임재하게 만드는 성례전임을 살펴보았다.³ 성경의 이 초자연적 목적에 관해 말한다고 해서 우리가 그것을 **공부할** 수 있음을 부인하는 것은 아니다. 우리가 성경에 관한 과목을 가르치거나 교수들이 학생들을 평가할 때 엄격할 수 있음을 부인하는 것도 아니다. 여러 해 전 마크 놀은 복음주의 공동체를 향해 경건하게 성경에 충성하는 것은 칭찬할 만한 일이지만 그런 태도가 반지성주의로 이어져서는 안 된다고 경고했다.⁴ 경건과 지성은 서로 대립하지 않는다. 이런 경고의 말이 여전히 유효함에도 중요한 의미에서 성경의 집은 학계가 아니라 교

---

2   물론 야로슬라프 펠리칸(Jaroslav Pelikan)이 바르게 지적하듯이, 성경은 **하나님**의 책이기 때문에 궁극적 의미에서 누구든지 성경을 '소유'한다고 말하는 것은 주제넘은 일일 뿐이다. 게다가 우리는 모든 인류와 "일시적 소유자이자 생명을 빌린 사람"으로서의 지위를 공유한다[*Whose Bible Is It? A History of the Scriptures through the Ages* (New York: Viking, 2005), pp. 247-248]. 『성서, 역사와 만나다』(비아).
3   또한 Yves M.-J. Congar, *Tradition and Traditions: The Biblical, Historical, and Theological Evidence for Catholic Teaching on Tradition*, trans. Michael Naseby and Thomas Rainborough (San Diego: Basilica, 1966), p. 404를 보라.
4   Mark A. Noll, *The Scandal of the Evangelical Mind* (Grand Rapids: Eerdmans, 1994). 『복음주의 지성의 스캔들』(IVP).

회다. 교회는 성경이 자양분을 얻고 정경으로 인정받는 공간이다. 또한 교회는 성경이 교회에 자양분을 공급하며 교회의 정경적 지침으로서 기능하는 공간이기도 하다.

오랫동안 역사비평적 성경 해석이 성서학을 지배했고, 그 결과 성경의 초자연적 목적, 즉 텔로스에 관한 질문들은 기껏해야 괄호 안에 묶여 있었다. 물론 그런 괄호 치기는 중세 후기 이후 자연주의의 영향력이 계속해서 강화되는 경향과 궤를 같이한다. 역사비평적 학문에서는 (인간) 저자가 염두에 둔 그 하나의 의미를 찾는 데 관심을 기울였다. 저자의 의도를 결정하고 역사적 의미를 찾는 것이 성서학의 한계를 규정했다. 오늘날 점점 더 많은 사람이 그런 식으로 성경의 최종적 목적을 괄호 안에 넣는 것에 문제를 제기한다. 성경의 목적이 그리스도의 충만함을 향해 순례의 길을 가는 신자들을 섬기는 것이라면, 그 최종적 목적을 일시적으로 괄호 안에 넣는 것은 부적절한 일처럼 보인다. 그런 식의 괄호 치기—흔히 말하는 '방법론적 자연주의'(methodological naturalism)—를 통해 학계 일부에서 어느 정도 존중을 받을 수 있을지도 모른다(다행히 그마저도 매우 급속히 약해지는 것처럼 보인다). 하지만 그런 괄호 치기는 영원하신 하나님의 말씀이 모든 실재의 의미를 결정한다는 사실을 무시한다. 즉, 성경에 관해 우리가 묻는 바로 그 질문은 그것의 초자연적 목적에 의해 확증된다. 다른 질문들은 아무리 많은 '순수한' 통찰을 산출한다 할지라도 상대적으로 중요하지 않을 뿐이다.

성경의 성례전적 혹은 영적 목적은 그것을 어디에서 읽는가(교회에서)에 관한 문제뿐 아니라 어떻게 읽어야 하는가에 관한 문제에 대해서도 함의를 갖는다. 다시 말해서, 성경 해석 혹은 해석학의 문제는 사람들을 삼위일체 하나님의 삶 속으로 이끄는 성경의 목적에 영향을 받는다. 본문의 역사적 의미를 찾으려는 무미건조한 고고학적 시도에 질린 젊은 복음주의자들은 그들이 흔히 '신학적 해석'—나는 이것을 '영적' 혹은 '성례전적' 해석이라고 부를 것이다—이라고 부르는 것에 주목하고 있다.[5] 이번 장에서 나는 성경의 성례전적 목적을 진지하게 받아들인다면 성경을 **어떻게** 해석해야 하는지 더 구체적으로 살펴보고자 한다. 특히, 성례전적 해석학이 어떤 의미에서는 플라톤주의-기독교적 종합의 시기 내내 교회를 특징지었던 우의적 석의를 재전유한다고 주장할 것이다.

사례 연구: 이사야 53장과 잠언 8장

앞서 다룬 이 책의 두 논점과 관련해 우리는 이미 (엄격히 역사적인 해석과 반대되는) 영적 해석의 중요성을 간단히 만나 보았다. 첫째는 성만찬과 교회와 관련해서, 그다음에는 전통의 역할과 관련해서였다. 6장에서는 아우구스티누스가 주장한 성만찬과 교회 사이의 밀접한 연결고리를 드뤼박이 되찾아 낸 것을 살펴보았다. 우리는 이 아프리카의 주교가 설교 227에서 낱알을 찧고, 빻으며, 물을 더하고, 굽는 것을 신자의 금식, 구

---

5 예를 들면, 존더반(Zondervan)의 "성경과 해석학"(Scripture and Hermeneutics) 시리즈[편집자 크레이그 바르톨로뮤(Craig Bartholomew)], "브라조스 신학적 성경 주석"(Brazos Theological Commentary on the Bible) 시리즈[편집자 R. R. 리노(Reno)], 브라조스의 신학적 석의와 기독교 영성의 기초(Foundations of Theological Exegesis and Christian Spirituality) 시리즈[편집자 한스 부어스마(Hans Boersma)와 매슈 레버링(Matthew Levering)], 신학적 해석에 관한 최근의 다양한 출판물, 특히 Jens Zimmermann, *Recovering Theological Hermeneutics: An Incarnational-Trinitarian Theory of Interpretation* (Grand Rapids: Baker Academic, 2004)과 Kevin J. Vanhoozer, ed., *Dictionary for Theological Interpretation of the Bible* (Grand Rapids: Eerdmans, 2005)이 떠오른다. '신학적 해석'이라는 용어 자체는 문제가 없다고 생각하지만, 성경 본문의 내적·영적 차원을 담아내기에는 '영적 해석'이라는 표현이 더 적합하다.

마, 세례, 성령으로 기름 부으심과 연결했음을 살펴보았다.[6] '새로운 신학'에 반대하는 신스콜라주의자들은 성만찬의 요소들을 '실재론적'으로 강조하기에 아우구스티누스의 이 '우의화'를 불편해하며, 따라서 이런 우의화가 나타나는 아우구스티누스의 수많은 아름다운 글을 무시한다. 이번 장의 맥락과 관련해 흥미로운 점은, 아우구스티누스에게 — 앞으로 살펴보겠지만, 드 뤼박에게도 — 한 사람의 성만찬 신학은 그 사람의 성경 해석 관점과 밀접하게 연결되어 있다는 것이다. ('실재적' 임재를 대단히 강조하는) 성만찬에 관한 강력하게 '실재론적인' 관점 때문에 성례전의 더 위대한 목적(즉, 교회의 일치 안에서의 그리스도의 충만함)을 잊어버리는 위험에 빠질 수 있는 것과 마찬가지로, (문자적 혹은 역사적 의미를 대단히 강조하는) 성경에 관한 강력하게 '실재론적인' 이해 때문에 결국 역사적 사건의 더 심오한, 영적인 텔로스(즉, 그리스도를 조명하는 것)를 상실하게 될 수도 있다.

따라서 한편으로 성만찬에서 '실재적 임재'만을 고집스럽게 강조하는 태도는 본문을 '실재적인' 역사적 의미로 국한하는 접근 방식과 짝을 이루며, 다른 한편으로 성만찬과 교회 사이의 연결고리를 분별하는 접근 방식은 본문 안에 있는 의미의 역사적 차원과 영적 차원의 성례전적 관계도 인식할 것이다. 간단히 말해서, 성만찬의 몸을 교회의 몸과 연결시키는 성례전적 관점은 성경의 문자적 의미가 성례전적으로 영적 의미를 가리킨다고 보는 성례전적 해석학도 암시한다. 신비적 몸에 대한 근대 이전의 관점은 성만찬 신학과 교회론**만을** 다루지 않고 성경 해석도 다룬다. 우의는 결국 본문의 문자적 혹은 역사적 의미 이면에 존재

---

[6] 앞선 6장에서 소제목 "아우구스티누스의 '우의화된' 본문" 이하를 보라.

하는 더 깊은, 숨겨진 의미를 찾는 성례전적 종류의 해석이다.

또한 전통에 관해 논하는 7장에서도 영적 해석을 만나 보았다. 하지만 거기서는 우의적 접근 방식이 조금은 눈에 덜 띄는 방식으로 다뤘다.[7] 우리는 사도행전 8장에서 빌립이 이사야 53장을 기독론적으로 설명하는 것을 살펴보았다. 빌립에 따르면, 그리스도는 "도수장으로 끌려가는 어린양"과 같은 분이시며 "털 깎는 자 앞에서 잠잠한 양"처럼 침묵하는 분이시다(사 53:7). 엄격히 역사적인 해석 방법을 적용하면 이 본문이 그리스도를 가리킨다고 해석하기 어려웠을 것이다. 이사야가 말하는 어린양과 양을 메시아적으로 해석해야 하는지에 관해 매우 큰 이견이 존재한다.[8] 역사적 방법에 몰두하는 주석가들에게는 이사야 자신이 실제로 장차 올 메시아를 생각하고 있었는지, 예언자의 메시지를 원래 들었던 이들이 이 단락을 메시아적으로 받아들였는지에 관한 물음이 정말로 중요하다. 또한 빌립 자신이 이 단락을 메시아적 방식으로 읽는다는 사실이 문제를 더욱 무겁게 만드는 것처럼 보인다. 그러나 충분히 이해할 수 있듯이, 성경의 통일성을 진지하게 받아들이는 독자들은 이사야가 메시아적 의도를 가지고 이사야 53장의 예언적 메시지를 전하지 않았다고 주장하는 주석가들을 우려하는 경향이 있다. 하지만 이브 콩가르와 케빈 밴후저 같은 학자는 빌립을 따라 아무 거리낌 없이 이 예언을 기독론적으로 해석한다.[9] 나는 그것이 두 사람 다 본문의 의미가

---

7 앞선 7장에서 소제목 "성경과 전통에 관한 콩가르와 밴후저의 견해" 이하를 보라.
8 참고. John Goldingay and David Payne, *A Critical and Exegetical Commentary on Isaiah 40-55*, vol. 2, The International Critical Commentary (Edinburgh: T. & T. Clark, 2007), pp. 284-288.
9 교부들에 기초하여 이사야서를 영적으로 다룬 주석은 Robert Louis Wilken, *Isaiah: Interpreted by Early Christian and Medieval Commentators*, The Church's Bible (Grand Rapids: Eerdmans, 2007)을 보라.

인간 저자의 원래 의도에 국한되지 않음을 인정하기 때문이라고 주장한다. 콩가르와 밴후저 모두 한 본문의 의미는 부분적으로 그 본문의 수용에 의해 결정됨을 인정한다.

이 수용의 역사로서 전통은 원래의 성경 저자(들)가 전혀 예상할 수 없었던 방식으로 본문을 연다. 콩가르와 밴후저는, 기독교 교리가 오랜 시간에 걸쳐 발전할 수 있었던 것은 본문과 전통의 이러한 상호 작용 덕분이었다고 이해한다. 그러므로 스스로를 본문의 문자적 혹은 역사적 의미에 제한하는 해석학은 전통을 낮게 보는 관점과 짝을 이루는 경향이 있다. 본문의 '객관적' 의미를 찾기 위해서 개별 독자에게 교회의 전통이 필요하지는 않다는 것이다.[10] 그러나 본문 안에서 더 심오한, 영적인 의미를 찾으려는 해석학은 전통의 권위를 더 진지하게 받아들이는 경향이 있다. 교회는 본문에 대한 역사적 해석을 통해 때로는 엄청나게 의미 있는 방식으로 그 의미 안에 진입했다.

잠언 8장은 교회의 연속적 해석이 본문에 대한 우리의 해석을 형성해 왔음을 보여 주는 분명한 사례다. 브루스 월키(Bruce Waltke)나 고든 피(Gordon Fee) 같은 복음주의 학자를 비롯해 오늘날의 많은 주석가는 잠언 8장의 지혜가 그리스도를 가리킨다고 해석할 가능성을 거부한다.[11] 그들은 잠언 8장을 기독론적으로 읽는 것이 본문의 역사적 의미와 어긋

---

10 앤드루 라우스(Andrew Louth)의 지적을 보라. "과학적 방법으로 유추하는 역사비평적 방법은 객관적 진리, 즉 이 진리를 아시는 분과는 독립적으로 대상 안에 내재한 진리에 닿으려는 방법이다"[*Discerning the Mystery: An Essay on the Nature of Theology* (1983; reprint, Oxford: Clarendon/Oxford University Press, 2003), p. 30].
11 Bruce K. Waltke, *The Book of Proverbs: Chapters 15-31*, The New International Commentary on the Old Testament (Grand Rapids: Eerdmans, 2005), pp. 126-133; Gordon D. Fee, *Pauline Christology: An Exegetical-Theological Study* (Peabody, MA: Hendrickson, 2007), pp. 317-325, 595-630. 『바울의 기독론』(기독교문서선교회).

난다고 주장한다. 그뿐만 아니라 신약 본문(행 8장)이 이사야 53장을 기독론적으로 해석하는 것처럼 보인다고 주장할 수는 있지만, 신약이 잠언 8장을 그리스도를 지칭하는 본문으로 읽는다는 것은 당장 보기에는 훨씬 덜 분명해 보인다.[12] 따라서 이 특별한 경우에는 잠언에 나타난 지혜로운 여인(Lady Wisdom)이 그리스도를 가리킨다고 생각하는 이들을 변호할 필요가 없다고 생각할 수도 있다. 구약과 신약의 통일성이 명백히 걸려 있는 문제는 아니다. 적어도 신약에서 그리스도를 지혜와 동일시하는 본문(고전 1:24, 30; 골 2:3)과 잠언 8장을 분리할 수 있다면 문제가 되지 않는다.

그러나 플라톤주의-기독교적 종합은 잠언 8장을 순전히 도덕적으로만 해석하기를 저지하는 것처럼 보인다. 특히 25절—"산이 세워지기 전에, 언덕이 생기기 전에 그분이 나를 낳으셨으니"[13]—은 위대한 전통의 신학적 발전에서 중요한 역할을 했다. 이 구절의 '낳음'이라는 단어가 결국 교회의 신조 안에 들어갔기 때문이다.[14] 사실 교부들과 중세 전통 거의 전체는 **분명** 그리스도를 이 장의 의미에서 핵심으로 보았다. 이 말

---

12 N. T. 라이트는 피와 윌키의 역사적 접근 방식을 공유하지만 신약은 분명 잠언 8장을 기독론적으로 읽는다고 주장한다[*The Climax of the Covenant: Christ and the Law in Pauline Theology* (Minneapolis: Fortress, 1991), pp. 110-113].
13 이것은 아레이오스와 아타나시오스 둘 모두가 사용했던 칠십인역의 잠언 본문을 문자적으로 번역한 것이다.
14 아레이오스 논쟁에서 잠언 8장의 사용에 관해서는 Allan Lee Clayton, "The Orthodox Recovery of a Heretical Proof-Text: Athanasius of Alexandria's Interpretation of Proverbs 8:22-30 in Conflict with the Arians" (PhD diss., Southern Methodist University, 1988), John Behr, *The Nicene Faith*, vol. 2/1, *The Formation of Christian Theology* (Crestwood, NY: St. Vladimir's Seminary Press, 2001), pp. 123-161, Frances M. Young, *Biblical Exegesis and the Formation of Christian Culture* (Peabody, MA: Hendrickson, 2002), pp. 29-45; Wendy Elgersma Helleman, "Gregory's Sophia: 'Christ, the Wisdom of God'", *Studia Patristica* 41 (2006): pp. 345-350를 보라. 성경에 사용된 '지혜' 언어와 기독론의 관계에 관한 추가 논의는 David F. Ford and Graham Stanton, eds., *Reading Texts, Seeking Wisdom: Scripture and Theology* (Grand Rapids: Eerdmans, 2003)를 보라.

씀의 기독론적 의미를 보편적으로 공유하고 있었기 때문에 4세기에는 아레이오스(Arius)와 아타나시오스—비록 그리스도의 신성에 관해서는 철저히 대립하는 진영에 속해 있었지만—모두 잠언 8장의 '지혜'가 그리스도를 지칭한다는 것을 당연하게 받아들였다.[15] 이 장은 아레이오스 진영과 니케아 진영 사이의 의견 차이에서 핵심 자리를 차지하고 있었지만, 이 논쟁의 양쪽 모두는 그리스도인들이 하나님의 지혜인 그리스도를 생각하지 않으면서 이 본문을 읽을 수는 없다는 데 전적으로 동의했다. 기독론적 해석의 필요에 관해 이처럼 광범위하게 퍼진 합의는 우리를 멈칫하게 만든다. 분명 많은 복음주의자를 비롯해 오늘날 그리스도인들 사이에서는 역사에 초점을 맞추는 태도가 너무 강하기 때문에, 우리는 아레이오스주의자들과 니케아 그리스도인들 사이에도 존재했던 그 작은 합의조차 기꺼이 버리려 한다.

어떤 이들은 교회의 교의적 언어가 특정 본문의 석의를 주도하지 말아야 한다고 주장하고 싶어 할지도 모르겠다. 예를 들어, 브루스 월키는 이렇게 지적한다. "지혜가 영원히 나음을 받았다는 관념은 석의가 아니라 기독교 교의에 근거를 두고 있다."[16] 그러나 이렇게 교의와 석의를 분리하면서, 성자가 성부에게서 영원히 '나셨다'는 교의가 적어도 역사적으로는 잠언 8장에 대한 특정 석의에 의존하고 있다는 사실을 망각한다. 사실 이 석의를 놓고 4세기에 아타나시오스는 아레이오스에 맞서 용감하게 싸웠다. 더 광범위하게 보면, 월키의 논평은 지속 불가능한 방식으로 석의와 교리의 분리를 상정한다. 교의적 주장이 석의에서 나오

---

15 프랜시스 영(Frances M. Young)은 "아레이오스 자신을 포함해 그때까지 모든 사람이 이 본문 전체가 선재하시는 로고스의 창조 활동을 나타낸다고 이해했다"고 말한다(*Biblical Exegesis*, p. 37).
16 Waltke, *Book of Proverbs*, p. 409n104.

지 않는다면 우리는 그 기원이 무엇인지 궁금해할 수밖에 없다.

7장에서 나는 전통을 교회의 성경 해석의 역사적 발전으로 설명하려고 노력했다. 교회의 교의—기독론적 교의를 비롯해—는 이 전통이 역사적으로 얼마나 많이 발전했는지와 상관없이 언제나 석의에 근거를 두고 있어야 한다. 복음주의자로서 우리는 로마 가톨릭의 교리가 성경 본문의 명시적 가르침에서 너무 멀어진 것처럼 보일 때 이에 이의를 제기하는 경우가 많다. 마찬가지로 (성자의 영원한 나심에 관한 교리를 비롯해) 교리적 확신이 석의에 근거를 두고 있지 않다면 그것을 경계해야 한다. 사실 만약 우리가 정말로 월키의 주장을 액면 그대로 받아들인다면, 교의가 석의에 근거해야 한다는 건전한 복음주의적 확신 때문에 우리는 성자가 성부에게서 영원히 나셨다는 교회의 가르침을 유지할 수 없게 될 것이다. 제이슨 바이아시(Jason Byassee)는 이를 잘 지적한 바 있다. "교부의 석의 없이는 교부의 교의도 없다. 우의 없이는 신조도 없다."[17]

드 뤼박과 중세의 석의

지금까지 나는 (사도행전 8장에서의 이사야 53장 해석처럼) 신약에서 기독론적 해석을 요구할 때와 (잠언 8장에 대한 해석의 역사가 암시하듯이) 교회의 교의적 고백이 걸려 있을 때 순전히 본문의 역사적 혹은 문자적 해석을 넘어서야 한다고 주장했다. 하지만 나는 이사야 53장과 잠언 8장에 대한 기독론적 접근 방식의 기저에는 더 근본적인 원칙이 자리 잡고 있다고 생각한다. 그 원칙은 교회(6장)와 전통(7장)에 대한 위대한 전통의 접근

---

17 Jason Byassee, *Praise Seeking Understanding: Reading the Psalms with Augustine* (Grand Rapids: Eerdmans, 2007), p. 16.

방식을 결정지은 것과 동일한 성례전적 존재론이다. 다시 말해서, 기독교 신앙의 성례전적 문법 자체가 본문에 대한 순전히 역사적인 해석을 넘어서라고 요구한다. 여기서도 '새로운 신학자들'은 플라톤주의-기독교적 종합의 성례전적 의미를 분명히 인식하고 있다. 특히 앙리 드 뤼박은 엄청난 양의 작업을 통해서 초기 교회와 중세의 영적 석의에서 작동하고 있었다고 믿는 성례전적 해석 방식을 회복하려고 노력했다. 영적 해석에 관한 그의 주요 저서들—오리게네스에 관한 책인 『역사와 성령』(Histoire et esprit, 1950)과 중세의 해석에 관해 네 권으로 쓴 『중세의 석의』(Exégèse médiévale, 1959-1964)—에서는 성경에 대한 위대한 전통의 접근 방식에 관한 풍부한 자료와 근대 이전의 성경 해석학에 대한 열정적 변론을 제시한다.[18]

최근에 번역된 드 뤼박의 『역사와 성령』을 간략히 살펴보는 것은, 성경의 플라톤주의-기독교적 해석에 대한 그의 '원천으로 돌아가기' 작업의 중요성을 예증하는 데 도움이 될 것이다. 이 책의 제목은 드 뤼박이 보기에 무엇이 오리게네스(185?-254?)의 성경 해석의 핵심에 자리 잡고 있는지 잘 보여 준다. 오리게네스는 궁극적으로 성경에는 두 차원—역사적 차원과 영적 차원—이 존재한다고 보았다. 여기에 주목하

---

18 Henri de Lubac, *History and Spirit: The Understanding of Scripture According to Origen*, trans. Anne Englund Nash with Juvenal Merriell (San Francisco: Ignatius, 2007); de Lubac, *Medieval Exegesis: The Four Senses of Scripture*, 3 vols., trans. Mark Sebanc and E. M. Macierowski (Grand Rapids: Eerdmans, 1998, 2000, 2009). 영어로 번역된 드 뤼박의 글 중 가장 이해하기 쉬운 글은 de Lubac, "Spiritual Understanding", trans. Luke O'Neill, in *The Theological Interpretation of Scripture: Classic and Contemporary Readings*, ed. Stephen E. Fowl (Malden, MA: Blackwell, 1997), pp. 3-25; de Lubac, "Typology and Allegorization", in *Theological Fragments*, trans. Rebecca Howell Balinski (San Francisco: Ignatius, 1989), pp. 129-164; de Lubac, *Scripture in the Tradition*, trans. Luke O'Neill (1968; reprint, New York: Herder and Herder/Crossroad, 2000)을 보라.

는 게 흥미로운 이유가 몇 가지 있다. 사실 이 알렉산드리아의 교부는 본문의 역사적 의미를 무시한다는 비판을 자주 받았다. 그는 흔히 우의를 통해 공상으로 도피했기 때문에 역사를 상실했고 그 결과 기초가 없다고 여겨졌다. 많은 이가 생각하기에, 오리게네스에게는 성경의 모든 단어가 우의적 의미, 즉 그게 무엇이든 해석자의 공상을 자극하는 의미를 지닌다.[19] 새로 번역된 드 뤼박의 책이 아름다운 것은, 이 책에서 그가 계속되는 사례를 통해 오리게네스가 사실 역사와 본문의 역사적 의미에 큰 관심을 기울였음을 보여 주기 때문이다. 오리게네스가 역사를 무시한다면서 지목하는 예들은 대개 창세기 1장과 2장에 대한 그의 석의에서 취한 것이다. 그리고 드 뤼박은, 오리게네스가 실제로 성경이 의미의 역사적 차원을 지니지 **않았다**고 믿었던 "하나의 예외"는 "우리의 기원과 종말에 관한 본문"이었음을 인정한다.[20] 전체를 인용할 만한 가치가 있는 놀라운 단락에서 드 뤼박은 이렇게 지적한다.

> 오리게네스는 종말론적 본문에 대한 해석에서 말과 이미지에 속아 넘어가 "어울리지 않는 우화와 공허한 허구"를 만들어 낸 사람들을, 예를 들면 "부활 후에 우리가 육신의 음식을 먹고 영원히 존재하는 참된 포도나무가 아니라 물질적 포도나무에서 나온 포도주를 마시리라고 믿는" 사람들을 반대했다. (p. 16)

오리게네스를 다룬 책에서 드 뤼박의 전반적 메시지는 크고도 분명하

---

19 이런 비판은 R. P. C. Hanson, *Allegory and Event: A Study of the Sources and Significance of Origen's Interpretation of Scripture* (London: SCM, 1959)에서 고전적으로 표현하고 있다.
20 De Lubac, *History and Spirit*, p. 116. 이후에 이 책을 인용할 때는 페이지를 본문에 괄호로 표기했다.

다. 3세기 신학자가 본문의 역사적 혹은 문자적 의미의 중요성을 무시하거나 부인했다고 비판하기란 불가능하다는 것이다.

물론 우리에게는 드 뤼박의 책 제목 『역사와 성령』의 두 번째 요소가 여전히 남아 있다. 드 뤼박은 오리게네스에게는 역사적 의미가 전부가 아니었으며 여기에 더해 본문의 영적 차원이 존재했음을 기꺼이 인정한다. 오리게네스는 성경 본문에서 삼중적 의미, 즉 역사적·도덕적·신비적(혹은 우의적) 의미를 찾는 경우가 많았다. 우리는 최선을 다해 문자적(혹은 역사적) 의미를 확정한 다음 나머지 두 의미의 차원을 찾아야 한다. 드 뤼박은, 오리게네스가 이러한 더 심오한 차원의 의미를 무시할 수 없다고 믿었던 근본 이유는 성육신이라는 사실이라고 설명한다.

> [오리게네스로 하여금] 유대교 율법의 문자와 단절하게 만드는 것은 역사적 환영이나 추상적 영성주의를 지향하는 편견이 아니었다. 그리스도에 대한 믿음과 그분의 신비에 대한 견지였다. 그에게 유대교 성경은 **옛** 약속(old Testament)이었다. 그는 그것을 옛것으로 보았다. 이전의 본질ㅡ마치 우리 스스로 모세나 다윗과 동시대인 것처럼 상상하듯이ㅡ이 아니라 그리스도의 오심 이후 그 오심으로 인해 달라진 본질대로 구약을 바라보았다. (pp. 143-144)

다시 말해서, 드 뤼박은 오리게네스에게 구약을 이해할 수 있는 유일한 방법은 그리스도 안에서 구약의 역사적 성취에 비추어 구약을 읽는 것이라고 설명한다. 우의를 그저 자의적으로 펼칠 수는 없다. 그것은 언제나 하나님의 아들의 성육신이라는 역사적 사실과 결합되어 있다.

드 뤼박에 따르면, 이 모든 것은 오리게네스가 1세기 유대교 해석자

필론(Philo)의 우의화 방법을 따랐을 뿐이라는 일반적 해석이 대체로 틀렸음을 뜻한다. 상황이 처음부터－초기 그리스도인들이 역사에 기초한 히브리적 방법 대신 추상적인 그리스적 해석 방법(특히 우의적 방법)을 채택하자마자－엇나가게 되었다는 하르나크의 헬라화 논제는 드 뤼박에 따르면 근거 없는 주장일 뿐이다(pp. 39, 177). 하르나크는 오리게네스와 후대의 전통이 역사를 중요하게 여겼음을 이해하지 못했으며, 기독교의 우의가 필론이 아니라 오히려 바울을 출발점으로 삼는다는 사실을 놓쳤다(pp. 172-190). 나는 복음주의 역시, 특히 급진 종교개혁과 결합될 때, 헬라화 논제에 쉽게 유혹을 받으며, 그 결과 우의적 석의는 말할 것도 없고 모든 종류의 신학적 해석을 경계하는 경우가 많다고 생각한다. 드 뤼박의 저작은－복음주의자들을 비롯한 많은 사람에게－여전히 가치가 있다. 기독교의 성경 해석이 교회사 초기부터 정상 궤도를 이탈한 것이 아니었음을 입증하고 있기 때문이다.

기독교의 신비와 의미의 복수성

이는 오리게네스나 드 뤼박에게 잘못이 없었다는 말이 아니다. 드 뤼박 스스로도 오리게네스의 도덕화하는 석의 중 일부에는 유보하는 입장을 취하고 있다고 분명히 밝혔으며, 이 점에서 필론의 영향력을 애석해했다. 다시 말해서, 드 뤼박은 오리게네스에게서 해석의 기독론적 렌즈가 언제나 강력히 작동하지는 않았음을 기꺼이 인정했다. 또한 드 뤼박은 이런 이유로 오리게네스의 우의적 석의가 자의적인 정도로 빠질 때도 있었다고 인정한다. 예를 들어, 드 뤼박은 이렇게 인정한다. "복음서 본문의 문자 이면에 숨겨진 의미를 발견한다는 주장에 관해, 그 세부 사항에서 자의적 태도를 항상 피하지는 못했다"(p. 228). 나는 드 뤼박 자신에게도 전적으로 잘못이 없지는 않았다고 생각한다. 오리게네스에 관한 그의 책과 영적 해석에 관한 그의 다른 글에서, 무엇 때문에 오레게네스와 후대의 기독교 전통이 성경 본문의 특수한 세부 사항을 우의화할 수 있는지에 관해 더 많은 논의를 확인할 수 있었다면 좋았을 것이다. 구약의 역사적 사건이 우의적으로 예수 그리스도를 가리킨다고 주장하는 것(나는 성경을 이런 식으로 해석하는 교부들의 전반적 접근 방식에 확고하게 동의한다)만으로는 충분하지 않다. 하지만 드 뤼박이 어쩌면 너무 일찍 만족했는지도 모르겠다. 예를 들어, 무엇 덕분에 교부들은 이사야 53:7에 언급된 어린양과 양이 그리스도를 가리킨다고 해석할 수 있었는가? 무엇이 그들로 하여금 잠언 8장의 지혜 안에서 그리스도를 발견할 수 있도록 해 주었는가?[21] 영적 해석이 해석을 자의적으로 만들며 개별 해석자의 변덕에 휘둘리기 쉽다는 통상적 비판을 피하려면 이런 물음에 답하는 일이 시급할 것이다. 우리는 드 뤼박이 이런 종류의 물음을 다뤘더라면 하는 바람을 갖게 된다.

사실 드 뤼박은 자의성에 관한 비판이 명백히 잘못된 전제에 기초하고 있다고 믿었기 때문에 이런 특수성에 관심을 기울이지 않았을 가능성이 높다. 역사비평적 석의가 가지고 있는 기본적으로 잘못된 편견은, 특정 성경 본문이 하나의 의미, 즉 저자가 의도한 의미만을 지닐 수 있다는 믿음이다. 위대한 전통에서 성경은 "의미의 무한한 숲"—성 히에로니무스(Jerome, 347?-420)가 사용한 표현으로 드 뤼박은 『중세의 석의』에

---

21 이런 종류의 석의적 특수성에 대한 유익한 접근 방식은 John J. O'Keefe and R. R. Reno, *Sanctified Vision: An Introduction to Early Christian Interpretation of the Bible* (Baltimore, Md.: Johns Hopkins University Press, 2005)을 보라.

서 이 말의 함의를 논한다—과 같음을 알고 있기에, 이 프랑스의 예수회 사제는 어떤 우의적 의미가 정당하며 어떤 의미가 그렇지 않은지에 관한 사소한 트집 잡기에 말려들 수 없었다.²² 그는 오리게네스 및 다른 교부들의 관점을 자신의 것으로 삼았다. "아주 많은 경우에 그들이 행한 탐구의 세부 사항이 너무 공상적으로 보인다면, 이는 그것이 그들에게 본질적인 것이 아니었기 때문이다. 그들은 '하나님의 성경이라는 거대한 들판'에서 마음껏 뛰어다니고 있다."²³ 드 뤼박은 위대한 전통과 더불어 의미를 인간 저자의 원래 의도로 축소하는 근대적 한계 안에 답답하게 갇히기를 거부했다.

나는 의미의 복수성에 대한 드 뤼박의 주장이 핵심적으로 중요한 통찰이라고 생각한다. 중세 전통에서는 해석의 네 가지 다른 차원을 구별하는 경우가 많았다. 드 뤼박은 중세의 시구를 자주 언급한다.

> Littera gesta docet,
> quid credas allegoria,
> moralis quid agas,
> quo tendas anagogia.²⁴

이 구절은 이렇게 운율을 다소 자유롭게 표현할 수 있다.

문자는 우리에게 하나님과 우리의 아버지들이 무엇을 하셨는지를 보여 준다.

---

22 De Lubac, *Medieval Exegesis*, 1: pp. 75-89.
23 De Lubac, *History and Spirit*, p. 374.
24 Henri de Lubac, "On an Old Distich: The Doctrine of the 'Fourfold Sense' in Scripture", in *Theological Fragments*, pp. 109-127를 보라.

우의는 우리에게 우리의 믿음이 어디에 숨어 있는지를 보여 준다.
도덕적 의미는 우리에게 일상생활을 위한 규칙을 제공한다.
신비적 해석은 우리에게 우리가 어디서 싸움을 끝내는지를 보여 준다.[25]

성령이 성경의 개별 인간 저자 배후에 계신 신적 저자임을 확신했던 드 뤼박은, 위대한 전통의 신학자들이 역사적 물음을 염두에 둘 뿐 아니라 그리스도와 교회에 관한, 개별 신자와 그 신앙의 삶에 관한, 영생에 관한 신학적 관심을 가지고 성경 본문에 접근하는 것이 옳았다고 믿는다. 의미의 다층성은 성경에 대한 그런 접근 방식의 자연스러운 귀결이었다.

하지만 드 뤼박에게 의미의 복수성은 의미의 상이한 영적 차원에 국한되지 않는다. 그는 동일한 차원 **안에서도** 독자마다 다른 해석을 할 수 있다고 인정한다. 다시 말해서, 두 주석가가 동일한 본문에 대한 두 개의 (혹은 그 이상의) 다른 우의적 혹은 기독론적 해석을 제시할 수 있다. 이것은 드 뤼박에게 거의 문제가 되지 않는다. 그는 해석이 무한한 영적 영역으로의 성례전적 진입이라고 확신하기 때문에 성경 본문의 성례전적 실재(res)가 본문에 대한 하나의 특수한 우의적 해석에 포착될 수 없다고 주장한다. 그러므로 의미의 복수성은 피해야 할 위험이 아니며 영적 석의에 대한 반론이 될 수 없다. 오히려 의미의 복수성은 **예상되는** 바다. 석의란 인간이 천상의 실재들에 참여할 수 있게 하는, 성령께서 이끄시는 수단이기 때문이다.

따라서 드 뤼박이 『중세의 석의』의 한 부분을 '신비'라는 개념에 할

---

25 Robert M. Grant, with David Tracy, *A Short History of the Interpretation of the Bible*, 2nd ed. (Philadelphia: Fortress, 1984), p. 85. 『성서해석의 역사』(대한기독교서회).

애하고 있다는 점은 놀랍지 않다. 여기서 그는 '신비'와 '신비적'이라는 용어뿐 아니라 '우의'라는 말이 중세 전통에서 흔히 사용되었다고 설명한다.[26] 중세의 성경 독자는 본문의 '신비적 의미', 즉 "처음에는 하나님 안에 감춰져 있었지만 예수 그리스도 안에서 실현되는 것과 동시에 인간에게 계시된 실재"를 찾는 데 관심을 기울였다. 드 뤼박은 중세에는 신비의 이 기독론적 실현을 이전의 역사적 사건 자체가 가리키며 참여했던 성례전적 실재(res)로 보았다고 설명한다. 실제로 중세에 신비를 뜻하는 라틴어 '미스테리움'(mysterium)은 속성상 성례전적이었다. "라틴어에서 신비(mysterium)는 성례전(sacramentum)의 대역 역할을 한다. 성 아우구스티누스에게 성경은 본질적으로 '신비의 글'이며, 성경의 책들은 '하나님의 성례전의 책들'이다. 두 단어는 동의어로 간주되는 경우가 많았다."[27] 더 나아가 드 뤼박은 중세 신학자들이 성례전(sacramentum)과 신비(mysterium)를 구별할 때 전자를 성례전적 기호로, 후자를 영적 실재로 보았다고 주장한다.

이 둘은 한 관계의 두 용어, 혹은 번갈아 일어나는 한 운동의 두 극으로 구별되곤 한다. 따라서 성례전(sacramentum)은 외적 구성 요소, 성 아우구스티누스의 말처럼 "외피"를 가리킨다. "예언자들은 거의 모든 곳에서 성례전이라는 덮개를 덮어 그리스도를 선포해 왔다." 이것은 기호 혹은 기호의 담지자로서의 문자다. "사물의 기호가 성례전 안에 있다." 사물이든 사람이든, 사실이든 의례든, 그것은 '예표', 즉 '비유'나 '이미지'가 '진리'를 가리키

---

26 De Lubac, *Medieval Exegesis*, 2: pp. 19-27.
27 De Lubac, *Medieval Exegesis*, 2: p. 20. 제이슨 바이아시 역시 아우구스티누스에게 해석이 속성상 성례전적이었다는 주장을 한다(*Praise Seeking Understanding*, pp. 233-239).

듯이 신비를 가리키는 것이다. "성례전이 사물의 진리보다 먼저 온다." 그 것은 arcanum[숨겨진 것]이라기보다는 sacrum[성스러운 것]이다. 신비는 이 arcanum 자체다. 그것은 내적 구성 요소, 문자 안에 감춰지고 기호를 통해 지시된 실재, 비유가 가리키는 진리다. 다시 말해서, 바로 믿음의 대상이다.[28]

이 인용문은 다소 길고 밀도가 높지만 드 뤼박이 접근하는 방식의 핵심을 포착하고 있다. 문자라는 '외적' 요소는 필수 불가결하지만 그 자체를 넘어서는 목적을 지니고 있다. 그 목적은 성령이라는 '내적' 요소다. 구약의 예표나 비유는 신약에 계시된 그리스도라는 숨겨진 실재를 그 텔로스로 삼는다.

이것의 의도는 절대로 구약이라는 역사적 '외피'를 약화시키려는 게 아니다. 본문 안에 있는 더 심오한, 성례전적인 실재들의 존재를 거부하는 역사적 방법에 대한 드 뤼박의 반박은, 그것이 성경의 통일성을 제대로 설명하지 못한다는 것이다. 본문의 의미를 역사적 차원으로 축소함으로써, 그런 방법은 구약과 신약을, 따라서 문자와 성령을, 성례전과 실재를 분리한다. 드 뤼박은 순전히 역사적인 방법이 구원의 이야기를 시간적·수평적 내러티브로 환원하며 이 과정에서 구약과 신약의 성경적 계시의 통일성을 약화시킨다는 것을 깨달았다. 드 뤼박은 역사적 사건과 그리스도 안에 계시된 영원한 로고스의 수직적·성례전적 연결고리를 재천명함으로써만 이 통일성을 유지할 수 있다고 믿었다.

---

28 De Lubac, *Medieval Exegesis*, 2: p. 21.

오늘날 영적 해석 되찾기

이제는 중세 후기에 우의적 해석이 쇠퇴한 이유를 이해하기가 어렵지 않을 것이다. 위대한 전통의 우의적 혹은 성례전적 해석은 플라톤주의-기독교적 종합의 결과였다. 드 뤼박은 교부들이 성경 해석을 위해 필론이나 플라톤주의 전통에 의존했다는 비판을 반박하는 데 많은 노력을 기울였다.[29] 그리고 궁극적으로 우의적 성경 해석을 정당화하는 것은 이교 철학이 아니라 그리스도의 중심성이라는 그의 주장은 옳다. 하지만 초기 교회의 헬라적 맥락에서 우의적 방법이 오리게네스와 니사의 그레고리오스 같은 교부들이 석의를 실천하는 데 영향을 미쳤다는 점은 부인할 수 없어 보인다. 다만 나는 그런 영향력이 반드시 문제라고 생각하지는 않는다. 이 책의 앞부분 몇 장에서는 플라톤주의 전통이 초기 교회의 상상력을 사로잡은 이유 중 하나는 그것이 신적 초월을 가능하게 한다는 사실이라고 지적했다. 더 중요한 의미에서, 창조된 실재들이 영원하신 하나님의 로고스에 닻을 내리고 있다고 그리스도인들이 주장하는 것처럼, 플라톤주의적인 형상이나 이데아는 재해석될 수 있었다. 창조된 실재들이 영원하신 하나님의 말씀에 성례전적으로 참여한다는 것이, 교회가 자신을 둘러싼 플라톤주의적 사고방식과 조우했을 때 기독교에서 보여 준 신학적 반응이었다. 이런 맥락에서 교부들 역시 주변의 세상에서 보았던 우의적 방법을 성례전적으로 개조할 가능성을 보았다는 사실은 놀랍지 않다. (1) 우의가 그리스도와 그분의 교회에 초점을 맞추고 (2) 역사적인 것이 영적인 것에 정말로 참여할 수 있게 하는 한

---

29 특히 Henri de Lubac, "Hellenistic Allegory and Christian Allegory", in *Theological Fragments*, pp. 165-196를 보라.

우의는 전혀 문제가 되지 않았다. 우의의 성례전적 해석은 초기 교회가 그리스적 환경과의 조우를 통해 발전시킨 플라톤주의-기독교적 존재론과 꼭 들어맞는다. 교회의 우의적 해석의 발전을 이끈 것은 바로 천상적 참여에 대한 강조였다.

근대성의 가위—일의적 존재, 보편자에 대한 거부—는 위대한 전통 내내 통상적으로 활용되었던 이 성례전적 해석을 불가능하게 만들고 말았다. 지상적 대상들이 [성례전(*sacramentum*)으로서] 그들 존재의 실재(*res*)를 하나님 자신의 존재로부터 받는다는 생각을 거부함으로써, 근대성은 더 이상 역사가 그리스도를 중심으로 삼으며 지복의 전망이라는 영적 현실로 귀결된다는 이유 때문에 의미를 갖는다고 볼 수 없게 되었다. 오히려 새로운 접근 방식에 따르면, 역사는 그 자체로서 의미를 갖는다. 더 나아가 영원하신 하나님의 말씀 안에 있는 보편자의 실재를 거부함으로써 유명론은, 목적에 관한 모든 이야기(목적론)가 자의적이며 궁극적으로는 무익한 의미의 강요처럼 보이는 평평해진 지평으로 역사를 축소시켰다. 이렇게 시간을 그 수평적 차원으로 환원함으로써 근대성은 시간의 성례전적 성격을 제거해 버렸다. 근대성은 역사의 모든 의미를 그 세속적·시간적 성격 안에 자리 잡게 했고, 이로써 '역사와 성령'의 해석이라는 오리게네스적 기획을 불가능하게 만들고 말았다. 근대성은 역사가 한 사건에서 다른 사건으로 이어지는 수평적 인과 관계보다 더 심오한 의미를 전혀 가지고 있지 않다고 보았다. 종교개혁도, 후대의 가톨릭 (그리고 개신교) 신스콜라주의도 중세의 사중적 해석을 많이 사용하지 않았다는 점은 놀랍지 않다. 둘 다 위대한 전통의 성례전적 태피스트리에서 직접 흘러나온 의미의 다층성과 우의화를 가지고 무엇을 해야 할지 몰랐기 때문이다.[30]

아마도 개신교인과 가톨릭교인 모두가 '새로운 신학자들'을 읽어야 하는 가장 심오한 이유는, 이 신학자들이 주장하는 성경의 영적 해석에 대한 '원천으로 돌아가기'다.³¹ 다시 한번, 이것은 순전한 역사비평적 석의를 넘어서기 원하는 젊은 복음주의자들이 마땅히 관심을 기울여야 하는 분야다. 그들이 신학적 해석—아마도 영적 혹은 성례전적 해석이라고 부르는 것이 더 정확할 것이다—에 관해 다시금 새롭게 관심을 기울인다는 것이 역사비평적 방법이 줄 수 있는 참된 통찰을 완전히 버려야 함을 암시하지는 않는다(적어도 암시해서는 안 된다). 또한 이 점에 관해 젊은 복음주의자들은 모든 의미에 회의적인 탈근대적 태도에 영향받아 움직여서는 안 된다. 그 대신 플라톤주의-기독교적 종합의 통찰을 재발견함으로써 참된 영적 해석의 주창자들은 문자적 의미를 진지하게 받아들일 것이다. 그것이 복음의 더 위대하며, 더 기독론적인 실재(res)를 찾기 위한 출발점(sacramentum)이기 때문이다.³² 아우구스티누스는 이 접근 방식의 성례전적 성격을 누구보다도 잘 표현한 바 있다. "*Novum*

---

30 근대 이전 석의의 동시대적 전유는 Peter J. Leithart, *Deep Exegesis: The Mystery of Reading Scripture* (Waco, TX: Baylor University Press, 2009)를 보라.
31 이번 장에서 나는 드 뤼박에 초점을 맞췄다. 장 다니엘루와 한스 우르스 폰 발타사르 역시 영적 해석에 큰 관심을 가지고 있었다. 다니엘루에 관해서는 Hans Boersma, *Nouvelle Théologie and Sacramental Ontology: A Return to Mystery* (Oxford: Oxford University Press, 2009), pp. 168-190를 보라. 발타사르에 관해서는 W. T. Dickens, *Hans Urs von Balthasar's Theological Aesthetics: A Model for Post-Critical Biblical Interpretation* (Notre Dame, IN: University of Notre Dame Press, 2003). 참여적 해석 이론에 대한 탁월한 접근 방식은 Matthew Levering, *Participatory Biblical Exegesis: A Theology of Biblical Interpretation* (Notre Dame, IN: University of Notre Dame Press, 2008)을 보라.
32 '문자적 의미'조차도 정태적으로 주어진 것이 아니다. 나는 과학 문제를 다루듯이 우리가 발견하고 풀 수 있는, 객관적으로 주어진 역사적 의미가 존재한다고 믿지 않는다. 문자적 의미의 복수성에 관한 토마스 아퀴나스의 이해를 다룬 글은 Mark F. Johnson, "Another Look at the Plurality of the Literal Sense", *Medieval Philosophy and Theology* 2 (1992): pp. 117-141를 보라. 또한 Eugene F. Rogers, "How the Virtues of an Interpreter Presuppose and Perfect Hermeneutics: The Case of Thomas Aquinas", *Journal of Religion* 76 (1996): pp. 64-81를 보라.

in vetere latet et in novo vetus patet"(신약은 구약 안에 감춰져 있다. 구약은 신약 안에서 드러났다).³³ 성경에 대한 성례전적 해석을 통해 우리는 그리스도 사건과 더불어 찾아온 참된 '새로움'을 유지하는 동시에 두 약속(Testament)의 통일성을 이해할 수 있다.

근대 이전의 성례전적 해석에 대한 드 뤼박의 재발견은, 교회가 선포한 그리스도에 대한 믿음이 이끄는 영적 해석을 처음부터 가능하게 한다. 나는 성경 자체를 다루기 전에 교회와 전통을 논했지만, 아마도 분명 성경에 대한 영적 해석 되찾기가 위대한 전통의 성례전적 존재론의 회복을 위한 기초를 형성해야 할 것이다. 신학이 성경의 해석이라면 성례전적 해석학은 기독교 신학에 형태를 부여하는 중추 역할을 해야 한다. 복음주의자들이 '새로운 신학'의 그러한 교회 일치적 노력을 받아들이고 근대 이전 전통의 해석 방식을 다시 배움으로써 잃을 것은 없고 얻을 것은 많다. 성례전적 해석학은 복음주의자들이 성경의 중심성을 유지하는 동시에 성경의 숨겨진 영적 깊이를 재발견하게 해 줄 것이다.

---

33 Augustine, *Quaestiones in Heptateuchum* 2.73. 또한 드 뤼박이 제2차 바티칸 공의회 문서 *Dei Verbum* 16항에 인용된 아우구스티누스의 말을 언급한 부분을 보라(*Scripture in the Tradition*, p. ix).

9장

성례전적 실재로서의 진리

이 책 전반에서 우리는 위대한 전통의 성례전적 태피스트리가 신비를 엄청나게 중요하게 여겼음을 살펴보았다. 교부들과 중세 신학자들은 진리를 파악하는 것보다 진리에 참여하는 데 훨씬 더 큰 관심을 기울였으며, 진리에 참여하는 것은 진리를 지배하는 것이라기보다 진리에 지배당하는 것을 뜻한다고 보았다. 초자연은 독립적이며 자율적인 자연 영역 위에 자신을 포개 놓는 구별되거나 분리된 존재 영역이 아니다. 오히려 초자연은 시간과 공간의 창조된 실재들을 그리스도 안에 있는 그들의 정해진 종말로 이끄시는 하나님의 수단이었을 뿐이다. 그러므로 창조된 실재들은 그들의 성례전적 실재로서 그리스도의 천상적 신비에 참여한다. 진리에 접근한다는 것은 그리스도라는 헤아릴 수 없는 신비에 성례전적으로 참여함을 뜻한다.

이번 장에서 나는 그러한 성례전적 진리관을 진술하는 방법을 제시할 것이다. 여기서 나는 특히 **하나님**에 관한 인간의 담론, 인간에 의한 하나님 '이름 짓기'를 염두에 두고 있다. 나는 '새로운 신학'에서 주창하는 플라톤주의-기독교적 종합으로의 회귀가 인간의 진리 주장의 본질에 대해서도 놀라운 약속을 제시한다는 점을 분명히 보여 주기를 바란다. 따라서 몇몇 '새로운 신학자'를 살펴보고, 인간의 언어를 신적 로고스의 영원한 신비를 제시하기에 적합한 수단으로 보면서도 동시에 이 신비가 언제나 인간의 파악을 벗어날 것임을 인정하는 성례전적 진리관을 그들에게서 도출하고자 한다.¹

근대의 지식: 이성 드높이기

오늘날 성례전적 실재로서의 진리를 회복하는 일은 특히 시급해 보인다. 특히 17세기 이후 진리에 대한 근대적 접근 방식이 수학적 확실성 및 경험적 관찰과 더불어 시작되었다. 전자는 르네 데카르트(René Descartes, 1596-1650)가 『방법서설』(Discours de la méthode, 1637)에서 주장했다. 그는 "내가 명확하게 참되다고 인식하지 않는 그 어떤 것도 절대로 참되다고 받아들이지 않겠다고, 다시 말해서 신중하게 속단과 편견을 피하고 나의 정신에 명석하고 판명하게 나타나서 어떤 경우에도 의심의 여지가 없는 것 말고는 아무것도 내 판단에 포함시키지 않겠다"고 결심한다는 유명한 말을 했다.² 후자는 영국의 철학자이자 과학자인 프랜시스 베이컨(Francis Bacon, 1561-1626)이 사용한 방법으로, 근대의 과학

---

1 진리에 대한 '새로운 신학'의 접근 방식을 자세히 논한 글은 Agnès Desmazières, "La 'Nouvelle théologie', prémisse d'une théologie herméneutique? La Controverse sur l'analogie de la vérité (1946-1949)", *Revue thomiste* 104 (2004): pp. 241-272; Hans Boersma, "Analogy of Truth: The Sacramental Epistemology of nouvelle théologie", in *Ressourcement: A Movement for Renewal in Twentieth-Century Catholic Theology*, ed. Gabriel Flynn and Paul D. Murray (Oxford: Oxford University Press, 2012)를 보라.
2 René Descartes, *Discourse on Method and the Meditations*, trans. F. E. Sutcliffe (1968; reprint, Harmondsworth, UK: Penguin, 1986), p. 41. 『방법서설』(문예출판사).

적 방법, 더 나아가서 과학과 기술의 성공을 야기한 접근 방식이다. 앞서 3장과 4장에서 설명한 발전이 없었다면 수학과 과학적 방법의 성취는 상상조차 할 수 없었을 것이다.

내가 다소 대담하게 '자연의 반란'이라고 부른 현상은 12세기까지 거슬러 올라갈 수 있다. 아이러니하게도 이 반란이 궁극적으로는 근대 서양 세계의 안락함을 많은 부분 만들어 냈다. 17세기에 수학과 자연 과학이 왕의 권위를 차지하게 되는 분수령이 없었다면 이런 성공 역시 생각조차 할 수 없었을 것이다. 새로운 방법으로 인해 이제 진리는 증명된 기법을 통해 인간이 조작할 수 있는 무언가가 되었다. 그 결과 진리는 확실성―믿음의 확실성이 아니라 중립적이고 보편적으로 공유된 인간 이성에 근거한 확실성―과 동일시되었다.

데카르트와 베이컨의 방법이 이룩한 성취가 있었음에도 지난 50여 년 동안 이런 방법에 대한 신뢰는 놀라울 정도로 약해졌고, 따라서 진리가 결코 닿을 수 없는 것일지도 모른다는 생각이 나타났다. 장프랑수아 리오타르(Jean-François Lyotard), 자크 데리다, 미셸 푸코 같은 탈근대 철학자들의 회의주의적 접근 방식이 현대의 문화적 병폐에 어느 정도까지 영향을 미쳤는지는 앞으로 오랫동안 논의해 보아야 할 문제다. 이 논의를 통해 어떤 답이 산출되든지, 특히 1960년대 이후 광범위한 회의적 상대주의가 서양 문화에 영향을 미치고 있음은 분명해 보인다. 많은 사람은 근대적 방법이 가져다줄 수 있다고 주장했던 확실성에 대해 더 이상 이전 세대만큼 확신하고 있지 않다. 아이러니하게도 우리는 기술적 진보의 점점 더 커지는 능력을 계속해서 활용하고 있지만, 많은 이는 보편적 진리 주장에 대해 덜 확신하게 되었다. 우리는 탈근대 철학을 통해 합리성이 시간과 공간의 특수성에 의해 규정된다는 것을 배웠으며, 따라서 그것은 전통에 크게 의존하고 있다. 그러므로 진리 주장의 타당성은 특정한 언어적 공동체에 국한된다. 복음주의 학교에서 가르치는 맥락 속에서, 나는 학생들 사이에서 자신의 특수한 신념이 자신의 개인적 삶을 넘어서는(혹은 기껏해야 자신의 문화적 혹은 교회적 공동체를 넘어서는) 무게를 지닌다고 주장하기를 주저하는 태도가 꽤나 널리 퍼져 있음을 발견했다.[3] 우리 자신의 관점을 강요하는 것에 관한 공포와 패권적 견해를 폭력적으로 주장하는 것에 대한 두려움 때문에 우리는 우리의 진리를 주장하는 데 점점 더 소극적인 자세를 취하게 되었다. 근대적 확실성이 탈근대적 회의주의로 대체되었다고 말하는 것도 과장이 아닐 것이다.[4]

이런 상황으로 인해 오늘날 복음주의자들은 딜레마에 빠졌다. 1장에서 주장했듯이, 젊은 복음주의자들은 앞선 세대의 단정적 진리 주장을 반대하면서 이를 수학적·과학적 방법에서 빌려 온 '근대적' 진리 개념을 받아들인 것이라고 비판한다.[5] 젊은 복음주의자들은 주장을 하는 데 훨씬 더 소극적인 경향이 있다. 그리고 신학을 마치 자연 과학의 한 분과처럼 대하는 것을 불편해한다. 하지만 이것이 회의주의나 상대주의를 받아들여야 한다는 뜻은 아니다. 사실 이 책에서 제시하는 역설적 논증은, 탈근대적 회의주의는 근대적 확실성 주장의 논리적 결과일 뿐이라는 결론으로 이어진다. 이런 주장은 직관에 반하는 것처럼 보일 수도 있

---

[3] David F. Wells, *No Place for Truth; or, Whatever Happened to Evangelical Theology?* (Grand Rapids: Eerdmans, 1993), pp. 168-169를 보라. 『신학 실종』(부흥과개혁사).

[4] 탈근대주의의 영향력에 관한 복음주의권의 논의는 Myron B. Penner, ed., *Christianity and the Postmodern Turn: Six Views* (Grand Rapids: Brazos, 2005, 『기독교와 포스트모던 전환』, 기독교문서선교회); James K. A. Smith, *Who's Afraid of Postmodernism? Taking Derrida, Lyotard, and Foucault to Church* (Grand Rapids: Baker Academic, 2006, 『누가 포스트모더니즘을 두려워하는가?』, 도서출판100 역간 예정)를 보라.

[5] Robert E. Webber, *The Younger Evangelicals: Facing the Challenges of the New World* (Grand Rapids: Baker, 2002), pp. 90-92를 보라.

다. 회의주의는 확실성으로부터 나오는 것처럼 보이지 않는다. 그럼에도 '자연의 반란'이 자연 영역을 초자연으로부터 고립시켰다는 관찰에서 시작한다면 진리에 대한 근대적 접근 방식과 탈근대적 접근 방식 사이의 연결고리를 쉽게 발견할 수 있을 것이다.

근대성은 (그것이 몸과 무관한 수학 방정식이든 추상적이며 반복 가능한 실험이든) '순수한 자연'을 출발점으로 삼음으로써 진리에 도달한다. 이처럼 '순수한 자연'의 영역은 원칙적으로 초자연과의 연결이 완전히 제거되어 있다. 태피스트리의 통일성이 해체되고 마침내 제거되었다. 그러므로 자연 영역에서 진리는 스스로 서 있어야 했다. 영원하신 하나님의 말씀(로고스)이 더 이상 인간의 진리 주장을 위한 뒷받침을 제공하지 않았다. 하나님과 교회로부터의 이 독립을 기뻐하는 태도가 한창일 때는 모든 것이 좋아 보였다. 그러나 결국 순전히 자연적인 진리는 자신을 뒷받침할 수 없음을 깨닫게 되었다. 진리에는 그 주장을 뒷받침하는 적어도 **어떤** 종류의 초월이 필요하다. 다시 말해서, 탈근대적 상대주의는 확실성에 대한 근대적 주장의 공허함을 폭로했다. 황제는 벌거벗고 있었다.

지금 우리가 직면한 딜레마는 심각하지만 해결책이 없지는 않다. 만약 근대의 거짓 확실성이 중세 후기 플라톤주의-기독교적 종합의 해체에 기인한 것이 사실이라면, 우리는 위대한 전통이 인간의 진리 주장을 위한 견고한 기반, 즉 근대적 주제넘음이라는 스킬라와 탈근대적 포기라는 카리브디스 모두를 피할 수 있는 기반을 회복시켜 주는 자원을 제공한다고 기대할 수 있다. 이것이 가능할 수 있음을 보여 주기 위해 나는 푸르비에르의 예수회 학자 세 사람을 살펴볼 것이다. 첫째, 앙리 드 뤼박과 장 다니엘루가 어떻게 근대 이전의 성례전적 진리관을 전유했는지를 설명할 것이다. 그다음 앙리 부이야르가 어떻게 유비의 교리를 활용해 이 참여적 진리 이해를 위한 신학적 뒷받침을 제시했는지를 추적할 것이다. 우리는 이 '새로운 신학자들'이 상대주의의 위험에 빠지지 않으면서도 인간 이성을 드높이는 근대적 태도를 피할 수 있었음을 보게 될 것이다.

신비적 지식: 드 뤼박, 다니엘루, 니사의 그레고리오스

6장에서 성만찬과 교회의 관계를 살펴볼 때 이미 드 뤼박의 『신비로운 몸』을 만났다. 거기서 나는 드 뤼박의 책에서 전반적으로 제시하는 주장은 그리스도의 삼중적 몸의 통일성을 회복하자는 것이라고 지적했다.[6] 한편으로는 역사적·성례전적 몸, 다른 한편으로는 교회의 몸 사이의 연결고리는 특히 11세기의 베렝가르 논쟁을 통해 끊어졌다. 이런 단절은 성만찬의 몸이 교회의 일치라는 더 큰 성례전적 실재에 더 이상 참여하지 않음을 암시했다. 드 뤼박의 목적은 성만찬과 교회를 다시 연결하고, 이로써 교회의 '신비'에 성만찬 집례의 텔로스라는 합당한 자리를 회복시켜 주는 것이었다.

드 뤼박의 주장은 성만찬과 교회를 넘어서는 함의를 지니고 있다. 이 둘 사이의 연결이 성례전적인 것이라면 이는 성만찬에서 개별 신자가 그리스도의 몸을 받는 것보다 훨씬 더 많은 일이 일어나고 있음을 암시한다. 그리스도의 성례전적 몸에 참여함은 신자 자신이 그리스도의 교회의 몸으로 신비롭게 변화됨을 뜻한다. 드 뤼박은 '실재적 임재'를 부

---

6 앞선 6장에서 소제목 "삼중적 몸" 이하를 보라.

인하는 베렝가르와 화체설을 강력히 주장했던 가톨릭의 반응 모두 같은 문제를 안고 있다고 확신했다. 즉, 둘 다 성례전적 신비의 감각, 성만찬에서 '실재적 임재'는 그리스도라는 실재를 그분의 몸인 교회 안에 신비롭게 나타나게 한다는 사실을 놓치고 말았다. 주지주의적 경직화가 베렝가르와 그의 반대자들 모두를 사로잡았다. 베렝가르는 엄격히 교회의 영적 일치라는 실재(res)에 초점을 맞춘 반면, 그의 반대자들은 성만찬의 요소들(sacramentum)에 무슨 일이 일어나는지에만 관심을 기울였다. 어느 정도는 둘 다 성만찬과 교회 사이에 존재하는 성례전적 일치의 신비로운 본질을 놓치고 말았다.

드 뤼박은 "상징주의에서 변증법으로"라는 장 제목을 붙인 자신의 책 마지막 장에서 주지주의를 강하게 비판한다. 그는 11, 12세기의 변화는 훨씬 더 광범위한 전환, 즉 상징주의에서 변증법으로 신학적 방법론이 전환하는 것이었음을 암시한다. 혹은 이것이 하나님의 신비로의 성례전적 진입에서 삼단논법에 의한 합리적 진리의 지배로 전환하는 것이었다고 말할 수도 있다. 드 뤼박은 성만찬과 교회의 분리는 '상징적 내포'를 '변증법적 대립'으로 바꾸어 놓은 근대의 합리적 사고방식의 귀결이었다고 주장한다. 베렝가르와 그의 가톨릭 반대자들 모두 성만찬의 몸과 교회의 몸의 잘못된 분리를 당연하게 여겼다. 그 이유는 양측 모두가 신학적 담론의 본질 자체에 접근하는 방식에 있었다. 드 뤼박은 베렝가르가 신학에 대한 변증법적·삼단논법적 접근 방식을 도입했다고 주장한다. 이 합리주의적 접근 방식으로는 성만찬에서의 그리스도의 임재와 교회의 일치 안에서의 그분의 임재의 '상호 내재'라는 신비를 확증할 수 없다는 게 밝혀졌다. 드 뤼박에 따르면, 새로운 정서, 새로운 사고방식, 새로운 범주들이 나타나 사람들의 관심을 사로잡았다. 그는 아우구스티누스의 성례전적 접근 방식을 바꾼 책임을 진 이들로서 성 안셀무스와 피에르 아벨라르(Peter Abelard, 1079-1142)를 직접 지목한다. 드 뤼박은 그 결과로 이제 주로 지적 논증을 통해 신앙의 신비에 접근하기 시작한 기독교적 합리주의가 나타났다며 명백히 애석해한다.[7] 이전의 성례전적 상징주의에서는 진리를 하나님의 신비에 참여하는 것으로 이해한 반면, 새로운 합리주의적 변증법에서는 진리란 명제적 진술에 대한 완전한 합리적 이해를 뜻한다고 주장했다. 드 뤼박은 이 근대적인 변증법적 접근 방식이 20세기 초 가톨릭에 널리 퍼져 있는 신토마스주의적 스콜라주의에도 침투했다고 확신한다. 다시 말해서, 태피스트리가 해체되어 진리가 보편적으로 공유된 합리성의 자율적 주장으로 환원되었기 때문에 신토마스주의가 번성할 수 있었다.

장 다니엘루는 그의 과거 스승이었던 드 뤼박의 비판에 크게 공감했다. 따라서 그는 스콜라주의 사상에서 신학과 삶을 분리하는 것으로 보이는 점을 날카롭게 비판했다.[8] 또한 다니엘루는 교부와 성경이라는 '원천으로 돌아가기'에서 드 뤼박을 따랐다. 그는 특히 니사의 성 그레고리오스의 신비 신학에 관심을 갖게 되었으며, 그에 관한 수많은 책과 논문을 발표했다. 그레고리오스에 관한 다니엘루의 책 중 하나는 『모세의 삶』(The Life of Moses), 『아가서 주석』(Commentary on the Song of Songs), 『독신에 관하여』(On Virginity), 『팔복에 관한 설교』(Homilies on the Beatitudes)

---

7 Henri de Lubac, *Corpus Mysticum: The Eucharist and the Church in the Middle Ages: Historical Survey*, trans. Gemma Simmonds with Richard Price and Christopher Stephens, ed. Laurence Paul Hemming and Susan Frank Parsons (London: SCM, 2006), pp. 226, 228, 236-238.

8 특히 Jean Daniélou, "Les Orientations présentes de la pensée religieuses", Études 249 (1946): pp. 5-21를 보라.

같은 카파도키아 교부의 유명한 글 중 가장 흥미로운 부분을 모아 놓은 선집이다.⁹ 이 선집에서 다니엘루가 쓴 통찰력 넘치는 서문에서는 4세기 신학자의 신비적 저술의 주요 주제를 요약하고 있다. 다니엘루는 이 서문에서 그레고리오스에게는 하나님에 관한 지식이 중요한 신학적 주제라고 분명히 말한다. 동시에 이 지식은 근대적 진리 주장과 공통점이 거의 없다. (1) 그레고리오스의 지식은 속성상 단순히 합리적인 것이 아니다. (2) 그것은 하나님의 본질을 파악할 수 없기 때문에 제한적이다. (3) 그것은 무한히 진보한다. 첫째, 그레고리오스는 모세의 상승이 세 단계를 거쳐 이뤄졌다고 주장함으로써 합리성을 초월하는 신비적 지식의 성격을 지적한다. 그의 하나님 바라보기는 빛으로부터 시작되었다. 그 이후에 하나님이 구름 속에서 그에게 말씀하셨다. 마지막으로 모세는 어둠 속에서 하나님을 보았다(p. 23). 첫째 방식, 즉 빛의 방식은 정화의 방식으로, 영혼이 정욕에 맞서 싸우는 과정이다. 둘째 방식, 즉 구름의 방식을 통해 신자는 감각을 수단 삼아 하나님에 관한 지식에 나아갈 수 있게 된다. 창조 질서에 속한 대상들이 하나님께 접근할 수 있게 된다. 예를 들어, 아브라함은 그의 주변 세상의 아름다움을 관찰함으로써 "원형적 아름다움(Beauty)을 바라보려는 열망을 얻었다"(p. 120). 그레고리오스는 분명 하나님의 아름다움을 아는 지식을 소중히 여겼다. 특히, 정화된 영혼 안에 반영된 하나님의 이미지는 하나님 자신에 대한 일종의 지식—비록 속성상 모호하기는 하지만—을 제공한다. 영혼은 하나님의 아름다움을 반영한다.

---

9 Gregory of Nyssa, *From Glory to Glory: Texts from Gregory of Nyssa's Mystical Writings*, intro. by Jean Daniélou, ed. and trans. Herbert Musurillo (1961; reprint, Crestwood, NY: St. Vladimir's Seminary Press, 2001). 이후에 이 책을 인용할 때는 페이지를 본문에 괄호로 표기했다.

따라서 말씀에 의해 정화되고 모든 죄를 벗어 버린 영혼은 그 안에 태양의 둥근 형태를 받고 이제 이 반영된 빛으로 빛난다. 따라서 말씀은 영혼에게 이렇게 말한다. 너는 이제 내 빛에 가까이 다가왔기 때문에 아름다워졌고, 나와 가까워짐으로써 아름다움에 이렇게 참여할 수 있게 되었다. (p. 171)

그레고리오스가 사용하는 "참여"라는 용어가 중요하다. 이는 영혼이 단지 하나님과 외재적 혹은 명목적으로 연결되는 게 아니라 하나님의 삶에 실재적·천상적으로 참여함을 누리는 특권을 지닌다는 뜻이다.

역설적으로, 그레고리오스는 하나님과의 가장 친밀한 연합(세 번째 방식)을 어둠에 진입하는 것으로 묘사한다. 그레고리오스가 설명하길, 영혼은

영의 작용에 의해 비가시적이며 불가해한 것을 관통할 때까지 계속 더 깊이 들어가며, 그곳에서 영혼은 하나님을 본다. 우리가 구하는 바의 참된 전망과 참된 지식은 그야말로 보지 않는 데, 우리의 목표가 모든 지식을 초월하며 그 목표는 모든 곳에서 이해할 수 없음이라는 어둠에 의해 우리에게서 단절되어 있음을 깨닫는 데 있다. 따라서 이 빛나는 어둠을 관통했던 그 심오한 복음서 기자 요한은 우리에게 "본래 하나님을 본 사람이 없으되"(요 1:18)라고 말하며, 이렇게 부정함으로써 우리에게 아무도—정말로 어떤 창조된 지성도—하나님에 관한 지식을 얻을 수 없다고 가르친다. (p. 118)

역설적 표현을 선호했던 그레고리오스는 신비적 삶의 목표를 묘사하기 위해 "빛나는 어둠"에 관해 이야기한다. 분명히 이 목표는 단지 하나님에 관한 지적 지식이 아니다. 그레고리오스는 "이해할 수 없음이라는 어

둠"은 목표가 우리 너머에 존재함을 뜻하기 때문에 이 목표는 모든 지식을 초월한다고 주장한다. 카파도키아의 교부는 아무도 하나님에 관한 지식을 얻을 수 없다고 대담하게 선언한다.

둘째, 그레고리오스는 인간의 지식이 하나님의 본질을 파악할 수 없기 때문에 제한적이라고 보았다. 이미 살펴보았듯이, 그레고리오스에게 참된 의미에서 인간의 담론은 하나님의 진리를 파악할 수 없다. 따라서 그레고리오스는 "잠잠할 때가 있고 말할 때가 있다"는 전도서의 명령(전 3:7)이 말하기보다는 침묵을 우선시한다고 지적한다. 이런 지적은 말로 표현할 수 있는 인간의 능력을 훨씬 뛰어넘는 하나님의 초월성을 성찰할 기회를 제공한다.

> 이 본문에서 나는 인간의 말이 모든 생각과 모든 개념을 초월하는 실재, 악으로 인해 망가진 영혼이 끊임없이 추구하며 일단 발견한 다음에는 연합되기를 열망하는 실재를 표현할 수 없기 때문에 침묵이 먼저 언급되어 있다고 생각한다. 그리고 고집스럽게 그것을 말로 표현하려고 하는 사람은 자신도 모르게 하나님께 죄를 범하게 된다. 우주를 초월하신다고 우리가 믿는 그분은 틀림없이 말도 초월하시기 때문이다. (p. 126)

그레고리오스에게 하나님의 본질은 인간의 이해를 초월하며, 그렇기 때문에 궁극적으로 인간은 침묵해야 한다. 창조 질서와 정화된 영혼의 관찰이 하나님에 관한 어느 정도의 지식을 제공할 수도 있다. 하지만 하나님 자신은 인간의 시야를 초월해 계신다. 따라서 그레고리오스는 하나님을 아는 인간의 능력에 관해 참된 의미의 겸손을 지니고 있었다. 다니엘루는 그레고리오스에게는 하나님에 관한 긍정적 말하기가 결국에는 부정에 의해 압도되기 때문에 그는 궁극적으로 부정신학자('apophatic' theologian)라고 설명한다(p. 30). 그레고리오스가 보기에 "하나님을 알 수 있다고 생각하는 사람에게는 사실 생명이 없다. 그는 참된 존재 대신 자신의 상상력으로 만들어 낸 무언가에 관심을 쏟고 있기 때문이다"(p. 146). (니케아의 삼위일체 신학을 강력히 옹호했던) 그레고리오스는 결코 하나님에 대한 긍정적 명명에 반대하지 않았지만 언제나 자신의 독자들에게 그런 명명이 우리가 이해할 수 없는 하나님의 무한한 타자성에 대한 겸손한 인정에 뿌리내리고 있어야 함을 상기시켰다.

셋째, 다니엘루는 그레고리오스의 '에펙타시스'(epektasis, 끊임없는 완덕의 추구) 교리를 특별히 강조한다. 이 교리는 인간의 지식이 속성상 참여적이며 하나님의 본질의 불가해함 때문에 부적합하다는 그의 주장에 기인한다. 그레고리오스는 바울이 앞에 있는 것을 "잡으려고"(epekteinomenos) 한다고 말하는 빌립보서 3:13에서 에펙타시스 개념을 가져왔다. 그레고리오스에게 이것은 하나님을 향한 영혼의 상승은 결코 그치지 않을 것임을 뜻한다. 하나님의 무한하심은, 우리의 지식이 자라더라도 하나님이 여전히 우리의 이해 너머에 계심을 뜻한다. 따라서 그레고리오스에게 빌립보서 3:13의 의미는 이렇다.

> 선의 복된 본질에 우리가 계속해서 참여할 때 매 순간 우리가 받는 은총은 실로 크지만 우리가 당장 붙잡을 수 있는 것 너머에 있는 그 길은 무한하다. 이는 하나님의 선에 참여하는 사람들에게 언제나 일어나는 일이며, 그들은 언제나 영원토록 은총에 참여함을 점점 더 많이 누리게 될 것이다. (pp. 211-212)

그레고리오스에 따르면, 하나님의 무한하심은 우리가 덕에서, 따라서 하나님을 아는 데서 아무리 많은 진보를 이룬다고 하더라도 하나님은 언제나 여전히 더 크심을 암시한다. 사실 천상적 참여의 여정은 여전히 영혼을 그의 목표에서 분리하는 거리를 결코 단축시키지 못한다. "당신께서는 언제 높이 올라가고 있는 이들의 능력보다 똑같은 정도로 더 높으시며 더 고귀하십니다"(p. 212).

에펙타시스 교리가 표상하는 신비적 접근 방식에 매혹을 느끼는 다니엘루는 영혼의 진보에 두 양상이 존재하며 이 둘 모두 그리스어 표현에 암시되어 있다고 설명한다.

> 한편으로, 하나님과의 일정한 접촉, 실재적 참여, 신화(divinization)가 존재한다[그리스어 '에피'(*epi*): '-에' 혹은 '-을 향해']. 참된 의미에서 영혼은 신적인 것으로 변화된다. 영혼은 참으로 성령, 프뉴마(*pneuma*)에 참여한다. 하지만 동시에 하나님은 언제나 너머에 계시며, 영혼은 언제나 자신 밖으로 나가야 한다[그리스어 '에크'(*ek*): '-의 밖으로']. 혹은 영혼은 더 많은 것을 발견하기 위해 그것이 도달한 단계를 계속해서 넘어서야 한다. (p. 59)

다니엘루는 하나님에 관한 인간의 진리 주장에 대한 그레고리오스의 접근 방식이 참된 천상적 참여를 암시하는 동시에 무한한 신적 초월을 유지함을 깨달았다.

그레고리오스의 접근 방식은 이 책에서 줄곧 논하고 있는 플라톤주의-기독교적 종합의 탁월한 사례다. 하지만 여전히 물음은 남아 있다. 어떻게 우리는 참여와 초월을 동시에 주장할 수 있는가? 우리는 근대성의 진리 주장이 신비와 초월을 위한 여지를 거의 남겨 두지 않았음을 이미 살펴보았다. 그리고 드 뤼박과 다니엘루가 반대했던 신토마스주의 신학에서는 '새로운 신학'에서 주창한, 니사의 그레고리오스 같은 동방 교부 되찾기에 우호적 태도를 거의 취하지 않았다. 드 뤼박과 다니엘루는 그들의 '원천으로 돌아가기' 기획에 대한 신토마스주의의 의심이 스콜라주의 전통을 괴롭혔던 주지주의까지 거슬러 올라갈 수 있다고 확신했다. 스콜라 신학에서는, 하나님에 관한 영원한 교의적 진리가 땅으로 내려왔으며 올바른 신학은 이 교의적 진리를 제대로-교회의 교의에 분명히 진술되어 있듯이-파악할 수 있다고 생각했다. 신토마스주의자들은 이 교의적 진리가 하나님의 진리 자체와 일치한다고 확신했다. 하지만 스콜라 신학에서는 진리를 적극적으로 강력하게 주장했지만 그레고리오스가 가르친 부정의 겸손을 물려받았는지는 분명하지 않다. 스콜라 신학에서는 앎을 진리로 들어가는 것이라기보다는 진리를 파악하는 것에 관한 문제로 보았다.

'새로운 신학'을 비판하는 신토마스주의자들은 플라톤주의-기독교적 종합 되찾기를 의심스럽게 바라보았다. 저명한 신토마스주의자인 레지날드 가리구라그랑주(Réginald Garrigou-Lagrange, 1877-1964)에 따르면 진리는 대상과 지성의 대응(adaequatio rei et intellectus)이다.[10] 인간의 진술은 실재에 대응하거나 대응하지 않는다. '빛나는 어둠' 같은 역설적 언어나 말하기보다 침묵을 더 높이는 것처럼 보이는 진술은 스콜라주의적인 가톨릭 주류와 잘 어울리지 않았다. 신토마스주의자들은 '새로운 신학'의 교부 되찾기 이면에서, 18세기 철학자 임마누엘 칸트(Immanuel Kant,

---

10 가리구에 관해서는 Richard Peddicord, *The Sacred Monster of Thomism: An Introduction to the Life and Legacy of Réginald Garrigou-Lagrange* (South Bend, IN: St. Augustine's, 2005)를 보라.

1724-1804)가 신학에 도입한, 인간 경험에 대한 주관주의적 강조를 감지해 냈다. 드 뤼박과 다니엘루 같은 신학자들이 진리의 명제적 성격보다 신앙이라는 인간 경험에 초점을 맞춤으로써 복음이라는 진리의 교의적 내용을 포기했다는 것이다. 다시 말해서 근대성에 항복한 것은 신스콜라주의가 아니라 '새로운 신학'이라는 주장이었다.

앙리 부이야르의 진리의 유비

'새로운 신학'에 대한 신토마스주의의 비판은 이해할 만하지만 대체로 근거가 없었다. 근대성과 공모했다는 신토마스주의의 비판은 '새로운 신학'의 저술 다수에 깊이 스며들어 있는 한 가지 중요한 요소의 의미를 인식하지 못하고 있다. 바로 '진리의 유비'(analogia veritatis) 개념이다. 이 개념은 두 가지를 강조하는 성례전적 원칙이다. 한편으로, 이는 인간의 담론이 성례전처럼 하나님의 진리에 참여하며, 따라서 하나님의 진리가 교회의 교의적 진술 안에 실제로 나타나 있음을 뜻한다. 다른 한편으로, 이는 신적 진리의 신비가 인간의 말을 무한히 초월함을 뜻하기도 한다. 다시 말해서, '새로운 신학'에서 말하는 '진리의 유비'는 그레고리오스의 접근 방식을 반영한다. 즉, 이 개념은 참된 천상적 참여를 내포하지만 동시에 무한한 신적 초월을 유지한다.

그렇다면 '새로운 신학자들'이 말하는 '진리의 유비'란 정확히 무엇을 뜻하는가? 4장에서는 보다 더 흔히 사용되는 개념인 '존재의 유비'(analogia entis)를 다뤘다.[11] 거기서 우리는 위대한 전통이 플라톤주의 전

---

11 4장에서 소제목 "스코투스와 존재의 일의성" 이하를 보라.

통의 범신론에 대해 심각하게 유보적인 자세를 가지고 있음을 분명히 밝혀 두기를 원했다는 것을 살펴보았다. '존재의 유비'란 피조물의 존재가 하나님의 존재와 비슷하거나 유비적이지만 동시에 창조주와 피조물의 무한한 차이가 존재한다는 뜻이다. 창조주와 피조물의 관계는 속성상 성례전적**일 뿐**이다. 하나님과 피조물의 무한한 차이가 여전히 남아 있다. '진리의 유비' 개념에서는, 우리가 하나님의 **존재**와 피조물의 **존재**의 유비적 혹은 성례전적 관계뿐만 아니라 하나님의 **진리**와 피조물의 **진리**의 유비적 혹은 성례전적 관계에 대해서도 말할 수 있다고 주장한다. 실제로 우리는 영원히 초월적인 셋ㅡ진선미ㅡ이 각각 지상적 진선미 안에 반영되어 있다고 말할 수 있다. 달리 말하면, 인간의 진선미는 천상의 진선미에 성례전적으로 참여한다.[12]

'새로운 신학'에서 말하는 '진리의 유비' 개념은 그저 신적 진리와 인간적 진리의 관계를 설명하는 추상적 방식에 그치지 않는다. 이 개념은 특정한 신학적 문제에도 영향을 미친다. 앙리 부이야르의 『성 토마스 아퀴나스의 회심과 은총 이해』(*Conversion et grâce chez S. Thomas d'Aquin*, 1944)를 통해 이를 분명히 확인할 수 있다. 푸르비에르 예수회 수도사 학교에서 드 뤼박과 함께 재직하던 더 젊은 동료 부이야르는 이 책에서 토마스 아퀴나스의 신학에 관한 매우 논쟁적인 사상 몇 가지를 주장한다.[13] 특히 부이야르의 해석은 화체설에, 또한 의롭다고 칭하시는 은

---

12 루이 샤를리에(Louis Charlier), 마리도미니크 셔뉘, 앙리 부이야르, 장마리 르 블롱(Jean-Marie Le Blond), 한스 우르스 폰 발타사르뿐 아니라 '새로운 신학'의 선구자들[모리스 블롱델(Maurice Blondel), 피에르 루셀로(Pierre Rousselot), 조제프 마레샬(Joseph Maréchal)]의 글에서도 유비적 진리 개념을 발견할 수 있다. Boersma, "Analogy of Truth"를 보라.

13 Henri Bouillard, *Conversion et grâce chez S. Thomas d'Aquin: Étude historique*, Théologie, no. 1 (Paris: Aubier, 1944).

총에 있어서 하나님의 주도권의 우선성에 물음표를 붙이는 것처럼 보인다. 중요한 문제겠지만 여기서 이런 신학적 이슈를 다룰 필요는 없다. 흥미로운 점은 부이야르가 자신의 신학적 주장을 변호하는 방식이다. 물론 그는 신스콜라주의 신학자들이 그가 확립된 가톨릭 교의를 바꾸려 한다고 우려할 것을 잘 알고 있었다. 이는 그들에게 상상조차 할 수 없는 일이었다. 어떻게 진리—대상과 지성의 대응인—가 바뀔 수 있단 말인가? 특히 교회가 하나님의 영원한 진리의 수납자라면, 푸르비에르 출신의 젊은 예수회 학자가 무슨 권리로 그것을 바꿀 수 있다는 말인가?

부이야르는 이런 우려에 공감했다. 그는 진리가 한 사람의 역사적·문화적 맥락에 전적으로 의존한다고 보는 탈근대적 상대주의자가 아니었다. 부이야르는 그런 회의주의가 영원한 신적 진리와 현세적인 인간의 진리 주장 사이의 연결고리를 끊어 버린다는 것을 알고 있었다. 철학적으로 말해서, 그런 관점은 인간의 하나님에 관한 지식을 순전히 모호한(equivocal) 것으로 간주한다고 말할 수 있다. 우리가 하나님에 관해 사용하는 언어와 하나님이라는 실재의 대응 관계가 존재하지 않는다는 것이다. 부이야르는 신토마스주의자들에게 동의하면서 그런 모호성은 교의적 진리 주장을 불가능하게 하리라고 말한다. 혹은 적어도 교의적 진리 주장은 전적으로 우리의 현세적 지평에 제한될 것이며, 교회는 신적 계시에 기인하기 때문에 사람들이 신뢰할 수 있는 어떤 긍정적·항구적 진리 주장도 할 수 없을 것이다. 물론 하나님에 관한 그레고리오스의 부정신학적(apophatic), 즉 부정적(negative) 진술에 의거해 그런 모호성을 변호하려는 사람도 있을 것이다. 그러나 그레고리오스가 불가해한 하나님 앞에서 겸손했다고 해서 우리가 어떤 의미에서 하나님께 나아갈 수 있다는—즉, 영혼이 하나님께 천상적으로 참여하기를 누릴 수 있다는—주장을 할 수 없다고 생각한 것은 아니었다. 모호성은 그레고리오스의 부정신학(apophaticism)과 전혀 다르다. 그것은 우주적 태피스트리의 해체에 기인한 탈근대적 산물이다.

하지만 부이야르는 모호성에 대한 신토마스주의의 대안이 위대한 전통에 충실하다고 확신하지 않았다. 그에게 스콜라주의 전통의 주지주의는 진리를 이해할 수 있는—특히 **신적** 진리를 이해할 수 있는—인간의 능력을 너무 많이 신뢰하는 것처럼 보였다. 하나님의 영원한 진리와 우리의 현세적 진리 주장 사이에 연결고리가 존재한다고 주장하는 것은 가능하다. 하지만 부이야르는 신토마스주의자들이 이 연결고리를 강조함으로써 둘의 무한한 차이를 놓치고 있다고 우려했다. 결국 인간의 지식이 하나님의 자기 지식의 완전하고 적합한 표현이라는 주장은 오만함의 극치일 뿐이다. 설령 신적 계시와 교회가 공식적으로 선포한 교의적 진리의 진술을 다루고 있다는 사실을 고려한다 해도, 인간은 절대로 하나님의 진리를 완전히 이해한다고 주장할 수 없다. 인간의 진리 주장의 적합성에 관한 신토마스주의의 확신은 "우리가 추구하는 바에 관한 참된 지식은 바로 보지 않는 데 있다"고 주장했던 그레고리오스의 관점 같은 플라톤주의-기독교적 관점과 조화를 이루지 못하는 것처럼 보였다.

신토마스주의자들은 한 극단에서 다른 극단으로, 모호성에서 일의성으로 도약한 것처럼 보였다. 그들은 인간의 지식과 하나님의 지식의 차이를 인정하지 않는 것처럼 보였고, 교회의 교의적 진술을 하나님의 영원한 진리가 참인 것과 같은 방식으로 참되다고 여겼다. 위대한 전통의 시기 내내 신학자들은 그러한 일의적 진리 주장과 거리를 두었다. 존경

받는 동료였던 앙리 드 뤼박과 더불어 부이야르는 그런 일의적 진리 주장이 근대에 신비가 퇴조한 결과였음을 깨달았다. 상징주의가 변증법으로 대체되자 진리에 대한 참여적 접근 방식은 진리를 지배해야 할 무언가로 보는 일의적 접근 방식에 압도당하고 말았다.

부이야르 및 다른 '새로운 신학자들'이 직면한 물음은 까다로운 것이었다. 일의성이라는 오만한 태도와 모호성이라는 회의적 포기 사이의 딜레마를 극복하는 방법이 정말로 존재하는가?[14] 달리 표현하자면, 니사의 그레고리오스 같은 신학자들의 플라톤주의-기독교적 접근 방식을 신학적으로 진술할 수 있는가? 부이야르 및 다른 이들은 전통적인 유비의 교리가 참된 대안을 제시한다고 믿었다. 장마리 르 블롱(Jean-Marie Le Blond)은 부이야르의 책에 대한 논쟁이 벌어졌을 때 그를 변호하고 나선 신학자 중 한 명이었다.[15] 르 블롱은 존재의 유비(*analogia entis*)에 관해 이야기할 수 있듯이 진리의 유비(*analogia veritatis*)에 관해서도—또한 선함과 아름다움의 유비에 관해서도—이야기할 수 있다고 주장했다. 구체적으로 이는 토마스 아퀴나스의 탁월한 체계조차도 신적 진리 자체와 동일하지는 않다는 뜻이다. 인간의 진리와 하나님의 진리의 일의적 관계는 존재하지 않는다. 진리의 인간적 진술은 언제나 신적 진리에 유비적으로 참여하는 것일 뿐이다. 하나님의 계시는 물론 하나님에 관해 긍정적 진술을 할 수 있게 해 주지만, 그런 진리 주장은 하나님의 자기 지식이 참된 지식이라는 것과 똑같은 의미에서 참된 지식을 제시하지는 못한다. 유비의 교리는 유사성을 상정하면서도 창조주와 피

---

14 토머스 구아리노는 *Foundations of Systematic Theology* (New York: T. & T. Clark, 2005), pp. 239-253에서 이 딜레마를 다루며 명쾌하게 해설한다.
15 Jean-Marie Le Blond, "L'Analogie de la vérité: Réflexion d'un philosophe sur une controverse théologique", *Recherches de science religieuse* 34 (1947): pp. 129-141.

조물의 무한한 차이를 견지하고자 한다.

그러므로 하나님 안에 있는 진리와 피조물이 이해할 수 있는 진리의 무한한 차이가 유지된다. 부이야르는 자신의 대안적 접근 방식을 다음과 같이 간결하게 설명한다. "하나의 동일한 계시된 진리가 (아우구스티누스주의, 토마스주의, 수아레스주의 등) 다른 체계로 표현된다면, 그것을 설명하기 위해 사용하는 다양한 개념은 '모호'하지도 않고(그렇지 않다면 더 이상 같은 것에 관해 이야기할 수 없다) '일의적'이지도 않으며(그렇지 않다면 모든 체계가 동일할 것이다) '유비적'이다. 즉, 이런 개념들은 같은 실재를 다른 방식으로 표현할 뿐이다."[16] 다시 말해서, 부이야르는 '진리의 유비'가 제3의 길, 즉 모호성과 일의성이라는 함정을 모두 피할 수 있는 길을 제시한다고 주장한다.

부이야르는 영원한 "확증"과 현세적 "표상"을 구별함으로써 하나님 안에 있는 진리와 여기 아래에서 발견한 진리의 차이를 설명한다. "역사는…개념들의 상대성, 신학이 형태를 취하는 구조들의 상대성, 그것들을 통제하는 항구적 확증을 동시에 드러낸다. 신학의 현세적 조건을 알아야 하는 동시에 신앙에 관해 절대적 확증, 성육신하신 하나님의 말씀을 제시할 수 있어야 한다."[17] 부이야르는 다른 표상을 통해서 같은 영원한 확증을 진술하는 것이 가능하다고 주장한다. 그는 이것이 신학이 교회가 과거에 사용했던 특정 표현에 언제나 반드시 구속되는 것은 아니라는 뜻이라고 믿는다. 20세기 프랑스의 신학자들은 13세기 파리의 신학자들과 다른 문화적 환경 속에서 살고 있다. 따라서 부이야르는 오

---

16 Henri Bouillard, "Notions conciliaires et analogie de la vérité", *Recherches de science religieuse* 35 (1948): p. 254.
17 Bouillard, *Conversion et grâce*, pp. 220-221.

늘날의 신학자들은 변하지 않으며 영원한 같은 확증을 표현하기 위해 다른 표상을 사용하도록 부르심을 받았다고 믿는다.

부이야르의 접근 방식은 함정으로 둘러싸여 있어서, 그를 비판하는 신토마스주의자들이 우려하는 이유를 쉽게 이해할 수 있다. 플라톤주의-기독교의 전통이 옳았으며 인간의 진리 진술이 정말로 하나님의 진리에 성례전적으로 참여한다고 가정해 보자. 이는 우리의 인간적 표상 안에 신적 확증의 '실재적 임재'가 존재함을 뜻한다. 말하자면 교리적 언어가 (비록 신적 진리를 완전히 파악하지는 못하더라도) 신적 진리 안에 붙잡혀 있다. 그러므로 우리의 인간적 표상에 일어나는 모든 변화는 이런 변화가 그것이 영원한 신적 확증과 맺고 있는 관계에 어떤 작용을 하는지에 관한 질문을 제기할 것이다. 예를 들어, 가톨릭교인들은 실체(substance)와 우유(accidents)의 철학적인 아리스토텔레스주의적 구별이 기독교 교의라고 주장하지 않지만, 그럼에도 '화체설'의 언어가 가톨릭의 성만찬 교리에 들어 있다. 표상('화체설' 담론)을 바꾼다면, 이는 불가피하게 이런 변화가 신적 진리의 영원한 확증에 어떻게 영향을 미칠 것인가에 관한 질문으로 이어진다. 이와 마찬가지로 신조에서는 삼위일체 교리를 표현하기 위해 그리스 철학의 용어―'본성'(우시아)과 '위격'(휘포스타시스)―를 사용한다. 신조의 의도는 보편자(우시아)와 개별자(휘포스타시스)의 철학적 구별을 확립하려는 게 아니었다. 하지만 동시에 용어의 변화는 부이야르가 영원한 "확증"이라고 부른 것에 반드시 영향을 미칠 것이다. 인간의 담론이 하나님의 진리에 성례전적으로 참여한다는 것은 인간의 언어가 신성하며, 따라서 마땅히 최고로 주의를 기울여 다뤄야 함을 뜻한다. 난점은, 처음부터 안전한 결과물을 보장하는 구별된 방법이 존재하지 않는 것처럼 보인다는 것이다.

드 뤼박, 다니엘루, 부이야르는 위대한 전통의 신비 신학에 몰입하기는 했지만 그들이 거기서 발견한 진리에 대한 성례전적 접근 방식을 포기하려고 하지 않았다. 그들이 니사의 그레고리오스 같은 신학자들을 통해 발견한 것은, (1) 인간의 진리 주장에 대한 긍정적 강조―영원한 하나님의 진리에 대한 인간의 진리 진술의 실재적 참여에 기초한―와 (2) 영원한 하나님의 진리가 우리가 할 수 있는 모든 진리 주장을 무한히 초월함을 인정하는 자세의 탁월한 결합이었으며, 이는 성례전적 실재(res)의 신비가 인간 담론의 특수성(sacramentum)을 훨씬 초월한다는 사실에 근거를 두고 있었다. 물론 신적 진리에 유비적으로 참여하는 이 '세 번째 길'은 쉬운 길이 아니다. 어떤 이들은 인간의 표상을 신적 확증에서 분리함으로써 이를 전복하여 상대주의로 빠지려는 유혹을 받을 수 있다. 다른 이들은 둘 사이의 정태적 동일성을 주장함으로써 이를 약화시키려는 유혹을 받을 수도 있다. 이런 어려움이 있음에도 '새로운 신학'은 플라톤주의-기독교의 전통이 우주의 성례전적 실재를 제대로 설명해 내는 것처럼 보이기 때문에 이 전통에 끌렸다.

나는 지금이 복음주의자들이 진리를 영원하신 하나님의 말씀이라는 진리에 닻을 내리고 있는 성례전적 실재로 보는 '새로운 신학'의 관점에 눈을 돌리기 좋은 때라고 믿는다. 데카르트와 베이컨의 방법이 갖는 확실성이 오랫동안 서양 문화를 장악했을지도 모른다. 그러나 점점 더 많은 복음주의자가 이런 방법들 안에 내포된 일의적 진리관이 심각한 문제를 안고 있음을―무엇보다도 하나님의 신비를 겨냥하는 신학적 담론에는 적합하지 않음을―깨닫고 있다. 동시에 복음주의자들이 탈근대적 회의주의의 모호성으로 선회한다면 이 역시 비극적 실수가 될 것이다. 플라톤주의-기독교적 종합을 대담하게 회복함으로써 복음주의가 직면한 현재의 딜레마를 극복할 수 있는 진정한 방법을 발견할 수 있을 것이다. 더 나아가 이런 '원천으로 돌아가기'는 대단히 반가운 교회 일치적 기회가 될 것이다. 동시대의 가톨릭교인들이 자신들에게 성례전적 유산이 있음에도 복음주의자들이 직면한 것과 동일한 도전에 직면하고 있음은 말할 나위도 없다. 때로는 제2차 바티칸 공의회 이후 가톨릭 내에서 나타난 다원주의가 표상과 확증의 관계를 한계점까지 확장시키는 것처럼 보이며, 따라서 가톨릭교인들에게도 탈근대적 모호성이 더 이상 낯설지 않다. 성례전적 진리관의 재천명을 함께 추구하는 과정을 통해 가톨릭교인들과 복음주의자들은 서로를 받아들이는 자세를 기를 수 있을 것이다.

10장

성례전적 훈련으로서의 신학

내가 가장 좋아하는 영화 중 하나는 가브리엘 악셀(Gabriel Axel)의 〈바베트의 만찬〉(Babette's Feast, 1987)이다. 영화는 1870-1871년 보불전쟁 당시 전시 상황으로 인해 덴마크 유틀란트의 외딴 해안가에 자리 잡은 고립되고 내향적인 루터교 종파의 공동체를 찾게 된 프랑스 요리사에 관한 이야기다. 그 종파는 분명 무언가 잘못되어 있다. 제대로 되어 있는 삶이 아니다. 거친 모습으로 나타나 있는 덴마크의 풍광은 이 공동체의 혹독한 현실을 상징한다. 그곳의 인간관계는 무너진 것처럼 보이고, 공동체 설립자의 종교적 취지와 분리된 금욕적 관습으로 인해 사람들은 참되고 선하며 아름다운 삶에 대한 전망을 잃어버리고 말았다. 이 작은 마을은 친교의 낙원이어야 했다. 하지만 험담, 증오, 성적 부정, 편협함, 사기, 절도가 공동체를 피폐하게 만들고 있었다. 영화의 화자는 이 작은 마을의 구성원들은 지상의 사랑이 "가치 없고 공허한 환영일 뿐"이라고 생각한다고 말한다.[1]

---

[1] 나는 *Violence, Hospitality, and the Cross: Reappropriating the Atonement Tradition* (Grand Rapids: Baker Academic, 2004), pp. 219-220에서 〈바베트의 만찬〉의 성만찬적 함의를 논했다.

프랑스 출신 요리사에게 이 작은 종파적 공동체보다 살기 적합하지 않거나 어울리지 않는 곳은 없을 것이다. 그럼에도 이곳은 바베트가 흘러들게 된 곳이다. 종파 설립자의 딸인 마르티나(Martina)와 필리파[Philippa, 마르틴 루터와 필리프 멜란히톤(Philip Melanchthon)을 기념하는 이름이다]는 후줄근한 모습으로 찾아온 이 이방인을 따뜻하게 환영하고 자신들의 집에 손님으로―비록 그의 자리는 이 집의 가사 도우미였지만―머물게 한다. 마르티나와 필리파는 손님이 요리를 잘한다는 것을 알고 있었지만, 그가 예전에 파리에서 가장 고급스러운 식당인 카페 앙글레(Café Anglais)의 주방장이었다는 것은 알지 못했다. 바베트는 이방인이자 손님으로 이 작은 루터교 마을에 왔지만 결국 마을 사람들을 위해 성대한 프랑스식 저녁을 대접하게 된다. 자기를 부인하는 사랑으로 바베트는 복권에 당첨되어 얻은 돈을 마지막 한 푼까지 다 써서, 속으로 적대감을 품고 있었음에도 자신을 그들의 일원으로 받아들여 준 마을 사람들에게 고마움을 표현했다. 만찬으로 놀라운 역할 역전―이방인 바베트가 역설적으로 공동체를 즐거운 성례전적 참여(코이노니아)로 이끄는―이 이뤄졌을 뿐 아니라 그들의 뿌리 깊은 금욕주의가 해체되었다. 만찬에 참석한 한 손님의 말처럼 바베트는 "만찬을 몸의 식욕과 영혼의 식욕이 구별되지 않는 일종의 연애로 바꿔 놓는" 능력을 보여 준다.[2] 바베트가 이 호화로운 잔치를 통해 보여 준 사랑과 돌봄은 마을 사람들이 서로에 대한 원한을 해소하고 서로 용서하고 화해할 기회를 제공한다.

---

2 이는 바베트가 베푼 만찬에서 뢰벤엘름 장군이 한 말이다. 열두 번째 손님인 뢰벤엘름은 사실 공동체 외부 사람이다. 실제로 그는 식사 내내 이방인처럼 행동한다. 그는 세련된 삶을 살아왔고 복잡한 파리의 요리에도 익숙했기에 이 식사의 전반적인 성격을 제대로 이해할 수 있는 유일한 사람이다. 공동체(열두 명의 공동체로서)를 완성하고 그들의 변화를 돕기 위해 이 외부자가 필요했으며, 이 과정에서 그도 자신의 삶을 전적으로 새로운 관점에서 바라보게 된다.

영화의 많은 부분은 복잡 미묘한 식사 자체에 집중하는데, 이 식사를 통해 열두 제자의 공동체는 변화를 경험한다.

신학이라는 분과를 바베트라는 인물에 비유하는 것은 위태로운 시도다. 한편으로, 어떤 사람들은 바베트가 후줄근한 난민으로 덴마크에 도착했음을 지적하고 싶어 할 것이며, 신학과의 유비를 적용하여 신학 역시 닳고 닳았으며 헝클어진 모습이 되었다고 주장할 것이다. 신학은 파리 요리계의 장인으로서 과거의 영광을 잊어버린 지 오래인 바베트를 닮지 않았는가? 토마스 아퀴나스가 신학을 "학문의 여왕"(regina scientiarum)이라고 부르면서 신학에게 부여했던 자리를 차지했던 것이 얼마나 오래전의 일인가? 게다가 복음주의가 문화에 사로잡힌 상황은 장차 이 운동의 안녕에 심각한 위협이 되고 있지 않은가?[3]

다른 한편으로, 바베트가 과거의 영광을 회복하는 데 초점을 맞추고 싶어 하는 사람들이 있을 것이다. 바베트는 파리에 있는 친구가 해마다 그를 위해 갱신해 주었던 복권의 형태로 과거의 파리 생활과 연결을 유지하고 있었다. 그가 복권에 당첨되었다는 편지를 받을 때 그의 지위는 갑자기 바뀐다. 이제 그는 복권 당첨금 전부에 해당하는 1만 프랑의 가치가 있는 정성스러운 식사를 대접할 수 있는 재정적 수단을 갖게 되었다. 현대 복음주의 신학의 수적 양과 학문적 질을 생각하면, 복음주의 신학이 이를테면 거의 복권에 당첨된 것처럼 보이지 않겠는가?[4] 후자

---

[3] David F. Wells, *Above All Earthly Pow'rs: Christ in a Postmodern World* (Grand Rapids: Eerdmans, 2005)를 보라.

[4] Alister E. McGrath, *Evangelicalism and the Future of Christianity* (Downers Grove, IL: InterVarsity, 1995, 『복음주의와 기독교의 미래』, IVP); McGrath, *A Passion for Truth: The Intellectual Coherence of Evangelicalism* (Downers Grove, IL: InterVarsity, 1996, 『복음주의와 기독교적 지성』, IVP)을 보라.

의 입장도 그 안에 많은 진실을 담고 있지만, 나는 복음주의자들을 근대성의 탈성례화된 존재론과 너무 밀접하게 연결하는 문화적 포로 상태를 무시해서는 안 된다고 생각한다. 신학이 정말로 영광스러운 과거의 지위를 되찾으려면 신학이 지금까지 무엇에 몰두하고 있었는지—신자를 신적 삶의 성례전적 존재론으로 이끄는 책무와 더불어—분명히 깨달아야 한다.

이중적 분과로서의 신학

신앙은 복권의 운이 아니라 은혜로우신 하나님의 섭리에 소망을 둔다. 그러므로 신학의 상태와 바베트라는 인물을 어떻게 비교하든지 상관없이 소망의 이유가 존재한다. 따라서 이번 장은 무엇보다도 소망에 근거를 둔 활동이다. 여기서 나는 신학이 다시 한번 되기를 열렬히 바라는 바에 관한 나의 소망을 기술하고자 한다. 나는 신학이 신자들을 영원하신 하나님의 말씀에 대한 성례전적 참여로, 따라서 삼위일체 하나님의 삶 속으로 이끄는 바베트 같은 당당한 모습이 되기를 바란다. 나는 우리 앞에 놓인 책무에 관해 아무런 환상도 가지고 있지 않기에 먼저 현대 사회 안에서 신학이라는 **분과**의 위치를 주의 깊게 성찰해 보기를 원한다.

'분과/훈련'(disipline)이라는 단어에는 다양한 의미가 있다. 『옥스퍼드 영어 사전』(*Oxford English Dictionary*)에 따르면 가장 흔히 사용하는 이 말의 정의는 다음과 같다. (1) "가르침이나 교육의 한 분야, 학습이나 지식의 한 부문, 교육적 측면에서의 과학이나 예술." 이런 의미에서 우리는 신학을 법학, 의학, 철학 같은 다른 학문 분과와 더불어 하나의 분과라고 말할 수 있다. (2) "적합하게 태도를 취하고 행동하도록 학생을 길러 내기 위한 목표를 지닌 가르침, 학자나 하급자를 가르치고 연습시켜 적합하고 질서 있는 행동을 하도록 하는 훈련(training), 정신적이며 도덕적인 훈련."[5] 이 이해에 따르면 신학을 신자들을 훈련시키는 것—신자들을 그리스도인의 삶 속에서 훈련시키고 가르치고 연습시키는 수단으로서 묵상, 기도, 금식 등 '영성 훈련'(spiritual discipline)에 관해 말할 때처럼—이라고 설명할 수 있다. 신학은 그리스도인의 삶을 시작하게 하는 수단이다. 비록 나는 학문 기관에서 가르치는 전문 신학자이지만 두 정의 중 첫 번째가 덜 중요한 정의라고 확신한다. 분과로서 신학의 학문적 성격을 깎아내리려는 의도는 전혀 없지만, 이번 장의 목적은 신학이 두 번째 의미로서의 훈련임을 진지하게 받아들여야만 그 역할을 제대로 완수할 수 있음을 보여 주는 것이다. 신학자는 자신과 더불어 다른 이들을 그리스도인의 삶으로—즉, 하나님의 삶 자체로—들어가게 하는 성스러운 책무를 지니고 있다. 다시 말해서, 학문적 가르침으로서의 신학은 도덕적 실천으로서의 신학으로 이어진다. 진리는 선에 기여한다. 가르침은 생명을 준다. 지식은 입문을 암시한다. 신학은 입문으로, 따라서 그리스도인의 덕으로 이어질 때만 학문 분과로서 그 책무를 충실히 완수할 수 있다.[6]

나는 옥스퍼드의 두 번째 정의, 즉 신자들을 정신적·도덕적으로 훈

---

5 "discipline", *OED Online*, 2nd ed., 2009, http://dictionary.oed.com에서 인용함(2009년 5월 7일 접속).
6 스탠리 하우어워스(Stanley Hauerwas)는 내가 주장하는 성례전적(플라톤주의-기독교적) 경향성을 공유하지는 않지만 그의 신학은 입문, 제자도, 덕을 강조한다는 점에서 칭찬받을 만하다. Hauerwas, "Discipleship as a Craft, Church as a Disciplined Community", *Christian Century* 108, no. 27 (Oct. 1, 1991): pp. 881-884를 보라.

련시키고 가르치며 연습시킴으로써 그들을 그리스도인의 삶으로 들어가게 하는 훈련(discipline)으로서의 신학을 출발점으로 삼고자 한다. 훈련에 대한 이런 묘사는 이 책 1부에서 그 씨줄과 날줄을 설명했던 플라톤주의-기독교적 태피스트리와 잘 들어맞는다. 이 관점에 따르면, 자연적 질서는 하나님의 영원한 삶에 참여하는 것을 하나님이 정하신 목적으로 삼는다. 따라서 사람들을 하나님의 삼위일체적 삶으로 들어가게 하는 것보다 중요한 것은 아무것도 없다. 지복의 전망이라는 초자연적 목적이 훈련으로서의 신학의 책무를 결정한다. 물론 앤드루 라우스(Andrew Louth)가 바르게 강조하듯이, 그러한 플라톤주의-기독교적 관점은 신학의 핵심이 일차적으로 말이 아니라 실재임을 암시한다.[7] 신학은 하나님과의 관계가 일차적으로 외재적 혹은 명목적인 것으로 설명되는 맥락에서는 융성할 수 없다. 훈련으로서의 신학을 위해서는 우리가 하나님과의 관계를 참여적이고 실재적으로 경험하는 환경이 반드시 필요하다. 신학은 성례전적 훈련이다. 우리의 일상적인 창조된 실존이 영원하신 하나님 말씀의 진선미에 사로잡히며, 따라서 은총에 의해 하나님의 삼위일체적 삶에 참여하는 입문이다.

    신학이 성례전적 훈련이라면 이는 2부의 첫 네 장에서 다룬 주제가 신학에 대한 우리의 이해를 규정한다는 뜻이다. 즉, 우리가 성만찬, 전통, 성경, 진리에 접근하는 방식이 입문 과정 지침을 제공한다. 말하자면 신학이라는 훈련은 이 네 요소의 조화로운 협력 없이는 숨 쉴 수

---

[7] Andrew Louth, *Discerning the Mystery: An Essay on the Nature of Theology* (1983; reprint, Oxford: Clarendon/Oxford University Press, 2003), p. 89. "기독교 신앙의 핵심은 단순히 개념적인 무언가가 아니다. 하나의 사실, 더 적절한 표현으로는 하나의 행동—우리를 성부께로 다시 이끌기 위해 우리를 위해 세상 속으로 보냄을 받으신 성자의 행동이자 운동—이다." 참고. Louth, *Discerning the Mystery*, pp. 74-75.

없다. 위대한 아퀴나스 학자이며 제2차 세계대전 이후 혁명적인 파리의 노동자-사제 운동의 열렬한 지지자였던 마리도미니크 셔뉘는 (입문으로서의) 신학이 이 네 요소와 각각 어떻게 연결되어야 하는지를 특히 주의 깊게 성찰했다. 1920년에 발표한 토마스 아퀴나스의 관상(contemplation) 이해에 관한 논문을 시작으로,[8] 도미니코회 소속이었던 셔뉘의 학문적 이력은 신학의 본질에 관한, 관상적 삶과 실천적 삶의 관계에 관한, 신앙과 이성을 둘러싼 물음에 관한 일관된 성찰로 특징지어진다.[9] 그의 책 『신학은 학문인가?』(La Théologie est-elle une science, 1957)에서는 신학의 본질에 관한 대단히 명쾌한 설명을 제시한다. 이 책의 물음에 대한 셔뉘의 균형 잡힌 대답은, 그가 앞선 네 장의 요소들을 제대로 이해하는 맥락에서만 신학이 융성할 수 있다고 믿고 있음을 분명히 보여 준다. 이는 셔뉘가 신학을 궁극적으로 『옥스퍼드 영어 사전』에서 설명하는 두 의미 모두에서 성례전적 훈련으로 이해한다는 뜻이다. 이미 언급했듯이 나에게는 많은 복음주의자가 '분과'(discipline)라는 단어의 첫 번째 의미는 진지하게 받아들이는 것처럼 보인다. 그러나 이를 넘어서서 나는 성례전적 훈련으로서의 신학을 회복하기를 촉구하고자 한다. 이것은 이 단어의 두 번째 정의를 똑같이 진지하게 받아들이지 않는다면 할 수 없는 일이다.

셔뉘의 책에서 네 요소—성만찬, 전통, 성경, 진리—각각을 자세히 논하지는 않는다. 그는 드 뤼박이 성만찬과 교회의 관계를 논하는 방식

---

[8] Carmelo Giuseppe Conticello, "De contemplatione (Angelicum, 1920): La Thèse inédite du P. M.-D. Chenu", *Revue des sciences philosophiques et théologiques* 75 (1991): pp. 363-422.
[9] 셔뉘의 사상 전반에 관한 탁월한 입문서로는 Christophe F. Potworowski, *Contemplation and Incarnation: The Theology of Marie-Dominique Chenu* (Montreal: McGill-Queen's University Press, 2001)를 보라.

으로 이 관계를 논하지는 않지만 첫 번째 요소에 대단히 집중한다. 솔슈아르 신학교의 도미니코회 수도사인 그는 신학에 기초를 제공하는 예전(liturgy)의 더 광범위한 역할에 초점을 맞춘다. 그는 신학이 교회 안에서 적합한 자리를 찾는다고 확신한다. 교회의 예전 안에서 사람들이 신학을 규정하는 말씀을 듣기 때문이다. "교회는 신학자의 영적 집이며, 신학자는 교회 안에서 그의 재료와 그의 빛을 발견한다." 더 나아가 셔뉘는 성례전의 감각적이며 물질적인 기호-"탕, 식사 등"-가 신학 자체를 위해 필수라고 주장한다. "만약…예전이 신학의 살아 있는 원천 중 하나임을, 신학의 '집' 중 하나임을 기억한다면, 계시의 상징적이며 성례전적인 표현이 안으로부터 신앙에 대한 우리의 이해에 얼마나 많은 자양분을 제공하는지를 이해할 수 있을 것이다."[10] 셔뉘에게 신학의 핵심은 추상적·지적 이해가 아니다. 신학은 하나님이 그리스도 안에서 이미 행하셨으며 교회 안에서 계속해서 행하시는 바를 성찰하고 거기에 참여하는 것이다.

셔뉘는 신학이라는 훈련에서 전통이 하는 역할을 자세히 다루지 않았다. 사실 셔뉘는 다른 어떤 '새로운 신학자'보다도 전통의 가변성을 강조했다고 말할 수 있다. 그에게는 분명 가장 강력히 개발된 반항적 성향이 있다. 그는 불필요한 전통적 기반이라고 여겼던 것을 기꺼이 버리려고 했으며, 교회가 동시대적 맥락의 철학적·사회적 발전을 진지하게 받아들이는 것이 중요하다고 생각했다. 셔뉘는 "시대의 징조"에 관해 자주 이야기했다. 물론 그는 교회가 시대의 징조와 연결될 의무가

---

10 이어지는 내용에서 나는 영어 번역본 Marie-Dominique Chenu, *Is Theology a Science?* trans. A. H. N. Green-Armytage (New York: Hawthorn, 1959), pp. 43, 84-85를 사용할 것이다. 이후에 이 책을 인용할 때는 페이지를 본문에 괄호로 표기했다.

있다고 확신했다.[11] 전통이 무엇이었든지 셔뉘는 그것을 그저 과거로부터 내려온 죽은 유물 모음으로 여기지 않았다. 심지어 전통은 셔뉘가 혁명적 정신에 도달하게 된 경로 역할을 했다고 말할 수도 있다. 셔뉘는 꼼꼼한 중세학자였으며, 그의 책에서는 특히 12, 13세기 신학을 파고들어 동시대적 함의를 발굴해 냈다. 그의 아퀴나스 연구─그의 생애 내내 새로운 가능성을 열어 준 '원천으로 돌아가기' 기획─는 교회가 문화적 맥락으로부터 고립된 채 살아서는 안 된다는 그의 생각을 더 강화해 주었다.

그럼에도 셔뉘가 평생 '원천으로 돌아가기' 작업에 헌신했다는 사실 자체가 교회의 전통과의 연속성에 대한 그의 소망을 보여 주는 증거이기도 하다. 교회의 예전이 신학의 주된 집이기 때문에 셔뉘는 전통을 살아 있는 동시에 과거와 연속성을 지닌 것으로 바라보는 태도를 강조했다.

> 나는 이 말씀이 점점 더 거리가 멀어지는 과거로부터 온 낡고 성스러운 본문 안에만 있다고 생각하지 않는다. 나는 오늘날 복음서를 날마다 읽으면서 이 말씀을 발견한다. 나는 교회 안에서 그것을 발견한다. 교회, 즉 신자들의 공동체는 사도적 전승에 의해 그리스도와 연결된 실재적이며 가시적인 공동체, 계시의 저장고와 분배소, 그리스도의 약속에 따라 성령이 거하시는 곳이기 때문이다. (p. 43)

---

11 참고. Potworowski, *Contemplation and Incarnation*, pp. 171-180. 셔뉘가 "시대의 징조"를 반복해서 강조했기 때문에 그는 경솔하게 근대성에 순응하려고 한다는 비판을 받곤 했다. 실제로 셔뉘는 근본적으로 근대성의 탈성례화에 공감하고 있었다. 3장에서 소제목 "자연의 발견" 이하에 제시된 셔뉘에 대한 나의 비판을 보라. 뒤에서 살펴보겠지만, 그럼에도 셔뉘는 신학에 대한 플라톤주의-기독교적 접근 방식에 깊이 공감했으며, 신학의 본질에 관한 그의 책은 이에 관한 탁월한 제안을 담고 있다.

셔뉘에게 전통은 오늘날 가시적 교회를 통해 받는 무언가인 동시에 사도적 전승을 통해 과거와 연결된 무언가다. 그런 의미에서 셔뉘가 가톨릭교인들이 흔히 '실증'(positive) 신학과 '스콜라' 신학이라고 부르는 것을 구분하기를—반복해서, 또한 격렬하게—거부한다는 점은 놀랍지 않다. 이 구분은, 실증 신학은 성경과 전통이라는 역사적 자료에 초점을 맞추는 반면 스콜라 신학은 교리적 정교화에 초점을 맞춘다고 보는 것이다. 셔뉘는 이러한 분리를 종교개혁 이후에 나타난 "중대한 실책"으로 간주하며(p. 45), 이것이 두 분야 모두에서 문제를 만들어 냈다고 생각한다. 그 문제란 실증 신학자들 사이에서 나타난 '역사주의'[자연주의 혹은 내재주의(immanentism)라고 부를 수도 있다]와 스콜라 신학자들 사이에서 나타난 '신학주의'(초자연주의 혹은 외재주의라고 부를 수도 있다)다(p. 118). 따라서 신학의 본질에 관한 셔뉘의 성찰에 역사적 전거가 자주 등장한다는 점은 놀랍지 않다. 셔뉘는 교회의 전통 없이 신학을 할 수 있다고 생각하지 않았다.

실증 신학과 스콜라 신학의 재통합에 대한 셔뉘의 촉구는, 전통뿐 아니라 성경도 신학적 훈련의 핵심이 되어야 함을 뜻한다. 성경의 역할에 관해 그가 하는 말은 어떤 복음주의 그리스도인의 마음도 따뜻하게 할 것이다. 셔뉘가 지적하길, 성경은

신학자에게 그가 실제 작업을 위한 단순한 예비 단계, 그 작업보다 선행하거나 그 작업 외부에 존재하여 그가 일종의 추상적 성숙으로 이끌어야 할 원재료가 아니다. 성경 연구는 흔히 말하는 것처럼 신학을 보조하는 학문이 아니다. 오히려 성경은 살아 있으며 언제나 신선한 신학의 영혼 자체다. 실제로 역사는 가장 충격적인 방식으로 복음으로의 복귀가 언제나 신학을 다

시 젊어지게 하고 정화시켰으며, 그것이 초래한 각성은 외부 압력의 결과가 아니라, 신앙의 가르침에서도 그런 것처럼 신학적 묵상의 내적 각성이었음을 우리에게 보여 준다. (pp. 43-44)

셔뉘는 신학의 영혼으로서 기능하는 성경에 대한 뿌리 깊은 열정을 지니고 있었다. 따라서 그는 중세 대학에서 신학의 '선생들'이 단지 '교수'가 아니었다는 사실을 강조한다. 그들은 "하나님의 말씀이 완전히 살아 움직이게 하는 일"에 임했으며, 여기에는 성경 석의(*legere*), 성경에 관해 묻는 질문에 답하기(*disputare*), 성경 설교(*predicare*)가 포함되었다. 간단히 말해서, 성스러운 가르침(*sacra doctrina*)으로서의 신학은 성스러운 말씀(*sacra pagina*)에 뿌리내리고 있어야 한다(p. 98). 셔뉘는 더 나아가 이렇게 말한다. "신학은 말 그대로 성경적이다. 선생의 신학 학위를 위한 기초 본문은 성경이다. 성 토마스는 학위 논문으로 성경에 대한 주석을 썼다"(p. 94). 셔뉘는 이 책 8장에서 살펴본 것처럼 성경 해석의 문제를 자세히 다루지는 않는다. 그는 역사적 방법에 깊은 인상을 받았지만,[12] 특히 중세 성기에 나타난, 자신이 보기에 과도한 우의화에 해당하는 것에 대한 혐오를 자주 표현했다.[13] 하지만 어떤 해석 방식을 채택하든지, 셔뉘에게 신학이 성경과 분리된 추상적인 스콜라주의적 분과가 아니라는 점은 의심할 나위가 없다. 신학이라는 분과 전체가 거룩한 성경에 근거하고 성경에서 그 내용을 취한다.

마지막으로, 셔뉘의 신학 이해는 인간적 진리와 신적 진리 사이의 밀

---

12 참고. Potworowski, *Contemplation and Incarnation*, pp. 98-113.
13 동시에 셔뉘는 역사적 방법의 한계도 인식하고 있었다. 믿음이 없는, "성경 본문에 대한 순전한 비평적 해석은…껍질 뜯어먹기에 불과할 것이다(성 그레고리오스)"(Chenu, *Is Theology a Science?*, p. 24).

접한, 성례전적인 관계에 의존한다. 셔뉘는 그리스 철학과의 역사적 연관성을 제거한 '순수한' 신학이란 존재하지 않는다고 확신했다. 유명한 교부 신학자들과 중세 신학자들을 열거하면서 셔뉘는 이렇게 선언한다.

> 물론 어떤 사람들은 이 선생들의 철학을 그들의 기독교적 영성의 순수성을 더럽히는 플라톤주의적 혹은 아리스토텔레스주의적 오점이라고 부르면서 이를 제거하고 싶어 할 것이다. 하지만 이것은 오래된 오류—신학을 신앙의 외부에 있는 무언가로 여기면서, 그 주지주의로 인해 신학을 아예 신앙의 영역에서 추방하려고 하는—일 뿐이다. 오히려 신학은 신앙의 성육신에 의해 인간 지성 안에 만들어진 진리 안에 자리 잡고 있다. (pp. 50-51)

셔뉘는 철학과 신학이 서로 반명제적으로 대립한다고 생각하지 않았다. 신학이 역사적으로 헬레니즘 철학과 관계가 있다는 이유로 신학을 교회의 신앙에서 제거해서는 안 된다.

입문으로서의 신학

셔뉘가 토마스 아퀴나스를 계속해서 공부했다는 것은, 그가 특히 진리의 이해에 관해 플라톤주의-기독교 우물을 깊이 들이마셨음을 뜻한다. 셔뉘는 신학이 "하나님 자신에 대한 하나님의 지식에 참여함"이라고 지적한다(p. 24).[14] 셔뉘에 따르면, 인간적 진리에 대한 이 참여적 이해는 우리가 절대로 "신앙을 맹목적 순종으로 받아들인 언어적·개념적 진리

14　거의 동일한 표현을 사용한 pp. 29, 122도 참고하라.

를 단순히 암송하는 것으로 환원해서는" 안 된다는 뜻이다(p. 29). 이런 논평을 신토마스주의자들의 주지주의에 대한 경멸적 힐난으로 해석하지 않기란 어렵다. 셔뉘에게 진리란 신자가 하나님 자신과 세상에 대한 하나님의 지식에 참여적으로 진입하는 것이다. 다시 말해서 진리는 속성상 성례전적이다. 이는 모든 신자가 하나님의 지식(scientia divina)에 참여하는 것을 신학이라고 말할 수 있음을 암시한다. 신학은 입문 훈련이다. 셔뉘는 전형적인 신플라톤주의적 방식으로 이렇게 주장한다. "신학은 입문을 다룬다. 혹은 서방에서 번역될 수 없는 디오니시오스의 말을 사용하자면, 신학자는 신비를 전수하는 자(mystagogue)다"(p. 38).[15] 신학자는 사람들을 천상적 참여로 이끄는 안내자다. 그렇다고 셔뉘가 플라톤주의 전통에 유보적 태도를 취했음을 부인하는 것은 아니다. 그는 분명히 그런 태도를 취했다.[16] 하지만 그는 위대한 전통이 중요한 의미에서 플라톤주의-기독교적 종합의 산물이라는 것도 인정했다. 셔뉘는 아퀴나스의 저작을 통해 만났던 6세기 시리아의 신플라톤주의자 디오니시오스에게서 특히 강한 매력을 느꼈다.[17] 셔뉘는 바베트를 신학이 해야 할 역할의 본보기로 보았다고 말할 수 있다. 신학의 역할은 기쁨이 넘치는 성례전적 참여(코이노니아)를 통해 공동체를 신적 삶으로 이끄는 것이다.

이제 신학에 대한 셔뉘의 전망이 이 책에서 내가 회복하려고 노력하

---

15 셔뉘는 디오니시오스에게 의지해 '입문'으로서의 신학에 관해 자주 이야기한다. 예를 들어 Chenu, *Is Theology a Science?*, pp. 30, 33n4, 63를 보라.
16 이는 특히 셔뉘가 역사를 강조하고 아우구스티누스주의적 몸-영혼 이원론에 반대하는 점을 통해 분명히 드러난다. Potworowski, *Contemplation and Incarnation*, pp. 85-98.
17 플라톤주의에 대한 셔뉘의 긍정적 언급은 매우 제한적이다. 하지만 디오니시오스에 대한 존경은 그의 책 여러 페이지에서 번뜩이고 있다. Chenu, *Is Theology a Science?*, pp. 23, 33, 38-39, 58, 76, 84, 88를 보라.

는 전반적 전망과 조화를 이룸을 분명히 알 수 있을 것이다. 셔뉘의 『신학은 학문인가?』를 앞선 네 장에 대한 주석이라고 부를 수도 있다. 무엇보다도 나는 셔뉘가 이 책에서 신앙과 이성, 신비와 개념을 통합하고 균형 잡는 방식에 매력을 느낀다. 셔뉘는 일곱 장으로 된 이 책에서 신앙과 신비에 각각 두 장을 할애한다. "신앙의 이해"라는 제목이 붙은 2장에서 셔뉘는 신앙이 신학을 "수태한다"고 주장한다(p. 33). 따라서 신앙은 단지 하나님에 관한 개념이 아니라 하나님을 근거로 삼는다. 셔뉘는 신학의 목표를 다음의 인용 안에서 아름답게 설명한다.

> 먼저 대상의 풍성함을 생각해 보라. 신앙의 빛이 나를 그분의 초월의 차원에 이르게 하고 내가 그분의 신비와 육화된 자비 속으로 들어가게 하는 계시에 의하면, 살아 계신 하나님, 살아 계신 진리께서 나를 위해 단순한 정신적 대상이 되신 것이 아니다. 그분은 사랑에 의해 기꺼이 받아들이는, 점점 더 친밀해지는 교제 안에서 그분 자신을 영에서 오는 선물로 주신다. (pp. 30-31)

셔뉘에게 신학 훈련의 목표는 "친밀한 교제"이며, 그는 이것을 매우 복음주의적으로 "내적인 인격적 관계"라고 표현하기도 했다(p. 31). 따라서 ("신학과 신비"라는 제목이 붙은) 『신학은 학문인가?』 3장에서 셔뉘는 신학이 신앙의 삶에 의존하며 한 사람의 영성의 표현이라고 설명한다. "기도와 흠숭 안에서, 그리고 가장 심오한 의미에서의 경건 안에서 하나님의 말씀에 대한 이해인 신학이 태어나고 살아간다"(p. 41).[18] 신앙이 신학이

---

18 1937년에 셔뉘는 신학의 본질에 관한 책을 썼는데, 거기서 그는 신학을 종교적 경험에 기초한 영성으로서의 훈련으로 설명한다[*Une école de théologie: Le Saulchoir* (Kain-Lez-Tournai:

자라는 토양이라면, 신비는 그 목표다. 따라서 하나님이 신학의 '대상'이라고 말할 때조차도 그는 이 용어의 한계를 분명히 자각하고 있었다. "'대상'이라는 말 자체는 철학적으로 어색하며 문자적으로 절대자에게 적합하지 않다. 사실 그분은 말 그대로 초-자연적이시다. 그러므로 그분의 은총이 나에게 부여하는 이 사랑의 교제가 온전히 실현될 때조차도, 내가 얼굴을 마주하고 그분을 뵐 때까지 하나님은 내가 속속들이 이해할 수 없는 분으로 남아 계실 것이다"(p. 39). 셔뉘는 니사의 그레고리오스, 디오니시오스 등이 구현한 부정신학의 플라톤주의-기독교적 세계를 대단히 편안하게 느꼈다.

셔뉘가 신앙과 신비에 초점을 맞춘다고 해서 이성과 개념을 무시했다는 뜻은 아니다. 오히려 그의 책이 학문으로서의 신학을 옹호하는 책이라고 말해도 부적절하지 않을 것이다. 물론 '학문'(science)이라는 단어를 사용할 때 셔뉘는 특정한 방법에 근거한 '자연 과학'이라는 현대적 함의를 염두에 두지 않았다. 일차적으로 그는 하나님에 관한 지식(scientia)이라는 토마스주의적 개념을 염두에 두고 있었다(p. 31). 또한 이미 살펴보았듯이 셔뉘는 이 인간의 지식을 하나님의 지식에 참여하는 것으로 이해한다. 학문은 속성상 신비적이다. 하지만 셔뉘에게 신학의 신비적 성격이 중요한 합리적 구성 요소를 배제하지는 않는다. 이성과 개념을 희생하는 대가로 신앙과 신비에 초점을 맞추는 게 아니다. 신학이라는 훈련은 그것이 입문임을 뜻하지만 동시에 신학은 학문 분과의 형태를 띨 수도 있다. 이처럼 상호 배타적인 것처럼 보이는 요소들의 역설적 조합은 성육신이라는 역설 때문에 가능하다.

Le Saulchoir, 1937)]. 이 책으로 인해 그는 주류 신토마스주의 학파로부터 거센 비판을 받았다. Potworowski, *Contemplation and Incarnation*, pp. 46-55를 보라.

한때 우리에게 하나님의 말씀이 인간의 말과 역사의 무대에 성육신하는 것을 요구하게 만들었던 바로 그 법칙이 이제는 우리에게 이 성육신이 내포한 지식 전체를 완전히 받아들이게 만든다. 신학은 하나님의 말씀, 육신이 되신 말씀이라는 신인적(theandric) 신비와 하나가 된다. 오직 거기에서만 신앙과 이성의 일관성에 대한 확신을 발견할 수 있다. (p. 50)

셔뉘는 성육신이라는 신인적(신적-인간적) 신비를 기대하며, 그 안에서 초자연과 자연 세계의 결합이, 따라서 신앙과 이성의 합류가 이뤄진다고 이해한다.

그러므로 신앙은 단순히 인간적인 것 안에서 이상하게 어울리지 않는 초자연적 요소가 아니다. 신앙이라는 하나님의 선물은 '총체적 선물'이지만 '인간적 속성'이 되었다. 신앙은 인간의 습관(habitus), 즉 인간 본성 안에 '새겨지게' 되는 '덕'이다. 셔뉘가 지적하길, "신앙은 이성 안에 거처를 두고 있으며, 따라서 '신학화'될…자격이 있다"(p. 49). 따라서 신학은 당연히 신앙의 이해를 추구한다. 그러므로 신앙을 이해의 추구(fides quaerens intellectum)로 정의한 성 안셀무스의 말은 옳다. 신학을 공부하는 것은 "신앙의 건강한 행위"이며, "육신의 식욕처럼 신앙의 식욕은 건강 상태의 척도다"(p. 35).

심지어 셔뉘는 중세에 신학 체계가 등장한 것에 찬사를 보내기까지 한다. 그는 '체계'(system)라는 단어를 "그 안에서 다양한 요소가 서로 결합되고 전체 구조를 떠받칠 수 있도록 배치된, 건축적으로 설계된 논리적 총체"로 이해한다(p. 100). 셔뉘는 특정 체계를 신적 진리의 수준으로 높이는 것을 경계하지만 그런 과잉 때문에 신학 체계 자체를 의심할 필요는 없다고 믿는다. 오히려 그는 "신학 체계 전체를 온전하게 유지함으로써—물론 모든 정통에서 신앙의 절대적 진리에 관해 각 체계가 상대적임을 인정하지만—이성의 진리와 신앙의 진리를 더 잘, 더 충실하게 뒷받침할 수 있다"고 주장한다(p. 104). 다양한 신학 체계—물론 토마스주의적 체계가 최고이기는 하지만 그것을 포함해서(pp. 111-113)—의 상대성을 인정하는 한 신앙의 체계화는 열정적인 신앙적 헌신의 건전함을 보여 주는 증거다. 입문으로서의 신학의 훈련은 마땅히 학문 분과로서의 신학을 만들어 낸다.

분과의 통일성

신비와 개념, 신앙과 이성의 통합에 대한 셔뉘의 주장은 학문적 신학의 재통합을 촉구하는 것이기도 하다. 셔뉘는 지혜(*sapientia*)와 학문(*scientia*)을 나누는 이원론을 의심스러워한다. 그는 신학을 곧바로 학문으로 환원하는 것이 문제임을 인정한다. "학문은 신비를 전혀 포착하지 못한다"(p. 119). 하지만 셔뉘는 신학을 지혜로 국한하는 아우구스티누스에게도 똑같이 불만을 가지고 있었다. 그는 아우구스티누스의 접근 방식이 "지혜란…이 세상의 모든 다중적 학문을 내쫓음으로써 얻을 수 있는 것이 아니라는" 사실을 무시한다고 보았다(p. 121). 신실한 신학자라면 바로 학문(*scientia*)을 통해 지혜(*sapientia*)라는 목표에 닿으려고 노력할 것이다. 신학의 최고의 목표는 의심할 나위 없이 하나님에 관한 하나님 자신의 지식이라는 신비에 신비적으로 참여하는 것이다. 따라서 신학자는 학문적 지식이라는 인간의 방식을 절대로 우회하지 않으면서 지혜의 일치에 이르고자 한다(p. 120).

셔뉘의 책은 신학이라는 분과의 통일성에 대한 촉구다. 학문 분과와 입문 훈련, 학문과 지혜, 교의와 영적 신학, 이 모두가 하나로 결합되어 있다. 이것들은 함께 교회 안에, 또한 교회의 신앙 안에 그 기원을 지니고 있다. 함께 전통 안에서, 전통에 의해 형성된다. 함께 성경을 통해 자양분을 얻는다. 함께 진리의 신적 지식에 참여한다. 이 과정에서 셔뉘를 인도하는 빛은 의심할 나위 없이 토마스 아퀴나스다. 그의 신학은 13세기 파리에 있는 고급 식당의 주방장이라는 영광스러운 자리를 차지한다. 셔뉘의 바람은 신학이 신앙과 이성, 신비와 개념의 일치를 회복함으로써 신앙 공동체를 신적 삶에 성례전적으로 참여하는 데로 이끄는 이 역할을 다시 한번 수행하는 것이다. 셔뉘의 『신학은 학문인가?』에서는 '분과/훈련'(discipline)이라는 단어의 두 의미 중 어느 하나도 다른 하나 없이는 번성할 수 없음을 인정한다. 신학은 하나님의 신비 안으로의 입문이라는 훈련에 기여하는 학문 분과다.

하지만 '분과/훈련'이라는 이 단어에 대한 옥스퍼드의 두 번째 정의는 지금까지 내가 논할 기회가 없었던 요소를 지니고 있다. 그 정의는 이렇다. "적합하게 태도를 취하고 행동하도록 학생을 길러 내기 위한 목표를 지닌 가르침, 학자나 하급자를 가르치고 연습시켜 적합하며 질서 있는 행동을 하도록 하는 훈련, 정신적이며 도덕적인 훈련." 이 정의에서는 '태도', '행동', '도덕' 훈련에 초점을 맞추는 것처럼 보인다. 이번 장에서 나는 하나님의 신비의 관상에 초점을 맞췄으며, 이는 분명히 신학이라는 훈련의 목표다. 하지만 이러한 신비로의 입문이 그리스도인의 덕의 삶을 우회하는 것은 아니다. 관상과 행동은 함께 가야 한다.

셔뉘의 책에서는 교의학과 도덕 신학의 분리를 애석해하는 짧은 내용을 제외하면 행동하는 삶에 관해서 많이 이야기하지 않는다(p. 116). 하지만 이 둘을 하나로 묶으려는 셔뉘의 간절한 소망을 언급하지 않는다면 그를 공정하게 다루지 않는 셈이 될 것이다. 나는 이미 셔뉘가 노동자-사제 운동에 관여했음을 언급했다. 많은 사람은 이렇게 당대의 사회 경제적 문제에 관여하는 것이 중세학자로서 그의 연구와 전적으로 분리되어 있다고 생각했다. 셔뉘 자신도 사람들이 두 명의 셔뉘, 즉 "고문서학을 연구하는 나이 든 중세학자와 거룩한 교회의 사격선으로 뛰어드는 불한당 같은 사람"이 있다고 생각하곤 한다고 농담하기도 했다.[19] 하지만 셔뉘는 그런 생각은 오해에 기초한 것이라고 주장할 것이다. 그는 그의 경력 맨 처음부터 관상과 활동이 나란히 갔다고 말한다. 그는 자신의 저술 전반에서 일관되게 이 둘의 일치를 주장한다. 사실 도미니코회 소속이었던 이 학자는 그의 강력한 신플라톤주의적 성향에도 불구하고 '관상'이라는 용어에 대해 주저하는 태도를 보일 정도였다. 그는 이것이 활동적 삶에 대한 경멸로 이어질 수 있는 가능성을 우려했다.

관상적인 삶에도 일종의 속물근성[aristocratisme]이 존재한다. (수도회에 들어가) 관상적 삶과 그 절대성을 강력히 경험했을 때, 나는 그 소용돌이 안에서 나의 마음가짐을 잃어버리지 않았던 것에 하나님께 감사한다. 그럼에도 관상-행동이라는 쌍이 나에게 여전히 현실을 설명하기에는 불충분해 보인다. 그것은 복음 어휘의 일부가 아니다. 우리는 복음에서 관상과 행동의 구별을 발견할 수 없다. 이 구별은 마르다와 마리아의 사건에 적용되지만, 이는 이 일화를 맥락과 상관없이 분리해 만든 것일 뿐이다. 다시 말해서, 나는 이 세상에 몰입하는 것에 우선성을 부여한다. 자신을 세상 속으로 던지지 않는다

---

19 Marie-Dominique Chenu, *Un théologien en liberté: Jacques Duquesne interroge le Père Chenu*, Les interviews (Paris: Centurion, 1975), p. 61.

면 그리스도인으로서 우리의 정체성을 잃어버릴 수밖에 없기 때문이다.[20]

셔뉘에게 세상에 "몰입하기"는 성육신의 신인적 신비의 자연스러운 결과였다. 행동으로 이어지지 않는 관상은 일종의 "속물근성"일 뿐이다.

어쩌면 사람들은 셔뉘가 관상과 행동의, 참여와 덕의 상호 의존을 강조했기를 바랄지도 모른다. 셔뉘처럼 니사의 그레고리오스도 이 둘의 일치를 자주 강조한다. 하지만 두 신학자 사이에 차이도 존재한다. "속물근성"을 우려하는 셔뉘는 관상이 행동에게 자리를 내주는 것이 중요함을 강조한다. 신학자에게는 개입할 의무가 있다! 나는 셔뉘에게서 내가 가르치는 복음주의 학생들의 모습을 본다. 신학이 그들 주변 공동체의 사회적·경제적 필요에 이바지하는 것보다 그들이 더 열정적으로 원하는 것은 없다. 그리고 물론, 그것은 정확히 바베트가 자신이 속하게 된 덴마크의 작은 공동체에서 했던 봉사였다.

관상은 행동으로 이어져야 한다. 그러나 그레고리오스는 그 반대도 참이라고 강조한다. 행동이 관상으로 향하는 길이기도 하다. 덕의 삶은 인간이 신적 삶에 참여할 수 있게 해 준다. 이 관점에서 최고의 목표는 관상이다. 하지만 이 두 접근 방식이 상호 배타적일 필요는 없다. 셔뉘는 관상이 반드시 애덕(charity)으로 이어진다고 바르게 주장했고, 그레고리오스는 덕을 입문 과정 자체로 바르게 보았다. 입문의 여정은 끝없는 주기다. 신학적 훈련이라는 성례전적 여정은 지복의 전망이라는 신비의 "실재적 임재"의 충만함에 도달할 때까지 행동에서 관상으로, 다시 행동으로, 다시 관상으로 이어진다.

---

20 Marie-Dominique Chenu, *Conférence aux Provinciales à Monteils*, 1978 (Archives OP de France), p. 15, Potworowski, *Contemplation and Incarnation*, pp. 26-27에서 재인용.

후기
그리스도 중심적 참여

이 책에서는 위대한 전통의 플라톤주의-기독교적 종합에 대한 변증을 제시했다. 나는 하나님이 우리를 신적 삶으로 이끄시는 방식을 지칭하는 참여, 유비, 성례전의 언어를 사용해 다양한 상호 보완적 방식으로 이 종합을 설명했다. 내가 이 세 표현—참여, 유비, 성례전—이 하나의 같은 실재를 가리킨다고 생각한다는 점이 이제 분명해졌을 것이다. 이 각각은 하나님이 창조 질서로 하여금 그분의 삶의 실재에 참여할 수 있게 하시려고 은혜롭게 스스로를 낮추셨음을 묘사한다. 철학자들은 흔히 '범주적 참여'(predicamental participation)와 '초월적 참여'(transcendental participation)를 구별한다. 범주적 참여에서는 참여하는 대상이 다른 무언가에 온전히 참여한다. 예를 들어, 나의 개 트루퍼는 개라는 종을 온전히 공유한다. '견성'이라는 종 안에 트루퍼가 공유하지 않는 것은 없다. 하지만 초월적 참여에서 참여하는 대상은 작은 정도로만 다른 무언가를 공유한다. 나는 트루퍼의 지능에 꽤나 감탄하지만, 내 지능이 트루퍼의 지능보다 더 낫다고 비교적 확신한다. 트루퍼는 개이며 나는 주인이다. 다시 말해서, 트루퍼는 지능이라는 특징을 희미하게 공유할 뿐이다. 마찬가지로 인간이 하나님의 속성이나 완전하심에 초월적으로 참여한다고 말할 수 있다. 인간이 지혜로울 수 있지만, 그의 지혜는 특히 자신의 지혜가 하나님의 지혜와 전혀 다름을 인정할 때 분명히 드러난다. 하나님의 지혜가 인간의 지혜보다 훨씬 뛰어나다.[1]

초월적 참여와 유비의 교리는 같은 기능을 한다. 실제로 프랜시스 마틴(Francis Martin)의 말처럼 초월적 참여는 "'유비의 존재론'이며, 이것은 하나님의 작용인(efficient causality)을 통해 그분이 형언할 수 없는 본보기가 되시는 무언가에 참여하는 피조물 안의 완전함을 근거로 하나님의 존재에 관해 비록 부적합하지만 바르게 말할 수 있게 해 준다."[2] 우리가 하나님의 존재에 관해 "비록 부적합하지만 바르게" 말할 수 있다고 말할 때 그는 존재의 유비(analogia entis) 교리를 언급하고 있다. 앞서 보았듯이 이 교리는, 위대한 전통에서 우리가 인간의 언어를 사용해 하나님에 관해 말할 수 있지만 우리의 하나님 '이름 짓기'는 절대로 하나님의 존재의 형언할 수 없는 신비를 완전하게 말할 수 없음을 설명하는 방식이다.[3] 마찬가지로 (초월적) 참여의 교리에서는 창조된 존재가 정말로 하나님의 완전하심에—특히 진선미라는 초월에—참여하지만 이 완전함은 하나님 안에 무한하게 다른 방식으로 나타나 있다고 주장한다. 참여와 유비는 하늘과 땅의 관계에 접근하는 다른 두 각도라고 할 수 있다.

이 책 1부에서 그 역사를 추적했던 성례전적 존재론은 하늘과 땅의

---

1 Leo J. Elders, *The Metaphysics of Being of St. Thomas Aquinas in a Historical Perspective*, Studien und Texte zur Geistesgeschichte des Mittelalters, no. 34 (Leiden: Brill, 1993), pp. 225-230.
2 Francis Martin, "Reading Scripture in the Catholic Tradition", *Your Word Is Truth: A Project of Evangelicals and Catholics Together*, ed. Charles Colson and Richard John Neuhaus (Grand Rapids: Eerdmans, 2002), p. 153.
3 앞선 4장에서 소제목 "스코투스와 존재의 일의성" 이하를 참고하라.

관계를 바라보는 또 다른 시각일 뿐이다. 성례전적 존재론에서 하늘과 땅은 아래의 절반이 기껏해야 모호하게 위의 절반을 닮아 있는, 본질적으로 무관한 두 개의 이야기와 같지 않다. 그런 분리는 하늘과 땅 사이의 줄다리기로 귀결될 뿐이다. 그 결과 많은 복음주의자가 현대의 (어쩌면 비환원론적인) 물질주의의 유혹을 거의 물리칠 수 없게 되었다. 이것이 하늘과 땅의 줄다리기라면 전반적으로 세속적인 문화 속에서 어느 쪽이 승리할지 쉽게 예상할 수 있다. 따라서 현대의 복음주의자들은 종말론을 다룰 때 부활의 왕국을 물려받는 것이 물질적 **몸**임을 강조하는 경향이 있으며, 새 창조가 **지상적** 실재라는 사실을 부각한다.[4]

이제는 내가 하나님이 그분의 선한 창조 질서에 대해 신실하시다는 생각이나 새 창조의 지상적 성격에 아무런 이의가 없다는 점이 분명해졌을 것이다. 내가 이의를 제기하는 것은 복음주의자들 사이에 널리 퍼져 있는 반(反)천상적 수사다.[5] 이런 담론은 이생의 현실에 지나치게 초점을 맞출 뿐 아니라—마치 삼위일체 하나님이 아니라 이생의 현실이 궁극적인 것처럼—지복의 전망이라는 전통적 교리를 제대로 설명해 낼 수 없다. 지복의 전망은 하늘과 땅의 플라톤주의-기독교적 통합에 근거한다. 하나님의 천상적 실재가 인간 욕망의 궁극적 '대상'일 때 비로소 "얼굴과 얼굴을 대하며" 하나님을 뵙는 것(고전 13:12)이 바람직한 일이 될 수 있다. 천상적 실재에 지상적으로 참여하는 것을 차단하는 유명론적 존재론을 받아들일 때 하늘과 땅은 대립하게 된다. 그와 대조적으로,

---

4 예를 들어 N. T. Wright, *Surprised by Hope: Rethinking Heaven, the Resurrection, and the Mission of the Church* (New York: HarperOne, 2008), pp. 100-101, 147-163를 보라.
5 예를 들면 폴 마샬(Paul Marshall)이 릴라 길버트(Lela Gilbert)와 함께 쓴 책 *Heaven Is Not My Home: Living in the Now of God's Creation* (Nashville: Word, 1998)의 제목이 생각난다. 『천국만이 내 집은 아닙니다』(IVP).

성례전적 존재론에서는 줄다리기 은유를 우회하며 이를 중세 후기 유명론적 실재 이해의 불행한 결과물로 간주한다. 성례전적 존재론과 더불어 우리는 창조된 실재가 성례전으로서 하나님이라는 천상적 실재를 드러나게 하기 때문에 창조된 실재에 감사할 수 있게 된다.

따라서 참여나 유비처럼 성례전적 언어는 우리의 지상적·시공간적 실재들 안에 나타난 하나님의 실재적 임재와 삼위일체 하나님 자체인 신비의 무한한 초월 모두를 인정한다. 이 성례전적 참여는 요한이 "새 하늘과 새 땅"으로 묘사한 새 예루살렘에서 완전에 이르게 될 것이다(계 21:1). 이러한 종말론적 실재에서는 성례전적 친밀함 혹은 실재적 임재가 완성되어 하늘과 땅이 거의 구별되지 않는 것처럼 보일 것이다. 천상적 실재에 지상적으로 참여하는 것이 완성되어 그 도성 안에는 성전이 존재하지 않을 것이며(계 21:22) 하나님의 '거처'가 우리 가운데 있을 것이다(계 21:3). 요한은 그 이유가 "주 하나님 곧 전능하신 이와 및 어린양이 그 성전이시기" 때문이라고 설명한다. 그는 이 말의 의미를 설명하면서 하나님의 존재 자체의 영광―전에는 성전의 지성소에 국한되었던―이 도성 전체를 가득 채울 것이라고 말한다. "그 성은 해나 달의 비침이 쓸데없으니 이는 하나님의 영광이 비치고 어린양이 그 등불이 되심이라"(계 21:23).

창조 질서의 변화는 인간의 언어가 표현할 수 있는 모든 것을 깜짝 놀랄 정도로 뛰어넘을 것이다. 새 하늘과 새 땅에서 해와 달이 사라진다면 성경이 종말을 묘사하기 위해 사용하는 모든 언어가 성격상 그저 유비적임이 분명할 것이다. 하나님의 본질이라는 영광 자체가 새 예루살렘을 가득 채운다면, 이는 이 도성에 들어가는 모든 것이 철저히 신화될 것임을 뜻할 것이다. 이 땅은 성례전적으로 천상적 실재로 변화될 것이다. 새 예루살렘이란 지상적 상상력을 훌쩍 뛰어넘는 천상적 참여를 뜻한다.

루이스의 『마지막 전투』(The Last Battle) 거의 마지막 부분에서 디고리 경은 "다 플라톤이 가르친 거잖아. 전부 다 말야. **도대체** 학교에서는 뭘 가르친 거야?"라고 농담처럼 말했다.[6] 루이스는 플라톤주의 전통을 대단히 잘 이해하고 있었다. 하지만 나는 그가 말 그대로 플라톤 안에 **모든 것**이 다 들어 있다는 뜻으로 말하지는 않았으리라 생각한다. 루이스는 그리스도인이었으며, 그리스도인은 순수한 플라톤주의자일 수 없다. 자유롭고 사랑이 넘치는 창조주의 의지("내가 만물을 새롭게 하노라!", 계 21:5), 지상에서 피조물이 행하는 활동의 선함("사람들이 만국의 영광과 존귀를 가지고 그리로 들어가겠고", 계 21:26), 삼위일체 하나님의 인격적 성품("모든 눈물을 그 눈에서 닦아 주시니", 계 21:4). 이 모든 것은 플라톤주의 사상을 직접적으로 전유하지 못하게 막는 단호한 장벽을 세운다. 가장 중요한 의미에서, 그리스도인들에게 플라톤의 형상 혹은 이데아는 영원하신 말씀, 하나님의 로고스의 영광스러운 실재를 모호하게 가리킬 뿐이다. 비비언 볼런드(Vivian Boland)는 아우구스티누스가 플라톤의 형상을 기독교적으로 변환시킨 것을 이렇게 요약한다. "기독교 신앙에서는 창조가 하나님의 지혜와 사랑으로부터 시작되었으며, '형상의 자리'는 하나님이 그분을 통해 만물을 창조하신 말씀일 수밖에 없다고 믿는다[창 1장; 요 1:3-4; 골 1:16; 시 103:24]."[7] 플라톤주의-기독교적 종합에서는 영원하신 말씀이 창조 질서의 선함과 준궁극적일 뿐인 그 성격 모두를 보장하는 닻

---

6   C. S. Lewis, *The Chronicles of Narnia* (New York: HarperCollins, 2001), p. 760.
7   Vivian Boland, *Ideas in God According to Saint Thomas Aquinas: Sources and Synthesis*, Studies in the History of Christian Traditions, no. 69 (Leiden: Brill, 1996), p. 79(괄호는 원문의 것).

을 제공한다고 이해한다. 말씀은 피조물이 참여하는 성례전적 실재이자 시간과 공간에 의미를 부여하는 성례전적 실재다.

따라서 기독론이 플라톤주의 전통의 기독교적 변환의 핵심에 자리 잡고 있다. 과거, 현재, 미래가 육신이 되신 영원한 말씀인 그리스도 안에서 결합된다. 성육신은 창조 질서 안으로 하나님이 은혜롭게 진입하심을 통해 과거와 미래를 구속하는, 앞뒤로 뻗어 나가는 규범이자 기준이 된다. 그리스도 안에서 성육신하신 말씀을 모든 실재를 해석하는 열쇠로 삼을 때 우리는 비로소 신학적 진보를 이루고 복음주의자들과 가톨릭교인들이 함께 더 가까워지도록 할 수 있을 것이다. 이것이 내가 이 책 2부에 걸쳐 분명히 제시하고자 했던 바다. 교회는 그리스도의 몸이며, 따라서 교회는 그리스도가 세상 안에 드러나게 한다. 성만찬을 통해 교회의 일치는 성례전적 형태를 취한다.

그러므로 교회 자체가 그리스도의 충만함이라는 종말론적 실재의 성례전이 되는 것은 성만찬의 집례를 통해서다(6장). 그리스도 안에서 하나님의 영원한 현재가 세상 속으로 들어오며, 따라서 과거와 현재와 미래는 성례전적으로 함께 '교회의 시간' 안으로 들어간다. 교리는 시간이 흐름에 따라 불연속적 가르침의 원자화된 조각으로 쪼개지지 않고 발전할 수 있다. 이 발전은 예수 그리스도 안에서 성육신하신 영원하신 하나님의 말씀을 펼치는 것일 뿐이기 때문이다(7장). 구약의 사건들은 그저 먼 과거 역사의 기억으로 축소되지 않는다. 그리스도 안에서 그것들은 성례전적 의미를 갖게 되며, 따라서 더 심오한, 영적인 차원의 의미를 찾는 것이 가능해진다. 결국 그리스도는 구약의 사건들이 가리키고 참여하는 신비이시다(8장). 인간의 지식 자체는 그리스도 안에 있는 하나님의 영원한 자기 지식에 성례전적으로 참여하는 것으로 드러난다. 진리는 마치 인간이 적절하게 지배하는 일이 가능하기라도 한 것처럼 단순한 대상과 지성의 대응이 아니다. 오히려 인간의 지식은 그리스도 안에 그 진리를 두고 있는 실재들의 신비에 대한 탐구다. 진리에 관한 인간의 진술은 하나님의 진리에 성례전적으로 참여하며, 이 진리는 곧 예수 그리스도 안에 표현된 영원한 말씀이다(9장). 따라서 신학은 신자들을 성육신하신 하나님의 아들과의 사귐이라는 실재 안으로, 따라서 영원하신 하나님의 말씀과 맺는 신화의 교제 안으로 이끄는 그리스도 중심적 훈련이다. 신학은 신앙 공동체를 삼위일체의 삶의 참여적 향유로 인도하는 성례전적 책무를 지니고 있다(10장).

이 다섯 가지 재구조화가 각각 복음주의 사상에 도전을 제기하고 있음은 의심할 나위가 없다. 또한 성례전적 언어가 복음주의 맥락보다는 로마 가톨릭 맥락에서 더 편안하게 느껴질지 모르지만, 내가 이 책에서 주창한 성례전적 참여는 현대의 가톨릭교인들에게도 도전을 제기한다. 결국 복음주의자와 가톨릭교인 모두 근대성의 탈성례화에 심각하게 영향받고 있기 때문이다. 이런 도전이 있음에도 나는 앞으로 나아가기 위한―신학적으로뿐 아니라 교회 일치적으로도―유일하게 신실한 길은 성례전적 존재론의 길이라고 확신한다. 위대한 전통의 성례전적 존재론은 종교개혁의 비극적 분열보다 앞선다. 급진적으로 자율적인 자연 영역이라는 문제를 동시에 해결하지 않는다면 이 분열을 치유하는 것은 불가능할 것이다. 가톨릭교인들과 복음주의자들이 서로를 발견하기 위해서는 위대한 전통이라는 '원천으로 돌아가기'에 함께 참여해야 한다. 내가 이 책을 통해 분명히 보여 주고자 했듯이 '새로운 신학'은 이처럼 플라톤주의-기독교적 종합을 함께 되찾는 작업을 위한 중요한 자료를 제공한다. 우리가 영원하신 하나님의 말씀에 함께 성례전적으로 참여하는 일을 더 심화시킨다면, 가톨릭교인들은 복음주의자로 돌아서고 복음주의자들은 가톨릭교인이 될 것이다.

참고도서

Allen, John L. *The Future Church: How Ten Trends Are Revolutionizing the Catholic Church*. New York: Doubleday, 2009.

Anselm, Saint. "Proslogium." *St. Anselm: Basic Writings*. Translated by S. N. Deane. 2nd ed. La Salle, IL: Open Court, 1968. 『모놀로기온 & 프로슬로기온』(아카넷).

Aquinas, Saint Thomas. *Summa Theologica*. Translated by Fathers of the English Dominican Province. 1948. Reprint, Westminster, MD: Christian Classics, 1981. 『신학대전』(바오로딸).

Augustine, Saint. *Concerning the City of God against the Pagans*. Translated by Henry Bettenson. London: Penguin, 1984. 『신국론』(분도출판사).

_____. *Confessions*. Translated by Henry Chadwick. Oxford: Oxford University Press, 1991. 『고백록』(경세원).

_____. *The Enchiridion on Faith, Hope and Love*. Introduction by Thomas S. Hibbs. Edited by Henry Paolucci. 1961. Reprint, Washington, DC: Regnery, 1995. 『아우구스티누스: 고백록과 신앙편람』(두란노아카데미).

_____. *On Christian Teaching*. Translated and with Introduction by R. P. H. Green. Oxford World's Classics. 1997. Reprint, Oxford: Oxford University Press, 2008. 『그리스도교 교양』(분도출판사).

_____. "Sermon 227." In *Sermons (184-229Z) on the Liturgical Seasons*. Vol. III/6 of *The Works of Saint Augustine*. Translated by Edmund Hill. Edited by John E.

Rotelle. New Rochelle, NY: New City, 1993.

Ayres, Lewis. *Nicaea and Its Legacy: An Approach to Fourth-Century Trinitarian Theology*. Oxford: Oxford University Press, 2004.

Barth, Karl. *Church Dogmatics*. Vol. II/1, *The Doctrine of God*. Translated by T. H. L. Parker et al. Edited by G.W. Bromiley and T. F. Torrance. London: T. & T. Clark/Continuum, 2004. 『교회 교의학 2/1』(대한기독교서회).

Bebbington, David W. *Evangelicalism in Modern Britain: A History from the 1730s to the 1980s*. London: Unwin Hyman, 1989. 『영국의 복음주의 1730-1980』(한들).

Behr, John. *The Nicene Faith*. Vol. 2/1, *The Formation of Christian Theology*. Crestwood, NY: St. Vladimir's Seminary Press, 2001.

Boersma, Hans. "Accommodation to What? Univocity of Being, Pure Nature, and the Anthropology of St. Irenaeus." *International Journal of Systematic Theology* 8 (2006): pp. 266-293.

_____. "Analogy of Truth: The Sacramental Epistemology of *nouvelle théologie*." In *Ressourcement: A Movement for Renewal in Twentieth-Century Catholic Theology*, edited by Gabriel Flynn and Paul D. Murray. Oxford: Oxford University Press, 2012.

_____. "Being Reconciled: Atonement as the Ecclesio-Christological Practice of Forgiveness in John Milbank." In *Radical Orthodoxy and the Reformed Tradition: Creation, Covenant, and Participation*, edited by James K. A. Smith and James H. Olthuis. Grand Rapids: Baker Academic, 2005.

_____. "The Eucharist Makes the Church." *CRUX* 44, no. 4 (2008): pp. 2-11. 축약본이 *Books and Culture* 16, no. 6 (Nov./Dec. 2010)에 게재됨.

_____. *Nouvelle Théologie and Sacramental Ontology: A Return to Mystery*. Oxford: Oxford University Press, 2009.

_____. "On Baking Pumpkin Pie: Kevin Vanhoozer and Yves Congar on Tradition." *Calvin Theological Journal* 42 (2007): pp. 237-255.

_____. "On the Rejection of Boundaries: Radical Orthodoxy's Appropriation of St. Augustine." *Pro Ecclesia* 15 (2006): pp. 418-447.

_____. "Redemptive Hospitality in Irenaeus: A Model for Ecumenicity in a Violent World." *Pro Ecclesia* 11 (2002): pp. 207-226.

_____. "Sacramental Ontology: Nature and the Supernatural in the Ecclesiology of Henri de Lubac." *New Blackfriars* 88 (2007): pp. 242-273.

_____. "Theology as Queen of Hospitality." *Evangelical Quarterly* 79 (2007): pp. 291-310.

_____. *Violence, Hospitality, and the Cross: Reappropriating the Atonement Tradition.* Grand Rapids: Baker Academic, 2004. 『십자가, 폭력인가 환대인가』(기독교문서선교회).

Boland, Vivian. *Ideas in God According to Saint Thomas Aquinas: Sources and Synthesis.* Studies in the History of Christian Traditions, no. 69. Leiden: Brill, 1996.

Bordeianu, Radu. "Maximus and Ecology: The Relevance of Maximus the Confessor's Theology of Creation for the Present Ecological Crisis." *Downside Review* 127 (2009): pp. 103-126.

Bouillard, Henri. *Conversion et grâce chez S. Thomas d'Aquin: Étude historique.* Théologie, no. 1. Paris: Aubier, 1944.

_____. *The Knowledge of God.* Translated by Samuel D. Femiano. New York: Herder and Herder, 1968.

_____. "Notions conciliaires et analogie de la vérité." *Recherches de science religieuse* 35 (1948): pp. 251-271.

Boulton, Matthew Myer. *God against Religion: Rethinking Christian Theology through Worship.* Grand Rapids: Eerdmans, 2008.

Bouyer, Louis. *The Spirit and Forms of Protestantism.* Translated by A. V. Littledale. Princeton, NJ: Scepter, 2001.

Bradshaw, David. *Aristotle East and West: Metaphysics and the Division of Christendom.* Cambridge: Cambridge University Press, 2004.

Byassee, Jason. *Praise Seeking Understanding: Reading the Psalms with Augustine.* Grand Rapids: Eerdmans, 2007.

Calvin, John. *Institutes of the Christian Religion.* Edited by John T. McNeill. Translated by Ford Lewis Battles. The Library of Christian Classics, vol. 20. Philadelphia: Westminster, 1960. 『기독교 강요』(생명의말씀사).

_____. "Reply by John Calvin to Letter by Cardinal Sadolet to the Senate and People of Geneva." In *Tracts Relating to the Reformation.* Vol. 1. Translated by

Henry Beveridge. Edinburgh: Calvin Translation Society, 1844. "사돌레토에게 주는 답신", 『칼뱅 작품 선집 3』(총신대학교출판부).

Chenu, Marie-Dominique. *Aquinas and His Role in Theology.* Translated by Paul Philibert. Collegeville, MN: Liturgical, 2002.

_____. *Une école de théologie: Le Saulchoir.* Kain-Lez-Tournai: Le Saulchoir, 1937.

_____. *Faith and Theology.* Translated by Denis Hickey. New York: Macmillan, 1968.

_____. *Is Theology a Science?* Translated by A. H. N. Green-Armytage. New York: Hawthorn, 1959.

_____. *Nature, Man, and Society in the Twelfth Century: Essays on New Theological Perspectives in the Latin West.* Preface by Étienne Gilson. Translated and edited by Jerome Taylor and Lester Little. Medieval Academy Reprints for Teaching, no. 37. 1968. Reprint, Toronto: University of Toronto Press, 1997.

_____. *Un théologien en liberté: Jacques Duquesne interroge le Père Chenu.* Les interviews. Paris: Centurion, 1975.

_____. *Toward Understanding Saint Thomas.* Translated by Albert M. Landry and Dominic Hughes. Chicago: Regnery, 1964.

Cherniss, Harold F. *The Platonism of Gregory of Nyssa.* Philosophy Monograph Series, no. 81. 1930. Reprint, New York: Franklin, 1971.

Clayton, Allan Lee. "The Orthodox Recovery of a Heretical Proof-Text: Athanasius of Alexandria's Interpretation of Proverbs 8:22-30 in Conflict with the Arians." PhD diss., Southern Methodist University, 1988.

Congar, Yves M.-J. *L'Église: De saint Augustin à l'époque moderne.* Histoire des dogmes, no. 3. Paris: Cerf, 1970.

_____. *La Foi et la théologie.* Tournai: Desclée, 1962.

_____. *The Meaning of Tradition.* Translated by A. N. Woodrow. San Francisco: Ignatius, 2004.

_____. *Tradition and Traditions: The Biblical, Historical, and Theological Evidence for Catholic Teaching on Tradition.* Translated by Michael Naseby and Thomas Rainborough. San Diego: Basilica, 1966.

Conticello, Carmelo Giuseppe. "De contemplatione (Angelicum, 1920): La Thèse inédite du P. M.-D. Chenu." *Revue des sciences philosophiques et théologiques* 75 (1991): pp. 363-422.

Copleston, Frederick. *A History of Philosophy*. Vol. III/1. New York: Image/Doubleday, 1963.

Crockett, William R. *Eucharist: Symbol of Transformation*. Collegeville, MN: Liturgical, 1999.

Daniélou, Jean. *The Advent of Salvation: A Comparative Study of Non-Christian Religions and Christianity*. Translated by Rosemary Sheed. New York: Paulist, 1962.

_____. *The Bible and the Liturgy*. Liturgical Studies, no. 3. Notre Dame, IN: University of Notre Dame Press, 1956.

_____. *From Shadows to Reality: Studies in the Biblical Typology of the Fathers*. Translated by Wulstan Hibberd. London: Burns and Oates, 1960.

_____. *Holy Pagans of the Old Testament*. Translated by Felix Faber. London: Longmans, Green and Co., 1957.

_____. *The Lord of History: Reflections on the Inner Meaning of History*. Translated by Nigel Abercrombie. 1958. Reprint, Cleveland: Meridian/World, 1968.

_____. "Les Orientations présentes de la pensée religieuse." *Études* 249 (1946): pp. 5-21.

_____. *Origen*. Translated by Walter Mitchell. New York: Sheed and Ward, 1955.

De Lubac, Henri. *Augustinianism and Modern Theology*. Translated by Lancelot Sheppard. Introduction by Louis Dupré. New York: Crossroad/Herder and Herder, 2000.

_____. *Catholicism: Christ and the Common Destiny of Man*. Translated by Lancelot C. Sheppard and Elizabeth Englund. San Francisco: Ignatius, 1988.

_____. *Corpus Mysticum: The Eucharist and the Church in the Middle Ages: Historical Survey*. Translated by Gemma Simmonds with Richard Price and Christopher Stephens. Edited by Laurence Paul Hemming and Susan Frank Parsons. London: SCM, 2006.

_____. "Hellenistic Allegory and Christian Allegory." *Theological Fragments*. Translated by Rebecca Howell Balinski. San Francisco: Ignatius, 1989.

_____. *History and Spirit: The Understanding of Scripture According to Origen*. Translated by Anne Englund Nash with Juvenal Merriell. San Francisco: Ignatius, 2007.

_____. *Medieval Exegesis: The Four Senses of Scripture*. 3 vols. Translated by Mark Sebanc and E. M. Macierowski. Grand Rapids: Eerdmans, 1998, 2000, 2009.

_____. *The Mystery of the Supernatural*. Translated by Rosemary Sheed. New York: Herder and Herder/Crossroad, 1998.

_____. "On an Old Distich: The Doctrine of the 'Fourfold Sense' in Scripture." In *Theological Fragments*. Translated by Rebecca Howell Balinski. San Francisco: Ignatius, 1989.

_____. "The Problem of the Development of Dogma." In *Theology in History*. Translated by Anne Englund Nash. San Francisco: Ignatius, 1996.

_____. *Scripture in the Tradition*. Translated by Luke O'Neill. 1968. Reprint, New York: Herder and Herder/Crossroad, 2000.

_____. "Spiritual Understanding." Translated by Luke O'Neill. *The Theological Interpretation of Scripture: Classic and Contemporary Readings*, edited by Stephen E. Fowl. Malden, MA: Blackwell, 1997.

_____. *The Splendor of the Church*. Translated by Michael Mason. 1956. Reprint, San Francisco: Ignatius, 1999.

_____. "Typology and Allegorization." In *Theological Fragments*. Translated by Rebecca Howell Balinski. San Francisco: Ignatius, 1989.

Denzinger, Henry. *The Sources of Catholic Dogma*. Translated by Roy J. Deferrari. Fitzwilliam, NH: Loreto, 2002.『신경, 신앙과 도덕에 관한 규정·선언 편람』(한국천주교중앙협의회).

Descartes, René. *Discourse on Method and the Meditations*. Translated by F. E. Sutcliffe. 1968. Reprint, Harmondsworth, UK: Penguin, 1986.『방법서설』(문예출판사).

Desmazières, Agnès. "La 'Nouvelle théologie', prémisse d'une théologie herméneutique? La Controverse sur l'analogie de la vérité (1946-1949)." *Revue thomiste* 104 (2004): pp. 241-272.

Dickens, W. T. *Hans Urs von Balthasar's Theological Aesthetics: A Model for Post-*

Critical Biblical Interpretation. Notre Dame, IN: University of Notre Dame Press, 2003.

Doyle, Dennis M. *Communion Ecclesiology*. Maryknoll, NY: Orbis, 2000.

Dupré, Louis. *Passage to Modernity: An Essay in the Hermeneutics of Nature and Culture*. New Haven: Yale University Press, 1993.

_____. *Religion and the Rise of Modern Culture*. Notre Dame, IN: University of Notre Dame Press, 2008.

Elders, Leo J. *The Metaphysics of Being of St. Thomas Aquinas in a Historical Perspective*. Studien und Texte zur Geistesgeschichte des Mittelalters, no. 34. Leiden: Brill, 1993. 『토마스 아퀴나스의 형이상학』(가톨릭출판사).

Elgersma Helleman, Wendy. "Gregory's Sophia: 'Christ, the Wisdom of God.'" *Studia Patristica* 41 (2006): pp. 345-350.

Fee, Gordon D. *Pauline Christology: An Exegetical-Theological Study*. Peabody, MA: Hendrickson, 2007. 『바울의 기독론』(기독교문서선교회).

Flannery, Austin, ed. *Vatican Council II*. Vol. 1, *The Conciliar and Postconciliar Documents*. Rev. ed. Northport, NY: Costello, 1975. 『제2차 바티칸 공의회 문헌』(한국천주교중앙협의회).

Flynn, Gabriel. *Yves Congar's Vision of the Church in a World of Unbelief*. Burlington, VT: Ashgate, 2004.

Ford, David F., and Graham Stanton, eds. *Reading Texts, Seeking Wisdom: Scripture and Theology*. Grand Rapids: Eerdmans, 2003.

Gay, Craig M. *Dialogue, Catalogue and Monologue: Personal, Impersonal and Depersonalizing Ways to Use Words*. Vancouver: Regent College Publishing, 2008.

Goldingay, John, and David Payne. *A Critical and Exegetical Commentary on Isaiah 40-55*. Vol. 2. The International Critical Commentary. Edinburgh: T. & T. Clark, 2007.

Grant, Robert M., with David Tracy. *A Short History of the Interpretation of the Bible*. 2nd ed. Philadelphia: Fortress, 1984. 『성서해석의 역사』(대한기독교서회).

Greeley, Andrew M. *The Catholic Imagination*. Berkeley: University of California Press, 2000.

Gregory of Nyssa. *From Glory to Glory: Texts from Gregory of Nyssa's Mystical*

Writings. Introduction by Jean Daniélou. Edited and translated by Herbert Musurillo. 1961. Reprint, Crestwood, NY: St. Vladimir's Seminary Press, 2001.

⎯⎯⎯. *On the Soul and the Resurrection*. Translated by Catharine Roth. Crestwood, NY: St. Vladimir's Seminary Press, 1980.

⎯⎯⎯. *On "Not Three Gods": To Ablabius*. In *Nicene and Post-Nicene Fathers*, 2nd ser., vol. 5. Edited by William Moore and Henry Austin Wilson. 1893; reprint, Peabody, MA: Hendrickson, 1994. "아블라비우스에게 쓴 답신: 우리는 세 하나님이 계시다고 말할 생각을 하지 말아야 한다", 『후기 교부들의 기독론』(두란노아카데미).

Grumett, David. *Henri de Lubac: A Guide for the Perplexed*. London: T. & T. Clark/Continuum, 2007.

Guarino, Thomas G. "Catholic Reflections on Discerning the Truth of Sacred Scripture." In *Your Word Is Truth: A Project of Evangelicals and Catholics Together*, edited by Charles Colson and Richard John Neuhaus. Grand Rapids: Eerdmans, 2002.

⎯⎯⎯. *Foundations of Systematic Theology*. New York: T. & T. Clark, 2005.

Hanson, R. P. C. *Allegory and Event: A Study of the Sources and Significance of Origen's Interpretation of Scripture*. London: SCM, 1959.

Harvey, Barry. *Can These Bones Live? A Catholic Baptist Engagement with Ecclesiology, Hermeneutics, and Social Theory*. Grand Rapids: Brazos, 2008.

Hauerwas, Stanley. "Discipleship as a Craft, Church as a Disciplined Community." *Christian Century* 108, no. 27 (Oct. 1, 1991): pp. 881-884.

Hindmarsh, D. Bruce. "Retrieval and Renewal: A Model for Evangelical Spiritual Vitality." In *J. I. Packer and the Evangelical Future: The Impact of His Life and Thought*, edited by Timothy George. Grand Rapids: Baker Academic, 2009.

Hollon, Bryan C. *Everything Is Sacred: Spiritual Exegesis in the Political Theology of Henri de Lubac*. Eugene, OR: Cascade/Wipf and Stock, 2009.

Hooker, Morna D. "Did the Use of Isaiah 53 to Interpret His Mission Begin with Jesus?" In *Jesus and the Suffering Servant: Isaiah 53 and Christian Origins*, edited by William H. Bellinger and William R. Farmer. Harrisburg, PA: Trinity Press International, 1998.

⎯⎯⎯. "Response to Mikeal Parsons." In *Jesus and the Suffering Servant: Isaiah 53 and Christian Origins*, edited by William H. Bellinger and William R. Farmer. Harrisburg, PA: Trinity Press International, 1998.

Hunsinger, George. *The Eucharist and Ecumenism: Let Us Keep the Feast*. Cambridge: Cambridge University Press, 2008.

Husbands, Mark. "The Trinity Is Not Our Social Program." *Trinitarian Theology for the Church: Scripture, Community, Worship*, edited by Daniel J. Treier and David Lauber. Downers Grove, IL: InterVarsity, 2009.

Irenaeus. *Against Heresies*. In Ante-Nicene Fathers, vol. 1. Edited by Alexander Roberts and James Donaldson. 1885; reprint, Peabody, MA: Hendrickson, 1994. 『초기 기독교 교부들』(두란노아카데미)에 발췌 수록됨.

John Paul II, Pope. "Ut unum sint: On Commitment to Ecumenism." May 25, 1995. www.vatican.va. "하나 되게 하소서", 『가톨릭 교회의 가르침 2호』(한국천주교중앙협의회).

Johnson, Mark F. "Another Look at the Plurality of the Literal Sense." *Medieval Philosophy and Theology* 2 (1992): pp. 117-141.

Keating, Daniel A. *Deification and Grace*. Naples, FL: Sapientia Press of Ave Maria University, 2007.

Kerr, Fergus. *After Aquinas: Versions of Thomism*. Malden, MA: Blackwell, 2002.

Kilby, Karen. "Aquinas, the Trinity and the Limits of Understanding." *International Journal of Systematic Theology* 7 (2005): pp. 414-427.

Le Blond, Jean-Marie. "L'Analogie de la vérité: Réflexion d'un philosophe sur une controverse théologique." *Recherches de science religieuse* 34 (1947): pp. 129-141.

Leithart, Peter. *Deep Exegesis: The Mystery of Reading Scripture*. Waco, TX: Baylor University Press, 2009.

Levering, Matthew. *Participatory Biblical Exegesis: A Theology of Biblical Interpretation*. Notre Dame, IN: University of Notre Dame Press, 2008.

Lewis, C. S. *The Chronicles of Narnia*. New York: HarperCollins, 2001. 『나니아 연대기』(시공주니어).

_____. *God in the Dock: Essays on Theology and Ethics*. Edited by Walter Hooper. Grand Rapids: Eerdmans, 1970. 『피고석의 하나님』(홍성사).

_____. *The Great Divorce*. 1946; reprint, New York: Simon and Schuster, 1996. 『천국과 지옥의 이혼』(홍성사).

_____. *The Weight of Glory, and Other Addresses*. 1949; reprint, San Francisco: HarperSanFrancisco, 2001. 『영광의 무게』(홍성사).

Louth, Andrew. *Discerning the Mystery: An Essay on the Nature of Theology*. 1983. Reprint, Oxford: Clarendon/Oxford University Press, 2003.

_____. *The Origins of the Christian Mystical Tradition: From Plato to Denys*. Oxford: Oxford University Press, 1981. 『서양 신비사상의 기원』(분도출판사).

Marshall, Paul, with Lela Gilbert. *Heaven Is Not My Home: Living in the Now of God's Creation*. Nashville: Word, 1998. 『천국만이 내 집은 아닙니다』(IVP).

Martin, Francis. "Reading Scripture in the Catholic Tradition." In *Your Word Is Truth: A Project of Evangelicals and Catholics Together*, edited by Charles Colson and Richard John Neuhaus. Grand Rapids: Eerdmans, 2002.

McDowell, Josh. *Evidence That Demands a Verdict: Historical Evidences for the Christian Faith*. San Bernardino, CA: Campus Crusade for Christ, 1972. 『기독교의 역사적 증거들』(여운사).

McGrath, Alister E. *Evangelicalism and the Future of Christianity*. Downers Grove, IL: InterVarsity, 1995. 『복음주의와 기독교의 미래』(IVP).

_____. "Forerunners of the Reformation? Critical Examination of the Evidence for the Precursors of the Reformation Doctrines of Justification." *Harvard Theological Review* 75 (1982): pp. 219-242.

_____. "John Calvin and Late Mediaeval Thought." *Archiv für Reformationsgeschichte* 77 (1986): pp. 58-78.

_____. *Luther's Theology of the Cross: Martin Luther's Theological Breakthrough*. Oxford: Blackwell, 1985. 『루터의 십자가 신학』(컨콜디아사).

_____. *A Passion for Truth: The Intellectual Coherence of Evangelicalism*. Downers Grove, IL: InterVarsity, 1996. 『복음주의와 기독교적 지성』(IVP).

Meijering, E. P. *Orthodoxy and Platonism in Athanasius: Synthesis or Antithesis?* 1968. Reprint, Leiden: Brill, 1974.

Milbank, John. "Only Theology Overcomes Metaphysics." *New Blackfriars* 76 (1995): pp. 325-342.

_____. *The Suspended Middle: Henri de Lubac and the Debate Concerning the Supernatural*. Grand Rapids: Eerdmans, 2005.

_____. *Theology and Social Theory: Beyond Secular Reason*. Oxford: Blackwell, 1990. 『신학과 사회이론』(새물결플러스).

Milbank, John, Catherine Pickstock, and Graham Ward, eds. *Radical Orthodoxy: A New Theology*. London: Routledge, 1999.

Mosser, Carl. "The Greatest Possible Blessing: Calvin and Deification." *Scottish Journal of Theology* 55 (2002): pp. 36-57.

Nichols, Aidan. *Discovering Aquinas: An Introduction to His Life, Work, and Influence*. Grand Rapids: Eerdmans, 2002.

_____. *From Newman to Congar: The Idea of Doctrinal Development from the Victorians to the Second Vatican Council*. Edinburgh: T. & T. Clark, 1990.

Noll, Mark A. *The Scandal of the Evangelical Mind*. Grand Rapids: Eerdmans, 1994. 『복음주의 지성의 스캔들』(IVP).

Noll, Mark A., and Carolyn Nystrom. *Is the Reformation Over? An Evangelical Assessment of Contemporary Roman Catholicism*. Grand Rapids: Baker Academic, 2005. 『종교개혁은 끝났는가?』(기독교문서선교회).

Oberman, Heiko A. *Forerunners of the Reformation: The Shape of Late Medieval Thought Illustrated by Key Documents*. 2nd ed. Philadelphia: Fortress, 1981.

_____. *The Harvest of Medieval Theology: Gabriel Biel and Late Medieval Nominalism*. 1983. Reprint, Grand Rapids: Baker Academic, 2000.

_____. *Luther: Man between God and the Devil*. Translated by Eileen Walliser-Schwartzbart. 1990. Reprint, New York: Image/Doubleday, 1992. 『루터』(한국신학연구소).

O'Connor, Flannery. *Mystery and Manners: Occasional Prose*. Edited by Sally and Robert Fitzgerald. 1957. Reprint, New York: Farrar, Straus and Giroux, 1970.

Ogg, George. "The Age of Jesus When He Taught." *New Testament Studies* 5 (1958-1959): pp. 291-298.

O'Keefe, John J., and R. R. Reno. *Sanctified Vision: An Introduction to Early Christian Interpretation of the Bible*. Baltimore: Johns Hopkins University Press, 2005.

Osborne, Thomas M. "Faith, Philosophy, and the Nominalist Background to Luther's Defense of the Real Presence." *Journal of the History of Ideas* 63 (2002): pp. 63-82.

Parsons, Mikeal C. "Isaiah 53 in Acts 8: A Reply to Professor Morna Hooker." In *Jesus and the Suffering Servant: Isaiah 53 and Christian Origins*, edited by William H. Bellinger and William R. Farmer. Harrisburg, PA: Trinity Press International, 1998.

Peddicord, Richard. *The Sacred Monster of Thomism: An Introduction to the Life and Legacy of Réginald Garrigou-Lagrange*. South Bend, IN: St. Augustine's, 2005.

Pelikan, Jaroslav. *Whose Bible Is It? A History of the Scriptures through the Ages*. New York: Viking, 2005. 『성서, 역사와 만나다』(비아).

Penner, Myron B., ed. *Christianity and the Postmodern Turn: Six Views*. Grand Rapids: Brazos, 2005. 『기독교와 포스트모던 전환』(기독교문서선교회).

Pinckaers, Servaes. *The Sources of Christian Ethics*. Translated by Mary Thomas Noble. Edinburgh: T. & T. Clark, 1995.

Portier, Bill. "Here Come the Evangelical Catholics." *Communio* 31 (2004): pp. 35-66.

Potworowski, Christophe F. *Contemplation and Incarnation: The Theology of Marie-Dominique Chenu*. Montreal: McGill-Queen's University Press, 2001.

Raschke, Carl A. *The Next Reformation: Why Evangelicals Must Embrace Post-modernity*. Grand Rapids: Baker Academic, 2004.

Rogers, Eugene F. "How the Virtues of an Interpreter Presuppose and Perfect Hermeneutics: The Case of Thomas Aquinas." *Journal of Religion* 76 (1996): pp. 64-81.

Rowland, Tracey. *Culture and the Thomist Tradition after Vatican II*. London: Routledge, 2003.

Rubenstein, Richard E. *Aristotle's Children: How Christians, Muslims, and Jews Rediscovered Ancient Wisdom and Illuminated the Dark Ages*. Orlando, FL: Harcourt, 2003. 『아리스토텔레스의 아이들』(민음사).

Russell, Norman. *The Doctrine of Deification in the Greek Patristic Tradition*. Oxford: Oxford University Press, 2004.

Schmemann, Alexander. *For the Life of the World: Sacraments and Orthodoxy*. 1982.

Reprint, Crestwood, NY: St. Vladimir's Seminary Press, 2004. 『세상에 생명을 주는 예배』(복있는사람).

_____. *Of Water and the Spirit: A Liturgical Study of Baptism*. Crestwood, NY: St. Vladimir's Seminary Press, 1974.

Smith, James K. A. *Introducing Radical Orthodoxy: Mapping a Post-Secular Theology*. Grand Rapids: Baker Academic, 2005. 『급진 정통주의 신학』(기독교문서선교회).

_____. *Who's Afraid of Postmodernism? Taking Derrida, Lyotard, and Foucault to Church*. Grand Rapids: Baker Academic, 2006. 『누가 포스트모더니즘을 두려워하는가?』(도서출판100 역간 예정).

Stackhouse, John G. "Defining 'Evangelical.'" *Church and Faith Trends* 1, no. 1 (October 2007): pp. 1-5.

Sweetman, Robert. "Univocity, Analogy, and the Mystery of Being according to John Duns Scotus." In *Radical Orthodoxy and the Reformed Tradition: Creation, Covenant, and Participation*, edited by James K. A. Smith and James H. Olthuis. Grand Rapids: Baker Academic, 2005.

Tamburello, Dennis E. "Calvin and Sacramentality: A Catholic Perspective." In *John Calvin and Roman Catholicism: Critique and Engagement, Then and Now*, edited by Randall C. Zachman. Grand Rapids: Baker Academic, 2008.

Tavard, George H. *Holy Writ or Holy Church: The Crisis of the Protestant Reformation*. London: Burns and Oates, 1959.

Taylor, Charles. *A Secular Age*. Cambridge, MA: Belknap/Harvard University Press, 2007.

Te Velde, Rudi A. *Participation and Substantiality in Thomas Aquinas*. Leiden: Brill, 1995.

Tillard, J.-M.-R. *Flesh of the Church, Flesh of Christ: At the Source of the Ecclesiology of Communion*. Translated by Madeleine Beaumont. Collegeville, MN: Liturgical, 2000.

Turner, Denys. "How to Read the Pseudo-Denys Today." *International Journal of Systematic Theology* 7 (2005): pp. 428-440.

Vanhoozer, Kevin J. "Into the Great 'Beyond': A Theologian's Response to the

Marshall Plan." *Beyond the Bible: Moving from Scripture to Theology*, edited by I. Howard Marshall with Kevin J. Vanhoozer and Stanley E. Porter (Grand Rapids: Baker Academic, 2004).

_____. *The Drama of Doctrine: A Canonical-Linguistic Approach to Christian Theology*. Louisville: Westminster John Knox, 2005. 『교리의 드라마』(부흥과개혁사).

_____, ed. *Dictionary for Theological Interpretation of the Bible*. Grand Rapids: Eerdmans, 2005.

Voderholzer, Rudolf. *Meet Henri de Lubac*. San Francisco: Ignatius, 2008.

Von Balthasar, Hans Urs. *Origen: Spirit and Fire: A Thematic Anthology of His Writings*. Translated by Robert J. Daly. Washington, DC: Catholic University of America Press, 1984.

_____. *Presence and Thought: An Essay on the Religious Philosophy of Gregory of Nyssa*. Translated by Mark Sebanc. San Francisco: Communio/Ignatius, 1995.

_____. *The Scandal of the Incarnation: Irenaeus against the Heresies*. Translated by John Saward. San Francisco: Ignatius, 1990.

Waltke, Bruce K. *The Book of Proverbs: Chapters 15-31*. The New International Commentary on the Old Testament. Grand Rapids: Eerdmans, 2005.

Webber, Robert E. *The Younger Evangelicals: Facing the Challenges of the New World*. Grand Rapids: Baker, 2002. 『젊은 복음주의자를 말하다』(죠이선교회).

Wells, David F. *Above All Earthly Pow'rs: Christ in a Postmodern World*. Grand Rapids: Eerdmans, 2005. 『위대하신 그리스도』(부흥과개혁사).

_____. *No Place for Truth: Or Whatever Happened to Evangelical Theology?* Grand Rapids: Eerdmans, 1993. 『신학 실종』(부흥과개혁사).

Wengert, Timothy J. *Law and Gospel: Philip Melanchthon's Debate with John Agricola of Eisleben over Poenitentia*. Grand Rapids: Baker, 1997.

Wilken, Robert Louis. *The Spirit of Early Christian Thought: Seeking the Face of God*. New Haven: Yale University Press, 2003. 『초기 기독교 사상의 정신』(복있는사람).

Wilken, Robert Louis, with Angela Russell Christman and Michael J. Hollerich. *Isaiah: Interpreted by Early Christian and Medieval Commentators*. The Church's Bible. Grand Rapids: Eerdmans, 2007.

Williams, A. N. *The Ground of Union: Deification in Aquinas and Palamas*. Oxford:

Oxford University Press, 1999.

Wood, Susan K. *Spiritual Exegesis and the Church in the Theology of Henri de Lubac*. Grand Rapids: Eerdmans, 1998.

Wright, N. T. *Christian Origins and the Question of God*. Vol. 1, *The New Testament and the People of God*. Minneapolis: Fortress, 1992. 『신약성서와 하나님의 백성』(CH 북스).

_____. *The Climax of the Covenant: Christ and the Law in Pauline Theology*. Minneapolis: Fortress, 1991.

_____. *Justification: God's Plan and Paul's Vision*. Downers Grove, IL: InterVarsity Academic, 2009. 『톰 라이트, 칭의를 말하다』(에클레시아북스).

_____. *Surprised by Hope: Rethinking Heaven, the Resurrection, and the Mission of the Church*. New York: HarperOne, 2008. 『마침내 드러난 하나님 나라』(IVP).

Young, Frances M. *Biblical Exegesis and the Formation of Christian Culture*. Peabody, MA: Hendrickson, 2002.

Zimmermann, Jens. *Recovering Theological Hermeneutics: An Incarnational-Trinitarian Theory of Interpretation*. Grand Rapids: Baker Academic, 2004.

일반 찾아보기

가리구라그랑주, 레지날드(Réginald
  Garrigou-Lagrange) 244
교리의 발전 193-195, 201-206
교회 일치 운동 29, 110, 136, 138, 152-
  156, 184, 188, 195, 229, 253, 281; 에
  관한 콩가르의 견해 35-36. 또한 '함께
  하는 복음주의자와 가톨릭교인(ECT)'
  을 보라.
교회의 사법적 권위 92-95, 101-102,
  104-105, 109. 또한 '콩가르: 사법화에
  관한 견해'를 보라.
구아리노, 토머스(Thomas G. Guarino)
  202-203, 249주14
규정된 능력(potentia ordinata)
  124-125
그러밋, 데이비드(David Grumett) 163
그레고리오스, 니사의(Gregory of Nyssa)
  34, 52, 62주26, 63주29, 72, 81-88, 90,
  150, 226, 238-244, 247-249, 252, 269,
  274; 신비적 지식에 관한 견해 239-
  243; 와 부정신학 239-243, 247-248;

와 에펙타시스 242-243
그레고리우스, 교황(Pope Gregory the
  Great) 92
그릴리, 앤드루(Andrew Greeley) 29-31,
  155
근대성 18-19, 31-32, 40, 41-42, 51-53,
  58, 89-92, 104, 111, 127, 131-136,
  155, 164, 191, 227, 232-236
급진 정통주의 42주3, 111-112, 121, 132

나이스트롬, 캐롤린(Carolyn Nystrom)
  153-154
놀, 마크(Mark Noll) 153-154, 208
뉴먼, 존 헨리(John Henry Newman)
  160

다니엘루, 장(Jean Daniélou) 32-34, 228
  주30, 235, 238-245, 252; 니사의 그레
  고리오스에 관한 견해 238-244; 참여
  에 관한 견해 240-243
데리다, 자크(Jacques Derrida) 150, 233

데카르트, 르네(René Descartes) 232-233
도이어베르트, 헤르만(Herman Dooyeweerd) 61주24
뒤 페롱, 자크(Jacques Du Perron) 167-169
뒤프레, 루이(Louis Dupré) 111, 126-127, 131, 145-146
드 뤼박, 앙리(Henri de Lubac) 32-34, 96-97, 101-104, 106-110, 139, 163-182, 186-188, 193-197, 210-211, 216-225, 229, 235-238, 244-245, 246-249, 252, 261; 교리의 발전에 관한 견해 193-195; 성만찬과 교회에 관한 견해 164-182, 210-211, 236-237; 영적 해석에 관한 견해 33, 210-212, 216-226, 229; 자연과 초자연에 관한 견해 165-166, 171
드 베, 미셸(Michael Baius) 107
디오니시오스 아레오파기테스(Denys the Areopatige) 62주26, 66-67, 267-269

라쉬키, 칼(Carl Raschke) 149-155
라우스, 앤드루(Andrew Louth) 62주27, 213주10, 260
라이트(N. T. Wright) 20-21, 61주24, 138주1, 214주12
라테라노 공의회, 제4차 115
레오 13세, 교황(Pope Leo XIII) 36
로드, 윌리엄(William Laud) 159
롬바르, 피에르(Peter Lombard) 181
루이스(C. S. Lewis) 20, 26, 31-32, 46-47, 49, 56-57, 279

루터, 마르틴(Martin Luther) 135, 139, 142-152
루피누스, 아퀼레이아의(Rufinus of Aquileia) 70
르 블롱, 장마리(Jean-Marie Le Blond) 249
리오타르, 장프랑수아(Jean-François Lyotard) 233

마우, 리처드(Richard Mouw) 29, 155
마틴, 프랜시스(Francis Martin) 276
막시모스, 고백자(Maximus the Confessor) 59-60
모호성 247-250, 252
밀뱅크, 존(John Milbank) 41, 112, 163

바르트, 칼(Karl Barth) 34, 194
〈바베트의 만찬〉 255-258, 267, 274
바이아시, 제이슨(Jason Byassee) 216
바티칸 공의회, 제2차 36, 159, 182, 185, 203-204, 253
발타사르, 한스 우르스 폰(Hans Urs von Balthasar) 34, 228주31
밴후저, 케빈(Kevin Vanhoozer) 197-206; 교리의 발전에 관한 견해 202-203; 성경과 전통에 관한 견해 199-203
베렝가르 논쟁 105, 178, 180, 236
베렝가르, 투르의(Berengar of Tours) 96-97, 104, 180, 237
베르나르, 클레르보의(Bernard of Clairvaux) 138
베빙턴, 데이비드(David W. Bebbington)

207주1
벨라르미노, 로베르토(Robert Bellarmine) 107, 167-169
보르데이아누, 라두(Radu Bordeianu) 60
복음주의 17-20, 29-30, 48, 52-56, 61주24, 64, 69, 110, 136-138, 149-150, 152-153, 155-156, 158, 161-162, 178, 183-185, 195-198, 200-207, 215-216, 228-229, 234, 252-253, 257-258, 264, 274, 277-282
볼런드, 비비언(Vivian Boland) 279
부이야르, 앙리(Henri Bouillard) 34, 246-252; 진리의 유비(*analogia veritatis*)에 관한 견해 245, 249-250
부정신학 239-243, 269
브래드쇼, 데이비드(David Bradshaw) 65주31
비엘, 가브리엘(Gabriel Biel) 125

사돌레토, 추기경 야코포(Cardinal James Sadolet) 139
상징 17, 45-47, 100, 138, 170-174, 237-238, 249, 262
새로운 신학(Nouvelle théologie) 32-38, 91-92, 98, 101, 105-107, 110-111, 127, 158, 160-161, 163, 188, 198, 203, 211, 217, 228-232, 236, 244-246, 252, 262, 281
샌더, 플레이시더스(Placidus Sander) 59주23
석의 '성경'을 보라.
성경 18, 33, 37, 42-43, 64, 69, 102-106, 109, 125, 135-137, 140-141, 150, 154, 158, 162-163, 166-167, 173, 181-188, 195, 197-229, 260-265, 272, 278; 과 교회 102-106, 140-141, 162-163; 과 역사비평적 석의 209-210, 213, 221, 225, 228; 과 영적 해석 33, 207-229; 과 전통 102-105, 197-206, 260-262; 의 충족성 102-104, 183-188, 197-208
성경 해석 '성경'을 보라.
성례전 27-30, 45-46, 70, 89-90, 94-98, 104-105, 112, 158, 162, 188-197, 203-208, 223-227, 236-237, 245-246, 256, 260-262, 266-267, 275, 278-281; 과 시간 188-197, 203-206
성례전적 존재론 29-32, 37-38, 41-46, 48-49, 60, 86-90, 92-95, 98, 101, 104, 111-116, 120-121, 131-132, 160-161, 171-172, 178, 191-192, 217, 252-253, 276-278, 281
성례전적 참여 '참여'를 보라.
성례전적 해석 '성경과 영적 해석'을 보라.
성만찬 27-28, 49-51, 87-89, 96-97, 135, 141, 158, 161-162, 164-182, 190주7, 210-211, 236-237, 251, 260-261, 280
셔뉘, 마리-도미니크(Marie-Dominique Chenu) 35, 98-101, 261-274; 성경에 관한 견해 264; 신앙에 관한 견해 268-271; 신학에 관한 견해 255-274; 와 노동자-사제 운동 273; 전통에 관한 견해 261-264; 지혜에 관한 견해 271-272; 행동과 관상에 관한 견해 272-274
손다이크, 허버트(Herbert Thorndike) 160

수아레스, 프란시스코(Francisco Suárez) 108
순수한 자연 107, 235
슈메만, 알렉산더(Alexander Schmemann) 27-28
스미스, 제임스(James K. A. Smith) 120-121, 131
스코투스, 요하네스 둔스(John Duns Scotus) 103, 120-122, 123-126
시간 '콩가르: 성례전적 시간에 관한 견해', '콩가르: 교회의 시간에 관한 견해', '성례전과 시간'을 보라.
시몬스, 메노(Menno Simons) 135
신비 25, 27, 40, 44-45, 48, 50-53, 70, 89-90, 97, 116-117, 123, 136, 172, 177, 190, 223-225, 231-232, 236-240, 245, 249, 252, 268-272, 276
신비적 해석 223
신스콜라주의 '신토마스주의'를 보라.
신토마스주의 36-37, 91, 107, 160-161, 165-175, 228주32, 238, 244-248, 251, 267
신플라톤주의 '플라톤주의'를 보라.
실재론 128
실재적 임재 47, 49, 50, 87, 96, 165-175, 211, 237, 251, 274

아그리콜라, 요한(Johann Agricola) 147
아레이오스(Arius) 214-215
아리스토텔레스(Aristotle) 65, 98, 106, 143
아벨라르, 피에르(Peter Abelard) 238
아우구스티누스, 아우렐리우스(Aurelius Augustine) 23-26, 54, 57, 62주26, 63주28, 90, 113, 116, 150, 167-171, 174-176, 180-181, 191-192, 210-211, 224, 228-229, 237-238, 271, 279; 사용-향유 구별에 관한 견해 57, 113; 와 (신)플라톤주의 23-26, 62주26, 63주28, 72-73, 191-192, 279-280; 와 성례전적 시간 192; 와 성만찬 167-171, 180-182, 210-211; 와 우의 167-171
아퀴나스, 토마스(Thomas Aquinas) 34-38, 65, 98-99, 106, 117-119, 123-127, 138, 167, 228주32, 246, 249, 257, 261, 263-267, 272; 유비에 관한 견해 117-119
아타나시오스(Athanasius) 72, 73, 77-81, 82, 85, 215
악셀, 가브리엘(Gabriel Axel) 255
안셀무스(Anselm) 51-52, 57, 138, 150, 238, 270
알베르투스 마그누스(Algert the Great) 66
알제르, 리에주의(Alger of Liege) 180
앤드루스, 랜슬럿(Lancelot Andrewes) 159
앨런, 존(John L. Allen) 183주1
얀세니우스, 코르넬리우스(Cornelius Jansenius) 107
에펙타시스 242-243
엘리엇(T. S. Eliot) 160
오리게네스, 알렉산드리아의(Origen of Alexandria) 21주5, 34, 62주26, 217-222, 226, 227; 해석에 관한 견해 217-222

오버만, 하이코(Heiko Oberman) 144
오컴의 윌리엄(William of Ockham) 103, 124-125, 128-131
오코너, 플래너리(Flannery O'Connor) 44주5
외재주의 94-95, 104-107, 126, 152, 166, 171, 178, 264
우의 '성경과 영적 해석'을 보라.
워드, 그레이엄(Graham Ward) 112
원천으로 돌아가기(ressourcement) 29, 32-38, 92, 98, 106, 111, 133, 159-161, 163, 228, 238, 244, 253, 263, 281
월키, 브루스(Bruce K. Waltke) 213, 215-216
웰스, 데이비드(David F. Wells) 184
위클리프, 존(John Wycliffe) 103-104
윌켄, 로버트 루이스(Robert Louis Wilken) 68
유명론 111-112, 128-129, 141-143, 144-149, 155, 161, 190, 240, 277-278; 과 오컴의 윌리엄 128-131
유비 114-120, 249-250, 257, 275-279
은총 '자연과 초자연'을 보라.
이레나이우스(Irenaeus) 34, 56, 72-77, 137, 187-188
일의성 111-112, 120-128, 130-132, 161, 171, 191-192, 196, 227, 248-250, 252; 과 요하네스 둔스 스코투스 120-122

자연과 초자연 27-28, 37-38, 94-97, 101-104, 105-110, 127, 136, 143-146, 160, 165-166. 또한 '드 뤼박: 자연과 초자연에 관한 견해'를 보라.

자연적 욕망(desiderium naturale) '초자연에 대한 자연적 욕망'을 보라.
자율성 54-55, 65, 94, 100, 106-108, 122, 143-144, 231, 238, 281
적응, 순응 53, 61, 155, 196-197, 263주11
전통 102-105, 197-206, 260-262
절대적 능력(potentia absoluta) 124-126
젊은 복음주의자들 '복음주의'를 보라.
존재론 '성례전적 존재론'을 보라.
존재의 유비(analogia entis) 114-120, 245-246, 249, 276
주의주의 123-128, 130
진리의 유비(analogia veritatis) 245-246, 249-250

참여 22-28, 37-38, 47-50, 54, 67-68, 69-70, 77, 79-88, 97, 106, 112-118, 122-123, 126, 128-133, 141, 146, 148-149, 156, 158, 160-162, 171, 192-194, 226-227, 231, 236-240, 242-246, 248-252, 256-260, 266-269, 274-282
초자연에 대한 자연적 욕망 108, 127, 131, 138, 143
총괄갱신 74-77
츠빙글리, 울리히(Ulrich Zwingli) 135

카예타누스, 토마스(Thomas Cajetan) 108
카이퍼, 아브라함(Abraham Kuyper) 61주24
칸트, 임마누엘(Immanuel Kant) 244
칼뱅, 장(John Calvin) 26주12, 50주10,

135, 139-149, 151, 154, 165, 170
코플스턴, 프레더릭(Frederick Copleston) 129
콜리지(S. T. Coleridge) 160
콩가르, 이브(Yves M.-J. Congar) 35, 92-95, 101-105, 140, 162, 186-192, 195-200, 213; 교리의 발전에 관한 견해 201-203; 교회의 시간에 관한 견해 189; 사법화에 관한 견해 92-93; 성경에 관한 견해 102-105, 162-163, 198-201, 213; 성례전적 시간에 관한 견해 188-193; 전통에 관한 견해 102-105, 162, 199-201

타바르, 조르주(George H. Tavard) 102
탈근대성 17-19, 40, 42주3, 53, 76, 88, 112, 133, 136, 146, 149-155, 164, 184, 205, 233, 233-235, 247-248, 252-253
테르툴리아누스(Tertullian) 68, 137-138
테일러, 제러미(Jeremy Taylor) 160
테일러, 찰스(Charles Taylor) 191-192
트리엔트 공의회 186, 200, 204
틸러드(J.-M.-R. Tillard) 172

펠리칸, 야로슬라프(Jaroslav Pelikan) 208주2
포더홀처, 루돌프(Rudolf Voderholzer) 164
푸코, 미셸(Michel Foucault) 152, 233
프란체스코, 아시시의(Francis of Assisi) 138

프로클로스(Proclus) 64
플라톤주의 21-26, 32, 37-38, 42주3, 43, 44, 59, 61-70, 72-73, 81-101, 104-106, 110-114, 121, 128, 133, 139, 141-142, 144, 158, 159-162, 171, 178, 190-196, 206, 214, 217, 226-228, 231, 235, 243-244, 248, 251-252, 259, 266-269, 273, 275, 277-281
플라톤주의-기독교적 종합 '플라톤주의'를 보라.
플로티노스(plotinus) 64
피, 고든(Gordon Fee) 213
필론(Philo) 62주26, 64, 220, 226

하겐스, 군터 폰(Gunther von Hagens) 55
하르나크, 아돌프 폰(Adolf von Harnack) 68-69, 220
하우어워스, 스탠리(Stanley Hauerwas) 259주6
하인리히 4세(Henry IV) 92
할런, 브라이언(Bryan C. Hollon) 43주4, 164
함께하는 복음주의자와 가톨릭교인(ECT) 153. 또한 '교회 일치 운동'을 보라.
헌싱어, 조지(George Hunsinger) 173
헨리, 겐트의(Henry of Ghent) 102
홉킨스, 제라드 맨리(Gerard Manley Hopkins) 44
후스, 얀(John Hus) 103
히에로니무스(Jerome) 221

성경 찾아보기

창세기
1장 218, 279
2장 218
9:8-17 48
15:1-21 48
17:1-27 48

출애굽기
24:1-18 48

사무엘하
7:1-17 48

시편
103:24 279

잠언
8장 213-216
8:25 214

이사야
6:3 49주8
53장 199, 212, 214, 216
53:7 212, 221
53:7-8 198

예레미야
31:31-33 48
33:19-26 48

요한복음
1:1-5 71
1:3-4 279

사도행전
8장 200, 212, 214, 216
8:26-40 198
8:29 199
8:34 198
8:35 198
8:39 199

17:28 48

로마서
11:36 58

고린도전서
1:24 214
1:30 214
2:2 71
4:7 56
10장 173, 181
10:16-17 172, 175
13:12 24, 277
15:28 188

에베소서
1:1-14 71
1:3 22
1:4 23
1:11 23
1:23 49주8

2:5 22
2:6 22
2:12 21
3:10 22
6:12 22

빌립보서
2:6-11 23
3:13 242
3:13-14 23
3:20 21

골로새서
1:15 71

1:16 279
1:17 48, 155
1:18 71
2:3 214
3:1 22
3:1-2 22
3:5 22
3:5-17 22

디모데후서
4:18 23

히브리서
6:19 19

8:1-13 48

요한일서
3:2 24

요한계시록
21:1 278
21:3 278
21:4 279
21:5 279
21:22 278
21:23 278
21:26 279

옮긴이 박세혁은 서울대학교 서양사학과를 졸업하고 연세대학교와 에모리 대학교에서 신학을 공부했으며, GTU(Graduate Theological Union) 박사과정에서 미국 종교사를 공부했다. 『하나님 나라를 욕망하라』, 『하나님 나라를 상상하라』, 『왕을 기다리며』, 『배제와 포용』, 『복음주의자의 불편한 양심』, 『복음주의 지성의 스캔들』, 『복음주의와 세계 기독교의 형성』, 『과학신학』, 『소비사회를 사는 그리스도인』, 『가치란 무엇인가』, 『하나님 편에 서라』, 『하나님 나라의 모략』(이상 IVP), 『목회자란 무엇인가』, 『목회의 기초』(이상 포이에마), 『이렇게 답하라』, 『예수 왕의 복음』(이상 새물결플러스), 『습관이 영성이다』, 『아우구스티누스와 함께 떠나는 여정』(이상 비아토르), 『세계관 그 개념의 역사』, 『크리스토퍼 라이트의 다니엘서 강해』(도서출판 CUP), 『약한 자의 친구』, 『들음과 행함』(이상 복있는사람), 『배제의 시대, 포용의 은혜』(아바서원), 『원.라이프』(성서유니온선교회) 등을 우리말로 옮겼다.

천상에 참여하다

초판 발행_ 2021년 5월 26일

지은이_ 한스 부어스마
옮긴이_ 박세혁
펴낸이_ 정모세

펴낸곳_ 한국기독학생회출판부
등록번호_ 제313-2001-198호(1978.6.1)
주소_ 04031 서울시 마포구 동교로 156-10
대표 전화_ (02)337-2257 팩스_ (02)337-2258
영업 전화_ (02)338-2282 팩스_ 080-915-1515
홈페이지_ http://www.ivp.co.kr 이메일_ ivp@ivp.co.kr
ISBN 978-89-328-1835-1

ⓒ 한국기독학생회출판부 2021

책값은 뒤표지에 있습니다.
무단 전재와 복제를 금합니다.